퍼스트펭귄

퍼스트펭귄

펭귄 무리들 중에서 가장 먼저 바다에 뛰어드는 펭귄을 퍼스트펭귄이라고 부른다. 퍼스트펭귄은 위험하고 불확실한 상황에서 다른 펭귄의 참여와 도전을 이끌어 내는 역할을 한다. 퍼스트펭귄은 현재의 불확실성에도 용감하게 도전하는 선구자를 뜻한다. 최근에는 새로운 아이디어나 기술력을 가지고 새로운 시장에 과감하게 뛰어드는 기업이나 사람을 일컫는다.

세상을 혁신하는 퍼스트무버
거침없이 진격하는 창업가들의 도전과 모험!

퍼스트펭귄

박재승 지음

시퍼런 바다,
난 결코
두렵지 않았다!

세상을 혁신하는 퍼스트무버
거침없이 진격하는 창업가들의 도전과 모험!

★★★★★
2022~2023년
CES 기술혁신상
연속 수상

★★★★★
파이낸셜타임지
아시아태평양 고성장
500대 기업 선정

★★★★★
2024년
정보문화의 날
대통령상 수상

추천사

★ 코엑스 이동기 대표이사 ★

이 책을 통해 세상을 혁신하는 퍼스트무버, 퍼스트펭귄 정신을 닮아가는 기회를 잡을 수가 있다. 새로운 도전을 꿈꾸는 모든 이에게 기회의 창을 열어주는 책이다.

★ AWS(아마존 웹클라우드) 코리아 윤정원 대표 ★

스타트업을 통한 혁신은 기존산업을 흔들어 놓았고, 이제는 거스를 수 없는 큰 생태계가 형성되었다. 또 다른 혁신의 주인공을 탄생하게 하는 나침반과도 같은 책이다.

★ 포스코인터내셔널 이계인 대표 ★

작가와 같은 혁신창업가들이 많이 탄생하여 대한민국 기업들이 퍼스트펭귄 정신으로 무장되어 무역강국, 경제강국이 되길 소망해 본다.

★ GDIN(前 본투글로벌센터) 김종갑 대표이사 ★

저자가 직접 경험하고 시도한 글로벌 진출을 위한 방법론과 방향성 등, 창업가들의 해외 시장을 개발하는 모범사례를 망라하고 있다.

★   숭실대 최정일 교수/창업센터 단장   ★

작가의 다양한 경험과 기업 현장의 생생한 이야기들이 배우는 학생들에게 기업가정신을 함양하게 하고 다가올 취업, 창업에 도움 되는 삶의 지침서이기도 하다.

★   前 서울 AI 허브 윤종영 센터장/국민대 교수   ★

AI, 챗GPT 등 혁신의 시대에 기업들이 생존하고 번창해야 할 사례들이 이 책 곳곳에 보물처럼 숨겨져 있다. 창업가는 물론 기업실무자들도 읽어봐야 할 추천 도서이다.

★   이노브릿지파트너스 강정은 대표   ★

창업가로서 지녀야 할 마음 자세, 사업아이디어를 발견하고, 실행해 나가는 전략과 전술을 깨알같이 담고 있는 스타트업 성공의 길라잡이다.

★   교원그룹 오픈이노베이션팀 김윤경 팀장   ★

각 개개인이 기업가처럼 주체적으로 살아가게 하는 창업 필독서라고 자신 있게 권할 수가 있다. 자신의 미래를 바꿀 수 있는 혜안을 선물하는 책이다.

★   한국무역협회 스타트업글로벌성장실 진형석 박사   ★

저자의 풍부한 경륜이 바탕이 된 장년 창업가의 도전과 혁신 체험이 담긴 이 책은 창업을 꿈꾸는 모든 세대의 꿈나무들에게 큰 영감을 줄 것이다.

프롤로그

두려움 없이 물속을 뛰어드는 펭귄이 되고 싶었다

어쩌면 깊은 심해, 시퍼런 바닷속이 궁금했다. 그 속에 무엇이 존재하고 무엇이 나를 위협하는 곳인지 두려움을 알면서도 그저 뛰어들어야만 했다. 무서움보다는 새롭고 신비로운 세상을 만나보고 싶었다. 50이 훌쩍 지난 중년의 나이에 뒷전에서 주섬주섬 구경만 하는 무력한 펭귄이 되고 싶지 않았다.

누군가는 그랬다. 바닷속에는 나를 해칠 수 있는 무서운 것들도 많지만 뭍에서 볼 수 없는 신비로운 풍경들이 많다고. 먼저 물속 구경을 한 사람들의 이야기와 동물의 왕국에서나 본 간접 영상들이 학습되어 '한번은 들어가 봐도 되겠구나.' 하는 환상과 궁금증을 가지게 되었다. 환상은 그냥 꿈처럼 머릿속에 상상만으로 존재할 뿐 실체적으로 현실이 되어 나타나 그려질 수 없는 일이다. 그래서 이미 나보다 먼저 풍덩 뛰어든 선배 펭귄들의 용기를 흉내라도 내어보고 싶었다.

원래 펭귄은 겁이 많은 동물이다. 펭귄은 생존을 위해서 바다에 나가 먹이 사냥을 하여야 하는데 바다에 뛰어드는 것을 두려워한다. 바다에는 펭귄의 먹잇감도 많지만, 바다표범이나 범고래 같은 무서운 적도 많다. 죽음에 대한 두려움 때문에 모두가 우왕좌왕할 때 용감한 펭귄 한 마리가 먹이 사냥을 위해 바다에 뛰어들면 나머지 펭귄들도 죽음의 공포를 이겨내고 뒤따라 바다에 뛰어든다. 제일 먼저 바다에 뛰어들기 위해서는 펭귄의 천적인 바다표범이나 범고래에 잡아먹힐지도 모른다는 두려움을 이겨내야 한다.

펭귄 무리들 중에서 가장 먼저 바다에 뛰어드는 펭귄을 퍼스트펭귄이라고 부른다. 퍼스트펭귄은 위험하고 불확실한 상황에서 다른 펭귄의 참여와 도전을 이끌어 내는 역할을 한다. 페스트 펭귄은 현재의 불확실성에도 용감하게 도전하는 선구자를 뜻한다. 그래서 새로운 아이디어나 기술력을 가지고 새로운 시장에 과감하게 뛰어드는 기업이나 사람을 일컫는다.

퍼스트펭귄이라는 용어는 미국 펜실베이니아 카네기멜론대학의 컴퓨터공학과 랜디 포시 교수가 〈어린 시절의 꿈을 이루는 방법(Really Achieving Your Childhood Dreams)〉이라는 강의 제목으로 행한 마지막 수업에서 나온 말로, 사후 출간한 책《마지막 강의(The Last Lecture)》를 통해 대중에 널리 알려졌다. 랜디 포시 교수는 이 강의에서 자신이 어린 시절의 꿈들을 위해 노력하고 좌절하고 성취해 온 과정에서 얻은 교훈들을 이야기하면서 실패를 두려워하지 않는 도전정신을 강조하였다. 실패는 성공을 위한 학습 과정이자 소중한 자산이라는 것이다.

눈치 보지 않고 제일 먼저 과감히 혁신의 바다에 들어가 유니크한 혁신 기술로 기술의 변곡점에서 시대를 이끌어 가는 '퍼스트무버'와 같은 의미를 가진 기업들. 이러한 기업이 새로운 시장을 개척하면 다른 기업들도 뒤따라 진출할 수 있다는 점에서 블루오션을 창출하는 효과를 가져올 수가 있다.

그리고 퍼스트펭귄이 우리 창업가와 기업들에게 던져주는 가장 중요한 메시지는 실패를 두려워하지 않는 '도전정신'이다. 실패는 성공을 위한 학습 과정이자 소중한 자산이다. 또한 이 개념은 기업 내부 구성원들의 도전을 중시하는 기업 문화가 확산되면서 그 가치가 더욱 높이 평가되고 있다.

프롤로그

50대에 꿈꾸는 퍼스트펭귄

"정년은 나라가 법으로 정하고, 은퇴는 본인이 정하는 시대!"
"그리고 정년의 나이를 내가 스스로 정할 수 있는 주체적인 삶을 살아가기 위해서는 창업이 답이다!"

이 말은 필자가 여러 강연에 나가거나 언론 인터뷰 때 늘 강조하는 말이다. 하지만 불확실성의 시대에 창업한다는 것은 두렵게 느껴질 수 있을 것이다. 특히, 취업난이 갈수록 가중되고, 각박한 현실에 맞닥뜨린 청년들의 경우 더욱 그럴 것이다. 우리 시대의 청년들을 빗대어, 연애, 결혼, 출산, 내 집 마련, 인간관계를 포기한 5포 세대를 넘어, 꿈과 희망까지 포기한 7포 세대, 더 나아가 그보다 더 많은 여러 가지를 포기해야 하는 N포 세대라는 자조 섞인 신조어까지 들려오는 상황이다.

특히 초고령화 사회가 도래하였음에도 우리는 법으로 정해진 나이에 다니는 직장에서 사라져야 한다. 필자의 주변에서 60세, 아니 70세가 넘어도 당당한 체력과 업무 기량으로 20~30대 젊은이 못지않게 현업을 완벽히 해내는 능력자들을 수도 없이 많이 보아왔다. 여전히 나무랄 데 없는 생산성을 가지고 있는 분들이 정년의 틀에서 돌아서는 뒷모습을 보면 서글픈 생각이 가득했다. 이것은 나의 미래 모습이기도 하였다.

필자 역시 50대 은퇴를 앞둔 나이에 공동창업자 1명과 함께 3평 남짓 작은 사무실에서 출발했지만, 현재 중소기업벤처부의 '아기유니콘 기업'에 선정(이 제도는 2020년/40개사 선발을 시작으로 매년 일정 평가를 통해 선정)되어, 미래의 유니콘을 향해 달려가고 있다. 시작은 소소하더라도, 그 끝은 창대할 수 있다. 그리고 그 출발은 바로 '나도 할 수 있다.'라는 생각에서 시작된다. 이미 성공한 창업가들도 여러분과 결코 다르지 않았을 것이다. 실패에 대한 두려움과 미래에 대한 막막함이 가득했을 것이다. 하지만, 두려움을 딛고 도전하는 사람이 변화를 만들어 내고, 실천하는 사람이 성공을 만들어 낸다. 망설이고 두려워하고 걱정하고 혼란스러워하고 따지고 눈치를 보는 대신, 일단 시도해 보는 용기가 인생과 미래를 바꾸는 열쇠가 아닐까. 인생은 자전거와 같아서 일단은 움직여야 방향을 잡을 수 있다고 한다. 일단 '부딪혀라! 그리고 실행하라!' 그런 마음가짐으로 무장해서 서바이벌하고 성장해 나가야 한다.

생존을 위해 하는 일들은 선택이 아니다. 살아남겠다는 결심만 선택일 뿐 생존은 수많은 일을 꼭 해야만 하게 만든다. 따라서 진정한 선택은 완벽한 문제에 도전하느냐, 하지 않느냐다. 결국 새로운 것을 해보겠다는 결정은 완벽한 문제를 해결하려는 배짱과 실패할지도 모른다는 두려움 간의 싸움이다. 얼마나 진심인가와 얼마나 큰 대가를 치를 수 있느냐의 대결이다. 중요한 일이라면 실패 따위는 상관이 없어진다. 시도하고, 그리고 깨지면서 더욱 단단해져 가는 삶을 권하고 싶다.

　50대에 창업이라는 새로운 도전. 뒷줄에 서 있는 펭귄만큼 두려웠다. 그래서 10년 전 인생 후반전을 앞둔 삶의 하프 타임에서 치열하게 고민하고 또 고민했다. 이대로 안주하고 머물러 살 것인가? 아니면 다시 도전할 것인가? 내 결론은 도전이었다. 남은 인생도 다시 열정적으로, 생산적으로 살아가고 싶다는 욕망이 나를 일으켜 세웠다. 20년 넘는 직장 생활을 통해 쌓은 내공은, 창업에 있어 젊은이들이 갖지 못한 나만의 경쟁력이 될 것임을 믿었다. 그리고 내가 부족한 점과 기술력을 보완해 줄 동업자를 찾았고, 그 신뢰를 바탕으로, 기술창업 전선에 나섰다. 퇴직금이나 노후 자금을 쏟아붓는 위험한 모험을 하지 않고, 내 돈 2,500만 원으로 법인을 설립하고, 모자란 자금은 정부 R&D 과제를 수주해 오면서 현재 안정된 기반의 10년 차 스타트업으로 도약하고 있다.

　이 책을 읽는 사람들이라면, 창업에 대한 관심을 가지고 있거나 모색을 하고 있는 사람들일 것이다. 창업에 대해 가지고 있는 막연한 편견을 지우고, 더 많은 사람들이 스타트업이라는 도전에 나설 수 있도록 용기와 지혜를 주는 데 도움이 되는 내용을 담았다. 실패에 대한 두려움을 최소화하고, 창업의 성공 확률을 높일 수 있는 간접 경험을 얻을 수 있길 바란다. 더불어, 흔한 성공담이나 뜬구름 잡는 이야기가 아닌, 필자가 직접 스타트업을 운영하면서 느낀 경험담과 노하우를 아낌없이 녹여내어, 창업 의지를 가진 예비 창업자들에게 실질적인 지침서를 전달하고, 창업 현장에서 발생되는 문제들에 슬기롭게 대처해 나갈 수 있는 이야기들을 풀어내 보았다.

2021년 두 번째 책인 《스타트업의 꿈》을 발간한 이후, 늘 새로운 집필을 고민, 고민하다 이렇게 또다시 새롭게 신간으로 독자와 마주하게 되었다. 앞서 출간한 두 권의 책을 독자의 입장에서 찬찬히 읽어보면서 모자람이 많았음을 절실히 느꼈다. 지난 원고를 고치고 색을 덧칠하면서 과거에 쓴 책들이 '참으로 미숙했구나.' 하는 쓰라린 반성도 함께 하기도 했다. 그런 아쉬움과 마음속 응어리를 풀어내기 위해 다시 한번 용기를 내어 탈고하고 출간을 결심하였다.

새로운 경제 주체로 두각을 드러내는 창업 기업들의 자랑스러운 진격과 그들의 성공 사례를 분석하고, 그 선배 기업들의 면면을 들여다보면서 롤 모델을 제시하고자 하였다. 그리고 기업을 만들고, 발전시켜 나가는 실무적인 스케일업 전략도 이전에 출간된 책을 기반으로 뺄 건 빼고 다시 새로운 내용을 추가하면서 재건축을 하듯 탈고하게 되었다.

책의 1편은 앞서 막막한 바다에 뛰어들어 기업을 성공시킨 선배 기업들을 살펴보고, 그들의 성장배경과 비즈니스 모델 분석 등 디테일한 내용을 담았다. 2편에는 나도 퍼스트펭귄이 될 수 있는 액션 아이템들을 세밀하게 담았다. 앞서간 퍼스트펭귄 기업들의 다양한 사례와 비즈니스 모델을 살펴보고 그들이 걸어간 길을 재조명하였다. 그리고 창업의 설계부터 사업 아이템 선정, 동업의 원칙, 투자 유치, 정부지원 정책, 해외 진출과 유니콘으로 성장하는 단계까지 다양한 사례를 수록하여 실무적으로 이해도를 높이는 데 주안점을 두었다. 부디 이 책이 새로운 도전을 앞둔 취업 예정자와 창업가들에게 밤길 불을 밝혀주는 등불처럼 갈 길을 안내하고 방향성을 알려주는 이정표가 되었으면 한다.

목  차

| 추천사 |

| 프롤로그 |
- 두려움 없이 물속을 뛰어드는 펭귄이 되고 싶었다
- 50대에 꿈꾸는 퍼스트펭귄

1편 퍼스트펭귄들 이야기
- 네카라쿠배당토직야

- 퍼스트펭귄들의 주기도문 20
- 네이버 24
- 카카오 29
- 라인 33
- 쿠팡 37
- 배달의 민족 41
- 당근 45
- 토스 48
- 직방 52
- 야놀자 55
- '아메오시여'로 이어지는 New 펭귄들의 행렬 58

2편 나도 퍼스트펭귄이다

1장 각광받는 스타트업, 창업 시대
- 일생에 한 번은 창업을 해야 한다 · · · · · 71
- 불확실성의 시대, 지금이 스타트업 창업의 적기! · · · · · 75
- 지속적인 생산 주체로 살아가는 법 · · · · · 78
- 창업가가 지녀야 할 '기업가정신' · · · · · 82
- 기업가정신은 창업의 핵심 열쇠! · · · · · 87
- 성공하는 창업의 원칙 · · · · · 94

2장 성공하는 사업 아이템 찾기
- 꼬리에 꼬리를 무는 Why? · · · · · 98
- 창업 아이템 발굴은 이렇게 · · · · · 104
- 사업 성공 지름길, 사업 타당성 분석 · · · · · 127
- 시장조사가 사업의 승패를 가른다 · · · · · 131
- 꼼꼼한 시장조사의 힘 · · · · · 136
- 아이템 검증과 비즈니스 모델 정립 · · · · · 139

3장 동행

- 홀로는 외롭다, 함께하는 여정 ········· 144
- 서로에게 도움 되는 동지 ············· 148
- 썸이 쌈이 되지 않는 동업 철학 ········ 154
- 공동창업은 신뢰이고 약속이다 ········ 161

4장 린스타트업과 피버팅

- 스마트하고, 린(Lean)하게! ············ 166
- 운명을 가르는 결정적 순간 '피버팅' ···· 171
- 피버팅의 선결 조건 ·················· 177
- 실패를 통해 한 걸음씩 전진한다 ······· 181
- 매 순간 성장하기 위해 기억해야 할 것 ·· 186
- 린스타트업을 위한 워라밸 ············ 190

5장 생존과 번창을 위한 투자 유치

- 액셀러레이팅 프로그램으로 투자 사다리 타기 ······ 195
- 다양한 액셀러레이팅 프로그램 ········ 201
- 투자는 연애다 ······················· 205
- 투자 유치 전략 핵심 5가지 ············ 208
- VC 투자 유치 과정에서 이것은 기억하자 ·· 227
- 정책자금(대출), 빌린 돈도 자산이다 ···· 237

6장 나라에서 지원하는 창업 자금

- 창업의 불을 지필 '화력', 자금 확보 ……………………… 242
- 나라가 내 손에 쥐어준 종잣돈 3억 ……………………… 247
- 정부 과제 효율적 접근 방안 ……………………………… 252
- 슬기롭게 접근하자 ………………………………………… 256
- 정부 과제 선발 확률을 높이는 7가지 노하우 …………… 262
- 예비/초기 창업자를 위한 각종 사업 및 프로그램 ……… 271
- 심사 평가, 이런 사업계획서에 눈길을 준다 …………… 283
- 이렇게 하면 99.9% 탈락 ………………………………… 293
- 정부 과제 선정이 끝이 아니다 …………………………… 297

7장 글로벌 진출, 가자 세계로

- 성장을 위한 또 하나의 해법 '해외 진출' ………………… 300
- 해외에서 잘나가는 스타트업은 무엇이 달랐을까? ……… 304
- 스타트업의 해외 진출, 이것만은 챙겨라! ……………… 310
- 다양한 해외 진출 지원 제도와 창구를 활용하자! ……… 314
- 이스라엘 텔라비브, 실리콘밸리 등 스타트업 천국을 다녀왔다 … 328
- 어떻게 유니콘이 되는가? ………………………………… 332

에필로그
– 라스트펭귄은 없다. 새로운 영웅 탄생을 기대하며

1편

퍼스트
펭귄들
이야기

- 네카라쿠배당토직야

퍼스트펭귄들의 주기도문

수리수리마하수리

아브라카타브라(avrah kadavra)

네카라쿠배당토직야

'네카라쿠배당토직야'라는 주문(?)을 들어본 적이 있는가? 처음 듣는 입장에서는 짐작하기 조금 어렵겠지만 '네이버·카카오·라인·쿠팡·배달의민족·당근·토스·직방·야놀자'의 줄임말로 취업준비생과 정보통신(IT) 분야 경력자들이 선호하는 대표적인 IT 플랫폼 기업을 이르는 말이다. 소위 MZ세대는 물론이고 그 이전 세대들조차 자유로운 근무 환경과 높은 복지수준 등 다양한 이유로 네카라쿠배당토직야를 대기업보다 선호한다고 한다. 처음에는 네카라쿠배로 시작해서 지금은 네카라쿠배에 이어 당토직야까지 와 있다. 해가 거듭되면서 그 주문이 계속 늘어나고 있다. 지난해에 추가로 새로운 기업(아메오시여: 아이지웍스·메가존·오아시스마켓·시프트업·여기어때)들이 뒤를 이어 꼬리에 꼬리를 물고 증가하는 추세이다. 조만간 단번에 외우지 못할 길이로 늘어나는 건 시간문제일 것 같다.

  취업준비생들이 선호하는 직장은 그 당시의 시대상을 보여준다. 과거 베이비붐 세대의 우수한 인재들은 금융사, 건설회사, 무역회사 등을 가장 선호했고, 이어지는 X, Y세대의 입사 선호도는 소위 대기업이라 일컬어졌던 삼성, LG, SKT 등 전자·반도체기업·통신 등이 그 뒤를 이었다. 하지만 지금은 위와 같은 IT 플랫폼이 선두를 차지하고 있다. 동시대 가장 우수한 인재가 어디로 몰리느냐가 바로 HOT한 산업을 판별하는 바로미터가 아닌가 생각한다.

  최근 어느 조사에 따르면 대학생들이 취업하고 싶은 기업 상위에 대표 플랫폼 기업인 '카카오'와 '네이버'가 나란히 이름을 올렸다. 2022년 6월 인크루트는 구직 중인 전국 대학생 1천 80명을 대상으로 '2022 대학생이 뽑은 가장 일하고 싶은 기업' 설문조사를 실시했다. 2022년 조사 대상은 국내 증시(코스피) 시가총액 기준 130개사(2022년 5월 기준)이다. 조사 결과, 1위는 카카오(12.7%)였다. 이 조사 기관이 분석한 결과에 따르면 2020년부터 3년 연속 최상위를 지켰다. 카카오를 뽑은 응답자들은 '본인의 성장과 자기개발 가능성(32.1%)'을 이유로 가장 많이 꼽았다. 최근 여러 조사에 따르면 지금 취업 현장에 뛰어드는 MZ세대는 삶의 목적에 입각해 직장을 선택하는 제일 중요한 요소로 생각하는 경향이 강하다고 한다. 즉, 본인의 삶의 목적을 설정하고 이에 맞는 기업에 취업하거나 본인의 미래에 도움이 되고 가이드를 해줄 수 있는 기업을 과감히 선택한다는 것이다. 이전 세대들이 취업에 고려하는 급여, 사무실 환경, 고용의 안정성보다도 '본인의 가치관과 목적에 부합 여부'가 제1순위 고려 대상이 되었다. 이렇게 바뀐 태도들은 네이버, 카카오와 같은 플랫폼 기업들이 짧은 역사 속에서도 폭발적인 성장을 이루어 내면서 새로운 한국의 경제 구도와 혁신을 이끌어 온 것이 큰 이유일 것으로 판단이 된다.

경제 구도와 패턴의 변화에는 시대별 산업 환경과 정부의 정책 또한 중요한 요인을 제공하기도 한다. 벤처의 육성을 강조하고 벤처기업의 탄생과 스타트업의 뿌리를 내리게 된 것은 김대중 정부의 주요 경제 정책이 시발점이었다. 그리고 박근혜 정부의 창조경제는 스타트업을 육성하는 기본 체력을 다지는 역할을 충분히 하였고, 이어진 문재인 정부 때는 창조경제라는 단어에 덧붙여 K-스타트업 육성 정책으로 변신하여 역대급의 지원 정책을 쏟아부었다. 사실 새로운 정부가 탄생을 하면 해당 정부의 차별화와 대표성으로 각인하기 위해 명칭을 달리했지만, 본질은 다를 바 없이 한목소리로 벤처/스타트업 육성을 강조해 왔다. 이른바 국민의 혈세로 이뤄진 알토란 같은 자금을 성장 가능성이 높은 기업에 투입해 벤처를 성공적인 기업, 유니콘으로 키워내는 전략이다. 덕분에 '네카라쿠배당토직야'가 탄생했다. 젊고 유능한 인재가 몰리고, 새 조직 문화와 이전과 다른 창의적인 혁신이 이뤄졌다.

이렇듯 스타트업에 대한 평판이 나아지고, 사람들에게 관심과 주목을 받게 되면서 스타트업 취업의 선호도도 우호적으로 바뀌었고, 더불어 스타트업 창업에 대한 Needs도 대폭 증가하고 있다. 2022년 잡코리아와 알바몬이 대학생, 취업준비생 950명을 대상, '왜, 창업을 하는가?'에 대한 설문조사의 한 결과가 주목을 끈다. 4개의 선택 항목(① 평소에 만족한 일을 하면서 살고 싶어서 ② 돈을 많이 벌고 싶어서 ③ 노후에도 일을 계속하고 싶어서 ④ 좋은 아이디어가 있어서)에 대한 정답은 딱히 없다. 각 개개인의 취사선택일 뿐. 일단 제일 많이 선택한 항목은 두 번째 '돈을 많이 벌고 싶어서'라고 했다. 어쩌면 솔직한 답일지도 모른다. 여러분들은 어느 항목에 한 표를 던질 것인가? 앞서 성공 스토리를 써온 기업들을 바라보면서 나도 할 수 있다는 자신감의 표출이 현실화되고 있다. 특히 '공정과 실리'라는 핵심 키워드를 가지고 있는 MZ세대들에게는 창업가는 힘들지만 Cool하게 내 욕망을 충실하게 살아갈 수 있는 자유로운 하나의 직업으로 인정하고 있는 것 같다.

스타트업의 창업이 비단 MZ세대에만 국한되는 분위기 아닌 듯하다. 실제 다양한 통계를 통해 대기업 중견기업의 시니어급(차부장 직급)들이 과감히 사표를 내던지고 창업을 단행하고 있다. 이전과는 사뭇 다른 분위기다. 내가 아는 40대 젊은 후배들이 창업을 하기 위한 전초 작업으로 자주 나의 경험담을 듣기 위한 만남의 자리가 종종 있다. 그들 또한 파닥이는 젊은 세대 못지않은 열정으로 스타트업 문을 두드리고 있다. 특히 초고령화 사회에 주체적인 삶을 영위하기 위한 방안으로 창업을 심각하게 고민하고 실행을 하기도 한다. 사뭇 이전과는 달라진 시대가 되었다. 이전 부모나 가족들은 창업을 한다고 하면 두 손 두 발 들고 막는 시대였지만 이제는 달라졌다.

이제 당신도 당당히 펭귄들의 무리 속에 들어가 바닷속 보물을 건져내는 퍼스트펭귄이 되는 연습과 실행을 하는 데 주저하지 말아야 할 때다.

네이버

회사 현황

	창업자	설립일	매출액	직원 수	기업규모/형태	업종	비고
NAVER	이해진	1999년 6월 2일	9조 6,706억	4,300	대기업/코스피	포털 및 기타 인터넷 정보 매개 서비스업	

  네이버는 1999년 검색 플랫폼으로 시작하여 현재 인터넷 검색 포털 네이버 서비스를 기반으로 광고, 커머스, 핀테크 사업을 영위하고 있다. 이 외에도 AI, 로보틱스, 클라우드 등 첨단기술에 대한 지속적인 연구개발을 통해 기술 플랫폼으로 변화와 혁신을 추구하고 있다.
  네이버의 최근 3년 실적을 보면 꾸준한 매출액 증가와 함께 지난해 역대 최대 실적을 기록하며 처음으로 매출 9조 원을 넘겼다. 매출 규모만 보면 가파른 성장세를 보이는 것 같지만 실제 매출액 증가율은 둔화세를 보였고 영업이익률은 해마다 감소 중이다. 경쟁사인 카카오와 비

교했을 때 카카오의 매출액 및 영업이익 증가율 역시 매년 하락세를 보이고 있는데, 이는 양사 모두 매출은 늘었지만 영업비용이 크게 증가한 탓에 수익성이 주춤하는 모습이 나타난 것이다. 그러나 올해 2분기 네이버는 서치 플랫폼, 커머스(상거래) 등 주요 사업 부문과 클라우드가 매출 성장에 기여하며 전년 동기 대비 매출은 8.4% 증가했고 영업이익도 26.8% 상승했다. 이처럼 계속해서 '호실적'을 기록했음에도 불구하고 주가는 장기간 하락세를 이어가고 있다. 최대 실적과는 반대로 왜 주가에는 큰 영향을 미치지 못하고 있는 것일까?

네이버는 그동안 압도적인 검색 점유율에 기반한 독점에 가까운 사업 모델로 성장해 왔는데 그게 다소 꺾이고 있는 추세이다. 인공지능 기술을 중심으로 한 검색 기능의 발전이 큰 변수가 될 것인데, 네이버에도 새로운 성장 엔진이 필요하다는 의견이다. AI를 앞세운 포털 업계 기술 경쟁이 한창인 가운데 구글이 한국 이용자 확보에 집중하며 고도의 검색 품질과 자체 개발한 AI 기술을 앞세워 국내 점유율을 꾸준히 늘리고 있다. 아직은 네이버가 인터넷 검색 시장에서 독보적 위치를 점하고 있지만 구글과 MS에 비해 AI 서비스가 미약한 점은 사실이다. 이에 네이버는 이용자 확대를 위해 이용자 인터페이스(UI)를 개편하고, AI를 기반으로 한 주요 상품 개선과 서비스 개발에 집중하고 있다. 그래도 한국에서의 검색 수치와 검색 결과의 수치는 구글을 여전히 능가하고 있다. 그래서 검색뿐만 아니라 쇼핑, 금융, 커뮤니티 등 일상에 관한 모든 서비스를 지닌 네이버만의 강점을 잘 접목시켜 AI 기술을 확대한다면 검색 시장과 마찬가지로 다방면에서 이용자 수를 끌어올릴 수 있을 것으로 보인다.

비즈니스 모델

특정 플랫폼이나 서비스를 선택하고 이용하다 보면 다른 대안으로 전환하기 어려워지는 현상을 '록인효과(Lock-In)'라고 한다. 네이버 역시 이를 통해 지속적인 이용을 유도하는 마케팅 전략을 활용하고 있는데, 그중 네이버페이가 록인효과와 함께 전체 실적 상승을 이끌고 있다. 네이버 쇼핑을 보면 가격 등 맞춤형 정보를 제공함으로써 사용자를 크게 늘림에 따라 온라인쇼핑 분야에서 굉장한 힘을 발휘하고 있다. 이러한 네이버 상거래 생태계가 커지고 있는 것은 네이버페이의 역할이 크다. 이는 '스마트 주문'뿐만 아니라 포장·배달 더 나아가 웹툰·음악·OTT 등의 콘텐츠까지도 자사 페이로 결제할 수 있어 소비자에게 구매 편의성을 제공한다. 게다가 다양한 사용처에서 결제를 할 때마다 쌓이는 네이버 포인트 혜택도 상당한데, 자사 서비스에서만 사용이 가능하기 때문에 사용자 록인효과가 클 수밖에 없다.

이 외에도 기존 서비스와의 연계 수준을 높여 간편결제뿐만 아니라 네이버페이 회원의 주문 결제 데이터에 기반하여 증권·부동산 등 다양한 금융 서비스를 제공하고 있다. 이는 금융 서비스의 디지털화가 보편화되고 소비자의 온라인 선호가 증가하면서 글로벌 핀테크 플랫폼으로서의 경쟁력을 갖추려는 시도로 보인다. 또한 오프라인에서도 저변을 넓히며 결제액 성장세가 빨라지고 있다. 올해 2분기 네이버페이 결제액 절반 이상이 네이버 서비스 외에서 발생하며 일명 '외부 결제'가 크게 증가했다. 이처럼 소비자 중심의 접근을 중요시하는 만큼 소비자 간 직접적으로 거래가 이루어지는 C2C 사업에도 뛰어들었다.

이는 기업이 아닌 개인들이 주체가 되기 때문에 보다 자유롭고, 판매자·구매자 모두 유연한 거래를 할 수 있다.

  네이버 자회사인 스노우가 만든 서비스로 시작한 크림은 2020년 설립되었다. 크림은 개인 간 한정판 리셀 플랫폼으로 중고품 거래는 물론 미사용 제품까지, 일반적인 온·오프라인 쇼핑몰에서는 구매하기 어려운 물품을 볼 수 있다. 이는 네이버가 주목하고 있는 C2C 서비스 중 하나이다. 특히 주요 소비층으로 떠오르고 있는 MZ세대에게 각광받는 분야라는 점이 네이버의 눈길을 끌었다. 이들이 미래의 주력 소비자층이라 생각하였고 SNS로 한정판, 명품 등 특정 카테고리 안에서 동일한 관심사를 가진 개인들끼리 소통하는 것에 익숙한 점을 노린 것이다. 특히 네이버가 인수 및 투자한 플랫폼들 모두 기존 커머스와 달리 커뮤니티를 보유하고 있어 네이버가 국내에서 블로그·카페 등을 운영해 온 역량과 결집해 시너지를 창출해 낼 수 있을 것으로 보인다.

  많은 글로벌 기업들이 인공지능 기술을 기반으로 다양한 혁신을 만들어 내고 있는 현재, AI를 선점하기 위한 경쟁이 치열하다. 네이버 역시 자체 AI 기술을 적용한 서비스를 제공하고 있다. 이 중 '하이퍼클로바X' 성장이 가장 눈에 띄는데 하이퍼클로바X는 네이버가 개발한 초거대 AI 모델이다. 이는 다양한 산업에 활용될 수 있는데 특히 기업 간 거래(B2B) 시장을 정조준한 것으로 볼 수 있다. 기업별로 보유한 데이터를 학습해 맞춤형 AI 모델을 구현할 수 있어 이를 기반으로 자사 서비스의 고도화를 추진 중인 기업들이 상당하다. 비용과 품질 측면에서 외산 AI 기술을 국내에 도입하는 데 고민이 많은 기업에 큰 도움이 될 수 있다. 이처럼 클라우드를 기반으로 인공지능·로봇 등의 사업 성장이 기대되는 만큼, 네이버는 검색이나 상품 주문 등 소비자거래 위주에서 클라우드를 중심으로 B2B에 무게 중심을 성공적으로 옮기고 있다.

카카오

회사 현황

	창업자	설립일	매출액	직원 수	기업규모/형태	업종	비고
kakao	김범수	1995년 2월 16일	8조 1,060억	4,000	대기업/코스피	포털 및 기타 인터넷 정보 매개 서비스업	

　1995년에 설립된 카카오는 국내 1위 메신저인 카카오톡을 포함한 다양한 모바일 서비스를 제공 중이며, 커머스, 모빌리티, 페이, 게임, 뮤직, 콘텐츠 등 다양한 영역에서 사업을 영위하고 있는 온라인 플랫폼 기업이다. 대표적인 사업인 카카오톡은 2010년에 론칭되어 대한민국에서의 점유율 94.4%를 차지하고 있는 국민 대표 앱으로 자리 잡은 메신저 플랫폼이다.

　카카오는 콘텐츠와 기술을 바탕으로 글로벌 비즈니스를 적극적으로 강화해 나갈 예정이다. 카카오의 사업 다각화의 하나인 해외 진출은 웹툰·웹소설을 비롯한 콘텐츠, 게임 등 엔터테인먼트, 블록체인 사업을 중심으로 이뤄질 것으로 전망된다. 특히 일본·태국 시장에서 1위를 석권한 카카오웹툰은 북미 웹툰 플랫폼 '타파스'와 웹소설 플랫폼 '래디쉬'를 인수해 북미 시장을 공략 중이다. 점차 해외 진출 범위를 유럽과 중화권 등으로 확대해 나간다는 구상이다.

블록체인은 카카오가 글로벌 진출 핵심 전략으로 꼽은 또 하나의 주력 사업이다. 카카오는 2021년 싱가포르에 자회사 '크러스트'를 설립하고, 비영리 법인 '클레이트 재단'을 공식 출범을 통해 총 3억 달러에 달하는 '클레이튼 성장 펀드(KGF)'를 앞세워 전 세계 블록체인 관련 스타트업과 사업에 투자한다는 계획을 가지고 글로벌 마켓으로 영역을 넓혀나가고 있다.

비즈니스 모델

대한민국 대표 메신저 카카오톡과 인터넷 포털 다음(Daum)을 비롯해 모바일·인터넷 기반의 커머스, 모빌리티, 금융, 게임, 음악, 스토리IP를 주축으로 사업을 전개한다. 사업 부문은 플랫폼 부문과 콘텐츠 부문으로 구분할 수 있다.

플랫폼 부문은 카카오톡의 소셜네트워크를 바탕으로 다양한 사업을 진행한다. 비즈니스 파트너들의 디지털 트랜스포메이션을 지원하고 있는 '톡비즈', 다음 트래픽을 통해 온라인 광고를 진행하는 '포털비즈'가 대표적이다. 그리고 자회사들을 통해 진행 중인 카카오모빌리티, 카카오페이, 카카오엔터 등 다양한 미래 성장동력이 되는 '플랫폼 기타'가 있다.

콘텐츠 부문은 PC와 모바일 채널링, 퍼블리싱, 개발을 진행하는 '게임', SK플래닛으로부터 인수한 국내 최대 규모의 음악 플랫폼 멜론(Melon)과 음원/음반 유통부문을 포함하는 '뮤직', 경쟁력 있는 스토리 IP를 발굴하고 국내를 비롯한 글로벌 무대에서 이용자 저변을 빠르게 키워가고 있는 '스토리' 그리고 아티스트 IP를 활용한 매니지먼트 사업과 영상 콘텐츠 제작 사업을 전개하고 있는 '미디어'가 있다.

미래의 성장동력 신규 사업에 대한 투자도 확대 중이다. 카카오그룹 통합 블록체인 사업투자 및 지주회사 격인 Krust Universe를 통해 블록체인 기술을 연구와 글로벌 사업전략을 짜는 전진기지이다. 2019년 출시한 블록체인 플랫폼 '클레이튼'과 시너지를 창출할 수 있는 AI를 비롯한 다양한 혁신적인 서비스들과 협업함으로써, '클레이튼' 생태계의 글로벌 확장을 진행하고 있다.

Krust Universe의 계열사인 Ground X는 NFT 마켓 '클립드롭스'와 가상자산 지갑 서비스 '클립'을 비롯한 '클레이튼' 기반의 서비스에 집중하면서 글로벌 NFT 시장을 리딩할 수 있는 기업으로 성장을 추구하고 있다. 이와 더불어, 카카오엔터프라이즈를 통해 B2B 영역에서의 행보를 본격화할 계획으로 AI 기술력과 카카오가 키워온 Digital Asset을 통해 기업의 문제를 해결하는 B2B 전문 IT 플랫폼 사업도 확대해 나가고 있다.

또한 카카오는 2014년 카카오페이의 간편결제 서비스를 시작으로 2017년 카카오뱅크, 2020년 카카오페이증권까지 금융 플랫폼 영역을 지속적으로 확장해 왔다. 카카오페이는 금융당국으로부터 보험업(카카오손해보험) 예비인가를 받아 보험업 진출도 가시화되었다. 수천만 명의 가입자가 쓰는 카카오톡이라는 막강한 기반 플랫폼을 발판 삼은 카카오가 금융그룹으로의 변신 채비를 사실상 완료하여 기존의 시중 은행과는 차별화된 전략으로 "플랫폼을 통한 새로운 투자 문화를 만들겠다."라는 비전을 현실화시켜 나가고 있다.

라인

회사 현황

창업자	설립일	매출액	직원 수	기업규모/형태	업종	비고
이해진	2013년 2월 28일	1조 8천억 엔 (라인, 야후 포함)	비공개	대기업/외감기업	포털 및 기타 인터넷 정보 매개 서비스업	

라인은 커뮤니케이션 앱 라인(LINE)을 기반으로 커뮤니케이션, 콘텐츠, 엔터테인먼트, 광고 사업 등 모바일에 특화된 서비스를 개발 및 운영하는 기업이다. 이외에도, 핀테크와 AI 사업 등 다양한 분야로 진출을 시도 중이며 기업의 미션인 'Closing the Distance'를 바탕으로 사람, 정보, 콘텐츠, 서비스를 한데 모으는 것을 목표로 한다.

2011년 6월 23일 일본에 출시된 메신저 라인은 네이버의 위기로부터 시작됐다. 네이버는 2000년대 중반부터 국내 검색 포털 전쟁에서 수많은 경쟁자를 물리치고 패권을 잡았다. 그러나 2009년 애플의 스마트폰 '아이폰'이 한국에 상륙하면서 모바일 시대가 열렸고, 김범수 의장이 이끄는 아이위랩(현 카카오)의 '카카오톡'에 모바일 시장 주도권을 빼앗겼다. 네이버는 2011년 6월에 라인을 선보였으나 한국 메신저 시장은 이미 카카오톡이 차지한 상황이었다.

창업자인 이해진 네이버 GIO(글로벌투자책임자)는 해외로 눈을 돌렸다. 2011년 3월, 일본에선 대지진과 쓰나미 같은 대형 재난 사태가 발생해 가족, 지인의 안부를 물으려는 음성통화, 문자메시지 트래픽(통화량)이 급증하자 통신망에 과부하가 걸렸다. 이때 일본인들은 인터넷망 기반의 메신저 서비스인 라인을 사용하기 시작했다. 라인이 일본 국민 메신저가 된 결정적인 계기였다.

이후 라인은 메신저를 넘어 핀테크, O2O, 인공지능(AI) 분야로 사업 영역을 확장해 이용자들의 일상 전반을 지원하는 플랫폼으로 진화해 왔다. 그리고 소프트뱅크의 야후 재팬과 경영 통합을 진행해 합작 법인 Z홀딩스를 설립하며 일본 내 영향력과 매출 증대를 노렸다. 이후 Z홀딩스는 라인 메신저를 중심으로 광고와 커머스 매출이 성장했고, 라인페이 등 간편결제 서비스를 통해 모바일 결제 시장을 노리는 등 다방면으로 사업 확장을 시도하고 있다.

지난해 개인정보 유출로 일본 정부가 지분매각을 압박하여 촉발된 이른바 '라인 야후 사태'로 경영권을 찬탈당할 위기에 직면하기도 하였다. 사실 국내 토종 플랫폼사업자 네이버가 글로벌 비즈니스를 성공적으로 이루어 낸 성과는 라인이 해외 진출을 통해 경쟁력과 사업성을 인정받았다는 측면에서 박수받을 만한 일이다.

비즈니스 모델

라인은 인터넷 기반의 메신저 LINE을 중심으로 모바일 플랫폼을 형성하고, 이를 기반으로 LINE Music, LINE Pay, LINE Healthcare, LINE Clova와 같은 엔터테인먼트, 금융, 건강, AI 등 다양한 분야의 모바일 서비스를 제공한다.

우선, 라인의 가장 기본이자 핵심이 되는 서비스인 메신저 애플리케이션 '라인'이 있다. 라인은 카카오톡과 같이 인터넷망을 기반으로 하는 메신저 서비스이다. 스마트폰의 보급률과 이용률이 매우 높아지면서 스마트폰 이용자를 대상으로 하는 인터넷 기반 메신저 서비스인 LINE을 통해 LINE 모바일 플랫폼의 기초를 다지고 통화 서비스인 라인 아웃, 채팅 서비스 오픈챗 등을 통해 이용자 유입 요소를 마련했다. 이를 기반으로 플랫폼을 형성하여 LINE Game, LINE Pay, Papago 등 금융, 엔터테인먼트 등의 여러 연관 서비스를 지원하며 디지털 트랜스포메이션 시대에 핵심 요소로 자리 잡은 모바일 플랫폼 서비스를 소비자에게 제공한다.

또한 게임과 스티커 콘텐츠 등 자체적으로 제작한 콘텐츠 IP를 활용한 서비스도 제공한다. 먼저 게임의 경우, 현재 49개의 게임 타이틀이 서비스 중이다. 이 중 다국어 버전(일본어, 영어, 중국어, 태국어, 인도네시아, 스페인어, 러시아어)으로 출시한 게임이 26개에 달할 정도로 글로벌 사용자를 위한 콘텐츠 현지화에 힘쓰고 있다. 향후 제휴를 통한 지역별 로컬 콘텐츠를 확보할 예정이며 게임 장르의 다변화도 예정 중이다.

또한 2014년 5월부터 콘텐츠 소비자가 직접 콘텐츠를 제작하고 유통할 수 있는 소셜 C2C 플랫폼 형태의 라인 크리에이터스 마켓 스티커 서비스를 제공하여 사용자들이 제작한 UGC(User-Generated Contents) 스티커를 판매하고 있다. 라인 크리에이터스 마켓 스티커는 139개국에 등록되어 있으며, 23만 명의 사용자들이 스티커 제작자로 참여하고 있다.

그리고 라인 망가 서비스를 통해 일본 출판사와의 제휴로 확보된 만화 콘텐츠를 일본 내에서 유통하고 있으며 글로벌화를 시도하고 있다. 이와 유사하게 국내 포털 네이버에서 인기를 얻고 있는 웹툰 콘텐츠를 11개 언어로 제공하는 라인 웹툰 서비스도 최근 많은 인기를 끌고 있다.

쿠팡

회사 현황

	창업자	설립일	매출액	직원 수	기업규모/형태	업종	비고
coupang	김범석	2013년 2월 15일	30조 6,600억	10,530	대기업/나스닥상장	전자상거래 소매업	

    쿠팡은 대한민국의 대표적인 이커머스 기업으로서 2010년에 설립되어 빠르게 성장하고 있는 온라인 유통 플랫폼이다. 쿠팡은 혁신적인 물류 시스템과 고객 중심의 서비스를 제공하여 국내 이커머스 시장 내에서 독보적인 위치를 차지하고 있다. 그들이 제공하는 서비스 중에서도 특히 로켓배송 서비스는 고객이 주문한 상품을 당일 또는 다음 날 배송하는 빠른 배송 서비스로서 큰 경쟁력을 지니고 있다.

    쿠팡의 매출액은 지난 2023년 기준 약 30조 6,600억 원으로 매출액 성장률이 19%에 달하며 동종업계에서 상위 10%에 속한다. 또한 영업이익은 2022년에 −366억 3,000만 원으로 적자를 냈던 것에 비해 2023년에는 영업이익이 8,231억 8,000만 원에 도달하며 첫 영업 흑자를 기록했다. 이에 따라 당기순이익도 1조 8,848억 원으로 2023년에 첫 흑자를 기록했다. 이는 쿠팡의 지속적인 물류 시스템 효율화와 IT 기술 덕분이라고 분석된다.

쿠팡의 미션은 고객과 직원 파트너의 일상을 혁신하는 것이다. 쿠팡은 사람들이 '쿠팡 없이 어떻게 살았을까.'라고 생각하는 세상을 만들기 위해 끊임없이 노력한다. 그 결과 고객에게 사용자 친화적인 플랫폼과 간편한 결제 시스템을 제공하여 쇼핑의 편리함을 극대화시켰고 주문한 상품을 신속하게 배송하는 것을 주된 목표로 한다.

쿠팡의 주요 고객층은 주로 25세에서 34세의 여성 직장인이며 이 비율이 60%가 넘는다. 또한 로켓와우라는 구독 서비스를 원하는 프리미엄 고객층에겐 더 나은 서비스를 제공하여 록인효과를 이루어 냈다. 고객뿐만 아니라 소규모 상인 및 판매자에게도 제품을 팔 수 있는 기회를 제공한다.

쿠팡은 24시간 고객 서비스를 통해 빠르게 문제를 해결하고 고객 피드백을 반영하며 로켓와우 회원에겐 다양한 혜택을 제공하여 만족도를 높이고 있다.

비즈니스 모델

쿠팡은 주로 로켓와우와 같은 구독 서비스를 통해 고정 수익을 창출하며, 자사 플랫폼에서 자체 상품을 판매하여 추가 수익을 확보한다. 또한, 쿠팡을 통해 제품을 판매하는 판매자에게는 판매 수수료를 부과하고, 판매자가 플랫폼 내에서 광고를 요청할 경우 광고 수익을 통해 이익을 창출한다. 더불어, 쿠팡은 확보한 고객을 쿠팡이츠와 쿠팡플레이를 통해 록인하여 지속적인 수익을 만들어 낸다.

쿠팡은 국내 이커머스 시장에서 네이버 쇼핑, SSG닷컴과 경쟁하고 있으며 2023년 기준 약 27%의 시장 점유율을 차지하여 1위를 기록했다. 네이버 쇼핑 또한 22%의 점유율을 기록하면서 쿠팡과 가장 대조적으로 경쟁하고 있는 업체이다. 하지만 중국의 이커머스 플랫폼인 알리익스프레스와 테무가 저렴한 가격으로 다수의 이용자를 확보하여 빠르게 성장하고 있기 때문에 경쟁이 더 치열해지고 있어 쿠팡은 대비책이 필요한 것으로 보인다.

쿠팡은 이커머스뿐만 아니라 쿠팡이츠라는 음식 배달 서비스로 배달의 민족과 경쟁하고 있다. 2024년 5월 기준 쿠팡이츠의 점유율은 20%이며 배달의 민족 점유율은 60%이다. 하지만 배달의 민족 월간 사용자는 전년 대비 1%가 증가한 반면 쿠팡이츠의 월간 사용자가 전년 대비 119%나 증가하면서 쿠팡이츠가 빠른 성장세를 보이고 있기 때문에 점차 점유율이 높아질 것으로 예상된다.

뿐만 아니라 쿠팡은 쿠팡플레이라는 OTT 서비스를 제공하면서 넷플릭스와 경쟁하고 있다. 물론 넷플릭스의 구독률이 47%로 OTT 서비스 중 1위를 차지하고 있지만 쿠팡플레이는 티빙, 웨이브 등 다른 OTT 서비스를 제치고 구독률 26%를 달성하면서 2위 OTT 플랫폼으로 성장했다. 더욱이 쿠팡플레이는 스포츠 중계 콘텐츠를 도입하면서 스포츠 중계에 강점을 두고 있는 스포티비와의 경쟁에서 우위를 차지하고 있다. 실제로 쿠팡플레이는 다양한 스포츠 리그의 중계권을 가져오고 두꺼운 팬층을 기반으로 록인 전략을 확대하고 있다.

배달의 민족

회사 현황

창업자	설립일	매출액	직원 수	기업규모/형태	업종	비고
김봉진	2011년 3월 10일	3조 4,100억	2,000	중견기업/외감기업	응용 소프트웨어 개발 및 공급업	

 2023년 11월 기준 배달 앱 시장의 60%를 점유하고 있는 '배달의 민족(이하 배민)'은 스타트업 '우아한 형제들'의 김봉진 대표에 의해 2010년 6월에 출시되었다. 김봉진 대표가 '배달의 민족' 앱을 개발하게 된 배경은 교세라(교토 세라믹)의 이나모리 가즈오 회장이 쓴 《왜 일하는가》라는 책을 통해 학습되었다.

 어렸을 때부터 재밌고, 크리에이티브한 것에 관심이 많았던 본인을 되돌아보고 본인의 기질인 크리에이티브는 진지한 숙련의 과정에서 나옴을 깨닫고 꾸준한 훈련을 시작하였다.

처음에는 전단지를 모아서 스마트폰에 정보화시키는 작업이 전부였다. 마케팅의 관점에서 시장을 지배하는 선두 업체(배달통 등)가 있고 마케팅 자본이 한정적인 상황에서는 정확한 타기팅과 그에 따른 차별화가 중요하였다. 이에 배민은 타깃을 20대(서비스를 사용하고 파급력이 높은 사회초년생)로 잡고, 유머러스한 문장 구성과 정감 가는 UI/UX 및 캐릭터로 유대감을 형성하고, 고객 참여를 적극 유도(배민 신춘문예, 치믈리에 자격시험)하는 톡톡 튀는 마케팅 전략을 사용했다. 2014년 당시 주요 경쟁사들과 비교하여 결제수수료가 높다는 여론이 생겨나자 2015년 전체 매출액의 30%에 달하던 결제수수료를 받지 않겠다고 선언하는 등 획기적인 사업전략을 시도하며 파란을 일으켰다. 상생의 이미지를 통해 유저를 늘리고자 시도한 결제수수료 0% 정책은 고객들에게 엄청난 반응을 이끌어 냈고, 다시 고객들은 배민으로 모여들기 시작했다. 이후 폭발적으로 늘어난 유저를 바탕으로 광고 수익을 내면서 2016년 처음으로 흑자 전환에 성공했다. 이후로는 사업을 다각화시키고 코로나19 사태로 인한 배달업 호황과 연결되어 꾸준히 매출액이 상승했다.

2019년 말, 독일 기업 딜리버리히어로가 배민을 4조에 인수했다는 소식이 들리던 시기에 배민은 수수료 시스템을 변경(기존 울트라콜 중심의 광고 월정액에서 기본 5.8%의 수수료를 받는 오픈 서비스로)했다. 이러한 사건들로 배달의 민족에 대한 여론은 악화되기 시작한다.

이에는 크게 3가지 이유를 들 수 있다. 첫 번째는 브랜드 가치의 충돌이다. 우리의 민족이라는 애국심이 브랜드의 아이덴티티에 중요한 부분을 차지했기에 독일 기업의 인수에 소비자의 반응은 냉소적이었고 따라서 독과점의 횡포라며 부정적인 여론이 형성되었다. 두 번째로 타깃 고객의 가치관을 간과했다는 점이다. 사회초년생이 가장 민감하게 여기는 가치인 공정성을 고려하지 못한 수수료 시스템 변경 타이밍은 설령 사실이 아닐지라도 독과점 구조에서 오는 부작용을 우려하게 했다. 세 번째는 수수료 시스템 변경 커뮤니케이션 전략의 실패이다. 객관적으로 점주들에게 나쁜 정책이 아닐 수 있지만 인수 소식으로 인한 브랜드 정체성의 충돌과 코로나19로 인해 고통받고 있는 소상공인들의 마음은 코로나19로 인해 수해를 받은 배민에게 좋을 수 없었다. 결국 변경된 수수료 시스템은 기존으로 돌아가고 이 당시 형성된 배민을 향한 부정적인 여론은 라이더의 처우 개선 요구 시위, 물가 상승으로 인해 고통받는 소상공인들과 소비자들의 불만과 함께 아직까지 해결점을 찾지 못하고 있다.

비즈니스 모델

배달의 민족의 핵심적인 비즈니스 모델은 B2C이다. 배달의 민족 모바일 애플리케이션이나 웹사이트를 통해 소비자들은 다양한 음식점의 음식들을 검색하고 주문할 수 있다. 배달의 민족은 간단하고 주문 과정을 통해 사용자가 먹고자 하는 음식을 쉽고 빠르게 찾을 수 있도록 도와주고, 신용카드, 모바일 페이 등 다양한 결제 옵션을 제공해 줌으로써 결제의 편의성을 높여주었다.

또한 배달의 민족은 개인 맞춤형 추천 시스템을 통하여 소비자의 이

전 주문 내역과 선호도를 바탕으로 적절한 메뉴를 추천해 줄 수 있다. 사용자가 자주 선택하는 음식이나 최근에 관심을 보인 메뉴를 분석하여 추천하는 방식이다.

또한, 다양한 프로모션과 할인 이벤트를 통해 고객 유치에 힘쓰고 있으며, 첫 주문 고객에게 제공되는 할인 혜택이나 특정 기간 동안의 한정 할인 행사는 고객 확보에 중요한 역할을 한다. 이러한 마케팅 전략은 소비자에게 긍정적인 경험을 제공하고 브랜드 충성도를 높이는 데 기여하고 있다.

배달의 민족은 B2B 모델을 통해 음식점들에도 많은 가치를 제공한다. 음식점들은 배달의 민족 플랫폼에 등록하여 더 많은 고객에게 노출될 수 있으며, 이는 매출 증가로 이어진다. 플랫폼에 등록된 음식점들은 배달의 민족이 제공하는 다양한 마케팅 도구와 고객 분석 데이터를 통해 소비자 트렌드에 맞춘 메뉴 개발 및 가격 전략을 수립할 수 있다.

배달의 민족은 음식점과의 파트너십을 중시하며, 이를 통해 지속 가능한 상생 모델을 구축하고 있다. 음식점에는 메뉴 관리와 프로모션을 통한 매출 증대 기회를 제공하고, 배달의 민족은 이를 통해 브랜드 충성도를 높이고 있다. 예를 들어, 특정 음식점에 대한 광고 캠페인을 진행하여 소비자들의 관심을 끌고 주문을 유도하는 방식을 취하고 있다.

또한, 음식점이 자체적으로 배달 서비스를 운영할 수 있도록 지원하는 다양한 솔루션을 제공하여 운영 효율성을 높이는 데 기여하고 있다. 이러한 솔루션은 음식점의 배달 품질을 높이고 고객 만족도를 극대화하는 데 도움을 준다.

당근

회사 현황

	창업자	설립일	매출액	직원 수	기업규모/형태	업종	비고
당근	김용현/김재현	2015년 7월 15일	1,276억	400	중소기업/기타기업	응용 소프트웨어 개발 및 공급업	

2015년 6월 15일에 설립된 당근은 중고거래와 지역 기반 서비스 플랫폼을 운영하고 있다. 중고거래를 통해 이웃 간 안전하고 편리한 거래를 지원하며, 동네생활 서비스는 지역 소식과 맛집 정보를 제공한다. 동네가게 서비스는 근처 가게의 소식과 쿠폰을 제공하고, 당근알바는 지역 일자리 매칭을 돕는다.

최근 '마켓'을 버리고 '당근(당신의 근처)'을 남기며 리브랜딩하였다. 이는 지역 밀착을 뜻하는 '하이퍼로컬'을 우선시하겠다는 의미로 받아들여진다. 당근은 현재 누적 가입자 3,600만 명, 월간 활성 이용자 수

(MAU) 1,900만 명에 육박하며 4년 사이 무려 56배 성장을 기록했다. 2021년 1,800억 원의 투자 유치를 통해 3조 원의 기업가치를 인정받은 이후 2021년 352억 원, 2022년 464억 원으로 적자 폭이 증가했다. 하지만 2023년 1분기부터 창사 이후 처음으로 흑자를 기록했다.

당근의 대표 사업인 광고 매출 또한 급성장했다. 2022년 494억 원이었던 광고 매출은 2023년 1,266억 원으로 2.5배 이상 성장했으며, 비용적인 측면에서는 광고선전비(2022년 227억 원 → 2023년 50억 원)를 대폭 줄였다. 최근 3년간 광고 매출의 연평균 성장률은 122%로 매년 두 배 이상의 고속 성장을 거듭하고 있다. 현재는 이용자들이 더 다양한 맥락에서 당근을 이용할 수 있도록 신규 서비스 소개에 자원을 집중하고 있다.

비즈니스 모델

중고거래 플랫폼인 당근의 핵심 서비스는 '우리 동네 중고거래 플랫폼'이다. 이를 통해 사용자는 간편하게 가까운 이웃과 물품을 거래할 수 있게 했다. 이전 경쟁 중고거래 사이트인 중고나라와 번개장터와 차별화된 혁신적인 기능들이 탑재되어 사용자의 편의성을 최우선으로 생각하고 여러 가지 혁신적인 기능을 도입했다. 이들 중 대표적인 '거래 지도' 기능은 사용자는 자신이 사는 지역 주변의 거래 상황을 바로 한눈에 파악할 수 있다.

당근의 수요 수익원은 '프리미엄 광고'와 '중고차 매물 광고'이다. 프리미엄 광고는 상품이 더 많은 사람들에게 노출되도록 도와주며, 중고차 매물 광고는 중고차 판매자가 더 많은 구매자에게 자신의 차량을 알릴 수 있게 한다. 광고로 벌어들인 수익이 전체 수익의 약 99%를 차지한다. 당근 광고를 이용하는 광고주 수는 꾸준히 증가하는 추세로 지난해 대비 올해 광고주가 70%가량 늘었다.

- 독특한 경쟁력 요소: 당근의 '동네 중심 중고거래' 컨셉과 간편하면서도 직관적인 사용자 인터페이스이다. 이를 통해 사용자들이 쉽고 편리하게 중고거래를 이용할 수 있게 하였다.
- 성공 사례: 당근은 국내 최대 규모의 중고거래 플랫폼 중 하나이다. 타 중고거래 플랫폼보다 늦게 시장에 뛰어들었지만 '하이퍼로컬(지역 밀착)'로 차별점을 뒀다. 또 직거래만 허용해 중고거래 시장의 약점을 보완하는 동시에 신뢰도를 높여 크게 성장했다.
- 당근은 경쟁플랫폼이 있긴 하지만 업계 점유율이 압도적으로 높아 사실상 독주체제다. 지난해 기준 중고거래 앱 중 당근의 점유율은 93%이다.
- 중고차 시장에 발을 담그다: 중고거래 플랫폼의 중고차 시장 전략에 변화가 감지되고 있다. 중고차 거래 대수는 증가했으나, 많은 전문 플랫폼과 완성차 업체들이 시장에 진입하면서 경쟁이 심화되고 있다. 반면, 당근은 중고차 C2C 거래를 지속적으로 확대할 계획이다. 이는 중고차 시장의 성장에도 불구하고 경쟁이 치열해지고 있는 상황에서 중고차 허위 매물을 필터링하고, 다양한 전문 서비스와 협업하여 거래 편의성을 높이려는 취지이다.

토스

회사 현황

	창업자	설립일	매출액	직원 수	기업규모/형태	업종	비고
toss	이승건	2013년 4월 23일	1조 3,700억	846	중견기업/외감기업	그 외 기타 금융 지원 서비스업 (핀테크)	

핀테크의 강자, 토스는 최근 몇 년간 가파르게 성장하고 있다. 2024년 5월 기준으로 월간 활성 사용자(MAU)가 1,910만, 누적 투자금액 1조 6천억 원, 기업가치 9조 1천억 원, 서비스 수 100개를 넘어서면서 유니콘 기업으로 등극하며 놀라운 성장세를 보여주고 있다. 2022년 말 1,520만 명에서 2023년 말 1,910만 명을 기록한 월간 활성 사용자(MAU)의 유의미한 증가세에 따라 사용자당 매출(ARPU)도 꾸준히 상승하고 있다. 2024년 1분기 연환산 기준 평균 사용자당 ARPU는 약 34달러로, 사용자 1명이 토스 앱 내에서 평균 4개 이상의 카테고리 서비스

를 이용하며 사용자당 매출을 높이고 있다. 토스는 2024년 2분기에 영업이익이 처음으로 흑자로 전환되었으며, 상반기 매출은 전년도에 비해 약 40% 증가하여 역대 최대치를 기록했다.

토스는 하나의 앱으로 다양한 종합 금융 서비스를 제공하면서 사용자에게 높은 접근성과 편의성을 경험할 수 있도록 하여 '슈퍼 앱'으로 자리 잡았다. 다양한 금융 서비스의 제공을 통해 플랫폼의 영역을 확대하고 고객 유치에 성공했지만 이에 그치지 않고 맞춤형 금융 서비스 제공을 위해 토스인슈어런스, 토스증권, 토스뱅크와 같은 계열사를 순차적으로 개시하였다. 토스증권과 토스뱅크에 쏟은 투자는 2023년 기준 실적이 크게 개선되어 토스뱅크의 경우 2023년 4분기 기준으로 2분기 연속 흑자를 달성하였고, 토스증권의 경우에도 2022년 처음으로 연간 흑자 전환에 성공했다. 이러한 계열사들의 실적으로 인해 토스의 매출은 증가하고 당기순손실 규모는 감소하면서 이로운 방향으로 성장했다.

2020년 LG U+의 PG사업부를 인수하면서 개시한 토스페이먼츠의 경우 PG가 포함된 사업자 대상 서비스 분야가 매출의 절반 이상을 차지할 정도로 큰 영향을 미치면서 기존 소비자 대상 사업 중심에서 분야를 더욱 확장하는 계기가 되었다. 이제는 사업자 대상 서비스 또한 토스의 주요 사업 분야가 되었다. 광고나 쇼핑 등 신사업에서도 새로운 매출을 내면서 신규 분야에서도 확실하게 자리를 잡아가고 있다. 2024년 2분기 기준 토스뱅크, 토스증권 등 계열사 실적의 개선과 토스의 중심 서비스를 지칭하는 토스 코어의 사용자 대상 금융 서비스 실적 또한 크게 성장하여 소비자 대상 서비스와 사업자 대상 서비스 분야 간의 매출 비중이 균형을 이루었다.

비즈니스 모델

토스는 기존의 복잡하고 시간이 오래 걸리는 오프라인 위주 금융 산업을 혁신하여 접근성을 높인 금융 서비스를 제공한다. 간편송금 서비스를 시작으로 중개 서비스, 광고 서비스, 결제 서비스, 신용점수조회, 인증 서비스 등 다양한 맞춤형 금융 서비스를 통합하여 하나의 앱에서 제공함으로써 사용자에게 혁신적으로 편리한 핀테크 경험을 제공하는 데 중점을 두고 있다.

토스의 사업 부문은 크게 금융소비자들을 대상으로 제공하는 '컨슈머 서비스(Consumer Service)'와 사업자를 대상으로 제공하는 '머천트 서비스(Merchant Service)'로 구분할 수 있다. 현재 토스의 비즈니스 모델은 왼쪽 바퀴는 월간 활성 이용자 수(MAU), 오른쪽 바퀴는 외부 제휴사나 기관으로 설명될 수 있다. 이는 토스가 B2C(Business to Consumer) 사업뿐만 아니라 B2B(Business to Business) 사업으로 플랫폼의 영역을 확장해 나가고 있음을 의미한다. 토스는 앱 사용자 중심의 B2C 사업을 기반으로 성장해 왔지만, 최근에는 B2B 고객을 통한 매출이 증가하면서 두 축이 동등한 중요성을 가지는 추세에 있다. 실제 비바리퍼블리카(토스)의 2024년 반기보고서에서는 컨슈머 서비스 부문과 머천트 서비스 부문의 매출 비중이 각각 54.8%와 45.2%를 기록했으며, 전년도인 2023년에는 머천트 서비스 부문이 57.5%로 오히려 더 높은 매출 비중을 차지하였다.

토스는 간편송금 등의 서비스를 통해 주로 수수료 기반의 수익을 창출한다. 송금 자체의 수익성이 높은 것은 아니지만 고객이 금융 서비스를 처음 경험하게 하는 중요한 진입점 역할을 하고 이후 연결되는 다양한 금융 상품과 서비스를 통해 수익을 창출하는 구조이다. 보험, 대출, 투자, 주식거래 등 다양한 금융 상품을 토스 앱 내에서 중개하면서 수수료를 얻는다. 고객은 계좌 개설, 대출, 주식거래 등을 한 앱 내에서 쉽게 처리할 수 있다. 토스는 이렇게 하나의 앱에서 다양한 금융 서비스를 제공하는 '슈퍼 앱' 전략을 추구하면서 사용자 참여를 극대화한다. 이러한 전략 덕분에 사용자가 한 달에 평균 4개 이상의 카테고리 서비스를 이용하고 있으며, 이는 사용자당 매출(ARPU)을 높이고 사용자의 삶에 깊게 자리 잡음으로써 사용자를 잡아둘 수 있는 '록인(Lock-In)'을 가능하게 한다.

토스는 '금융 시장의 고객 경험을 재정의'한다는 미션을 가지고 움직인다. 토스의 반기보고서에서 설명하고 있는 기업 판매 전략은 데이터처리 기술 기반의 경쟁력 있는 맞춤형 서비스 제공, 그리고 고도화된 금융 서비스를 고객 지향적인 간편하고 편리한 기능으로 제공하는 UX(사용자 경험)/UI(사용자 환경) 기술력이다. 기존의 뱅킹 서비스가 공인인증서 등 복잡한 절차를 필수적으로 요구하며 시간이 오래 걸리는 불편한 경험을 제공함으로써 오프라인 시장을 대체하지 못했다면 토스는 빠르고 간편한 송금 기능을 지원하면서 고객의 경험을 편리하게 바꾸어 놓았다. 고객이 필요로 하는 것이 무엇인지 욕구를 확실하게 파악하고 제공하면서 사용자를 유치하고 앱에 접속하게 만든다. 이후 앱에서 다양한 서비스를 지원하면서 자연스럽게 사용자가 토스 앱에서 다양한 서비스를 이용하도록 만들어 금융 상품 중개 등으로 수익을 크게 올리고 있다.

이러한 토스의 비즈니스 모델은 지속적인 서비스 확장과 금융 혁신을 통해 수익성과 사용자 기반 모두를 강화하는 전략을 기반으로 그 성장 가능성을 높게 평가받고 있다.

직방

회사 현황

	창업자	설립일	매출액	직원 수	기업규모/형태	업종	비고
직방	안성우	2010년 11월 19일	1,200억	350	중소기업/외감기업	시스템 소프트웨어 개발 및 공급업	

    2011년에 설립된 직방은 부동산 정보 검색 서비스를 제공하는 부동산 중개 기업이다. 원룸과 오피스텔뿐 아니라 전국 아파트까지 부동산 정보를 제공하며, 이용자와 중개사 간의 정보 비대칭성을 해소한다. 보다 정확한 매물 정보를 제공하기 위해 거주민 리뷰와 VR 홈투어 등의 서비스를 제공하고, 부동산에 IT 기술을 접목한 빅데이터 랩을 신설하는 등 프롭테크 기업으로 성장해 왔다. 다음부동산을 위탁운영 하고 있으며, 아파트 실거래가 시세정보 서비스 업체 '호갱노노', 셰어하우스 운영사 '우주', 상업용 부동산 플랫폼 '네모'를 운영하는 '슈가힐'을

인수하며 다양한 분야를 아우르는 부동산 빅데이터 제공을 목표로 두고 있다.

2015년 10월에 부동산 앱 최초로 1,000만 다운로드를 돌파했으며 2017년 4월에 2,000만 다운로드를 돌파하였다. 이용자 시장 점유율 부분에서도 59% 이상을 기록하며 이 부문에서 압도적인 1위를 기록하고 있다.

직방은 2022년 기준 3,000만 누적 다운로드를 돌파했고, 전체 부동산 앱 시장에서 월 부동산 앱 30% 이상으로 압도적인 1위를 차지했다. 2021년에는 프롭테크를 활용하여 '온택트 파트너스'를 통해 공인중개사와 파트너십을 강화, 부동산 중개 계약에 직접 참여하겠다고 선언했다. 나아가 2022년에는 직방이 삼성SDS로부터 홈 IoT(사물인터넷) 사업 부분을 인수하고, 이 기회로 삼성의 네트워크를 활용해 해외 스마트홈 시장에 진출을 구상하고 있다.

비즈니스 모델

직방은 바쁜 현대인의 라이프 스타일에 맞춘 주거 정보 플랫폼으로서 집을 구할 때 부동산 중개소에 가기 전 미리 정보를 확인하고 계약 추진을 할 수 있는 편리성을 제공하고 있다. 원룸과 오피스텔뿐 아니라 전국 아파트까지 부동산 정보를 제공하며, 이용자와 중개사 간의 정보 비대칭성을 해소하는 사업을 진행하고 있다.

또한 직접 구축한 정보망을 통해 중개사와 이용자를 연결해 주며 부동산 정보 서비스 시장의 신뢰도를 높이는 데 기여했다. 특히 직방은 초창기부터 허위 매물을 없애기 위해 '허위 매물 아웃 프로젝트'를 진행해 왔다. '허위 매물 아웃 프로젝트'란 전국 모니터링을 통해 허위 매물 악성 지역을 선정, 해당 지역의 매물을 전수로 조사해 악성 중개사를 퇴출시키는 프로젝트로 사용자에게 신뢰성을 높이는 서비스로 부각시켜 나가고 있다.

이외에도 직방은 사용자를 위해 부동산 계산 서비스, 우리집 서비스와 컨시어지 서비스, 직방라운지, 월세 납부 서비스 등 새로운 서비스 사업으로 고객을 유인하고 있다.

야놀자

회사 현황

	창업자	설립일	매출액	직원 수	기업규모/ 형태	업종	비고
yanolja	이수진	2007년 2월 1일	7,667억	900	중견기업/ 외감기업	데이터베이스 및 온라인 정보 제공업	

   2005년에 설립된 야놀자는 국내 최다 숙박 관련 정보를 보유하고 있는 종합 여행 플랫폼 기업이다. 창업자 이수진 대표는 20세에 상경하여 먹고 자는 것을 동시에 해결할 수 있는 최적의 취업 자리가 모텔이라고 생각하고 모텔 청소부를 시작으로 생업을 하면서 포착한 문제점들을 기반으로 창업 아이디어를 구상해 왔다. 사업 초창기에는 모텔 등 중소형 숙박 시설 예약 서비스를 제공했지만 이후 '호텔나우', '데일리호텔' 등의 인수를 통해 호텔, 리조트, 풀빌라 등 다양한 유형의 숙소를 서비스하고 있다. 한국을 넘어 일본, 중국, 동남아 등 전 세계 57만

여 개의 해외 숙소 예약 서비스를 제공하며, '트립어드바이저'와의 제휴를 통해 8억 건 이상의 해외 숙소 리뷰까지 제공하고 있다.

또한, 숙소 예약뿐만 아니라 여가·액티비티 예약 서비스, 항공권 검색 서비스까지 론칭하고 종합 여행 정보 플랫폼으로 인정받으며, 2019년 6월에 '유니콘 기업(기업가치 1조 원 이상)'으로 선정되었다. 2021년 6월에는 글로벌 클라우드 솔루션 기술 강화를 위한 '야놀자 클라우드'를 출범하였다.

2021년 12월, 야놀자는 인터파크의 사업 부문에 대한 인수를 확정했다. 당사가 보유한 기술력, 글로벌 네트워크와 인터파크의 브랜드 로열티, 서비스 노하우를 총결합해 글로벌 여행 시장을 공략하겠다는 취지다. 야놀자는 여행 예약부터 이동, 숙박, 체험, 구매까지 전체를 포괄하는 획기적인 서비스를 제공할 계획이다. 더불어 세계 여행 시장을 선도하기 위해 향후 AI 기술을 접목한 초개인화된 서비스를 선보일 예정이다.

비즈니스 모델

야놀자는 야놀자 플랫폼 부문, 클라우드 부문, 인터파크 부문, 기타 부문으로 나누어져 여가/숙박/주거 공간의 온라인/디지털화, 디지털화된 인벤토리/콘텐츠의 글로벌 유통, 디지털화와 글로벌 유통을 통해 확보한 메타데이터를 활용한 AI 사업을 하고 있다.

야놀자의 플랫폼은 당사의 축이 되는 주요 서비스이다. 플랫폼으로 업체의 상품(객실, 레저, 등등)을 고객에게 판매하며 예약 수수료로 수익을 낸다. 이는 2022년 8월 현황으로 전체 수익의 27.63%를 차지한다. 또한 플랫폼 내에서 업체의 광고를 통해 수수료와 광고료로 25.49%의 수익이 발생한다.

플랫폼 부문의 예약 수수료와 광고는 야놀자의 수익의 약 50%를 구성하는 주요 수익 모델이다. 중개 서비스에서 더 나아가 야놀자는 상품을 매입하여 직접 판매하는 사입 서비스를 제공하기도 하고 또한 정부의 위탁운영으로 고령자의 교육 사업과 여행 플랫폼으로 수수료를 수취하는 여행대학 서비스도 제공한다.

야놀자는 자사 클라우드를 활용하여 지속적으로 효율 증대를 꾀하고 있다. 여러 서비스가 있지만 이 중 숙박 하드웨어와 IDS는 각 전체 수익의 2%대를 보장하며 발전하고 있다. 숙박 하드웨어는 키오스크, GRMS 등 호스피탈리티 솔루션을 업체에 판매하여 디지털 트랜스포메이션을 가속화하는 동시에 수익을 낸다. 또한 IDS는 중개 서비스와 같이 업체의 상품을 판매할 수 있도록 판로를 확대하며 수수료를 수취하는 방식으로 수익을 얻는다. 클라우드 부문은 현재 큰 수익을 내지 못하고 있지만 야놀자의 사업 가치를 확장하는 데 주요한 의미가 있다.

'아메오시여'로 이어지는
New 펭귄들의 행렬

'아메오시여'

지난해도 5개 스타트업이 새롭게 유니콘에 등극했다. 연 기준으로는 역대 가장 많은 숫자다. 신생 유니콘 합류로 국내 전체 유니콘 기업은 18개에서 23개로 늘었다.

특히 지난해에는 우리들에게 많이 알려져 있지 않은 스타트업들이 유니콘에 이름을 올려 눈길을 끌고 있다. 2022년 신생 유니콘을 살펴보면 '당근', '직방', '야놀자' 등 MAU(월 사용자) 수백만 명을 거느린 유명 애플리케이션(앱) 서비스 기업이 많았던 반면 2023년도에는 빅데이터 플랫폼 기업 '아이지에이웍스', 클라우드 업체인 '메가존클라우드'처럼 기술과 B2B 사업을 주력으로 하는 스타트업들이 유니콘으로 등극하였다. 이처럼 다양한 컬러의 산업군에서 유니콘이 새롭게 등장하고 있다는 점은 국내 스타트업 생태계에도 의미 있는 소식이다.

아이지에이웍스 · 메가존클라우드 · 오아시스마켓 · 시프트업 · 여기어때컴퍼니 등 올해 상반기 새롭게 유니콘에 등극한 5개사 '아 · 메 ·

오·시·여'를 새로운 퍼스트펭귄으로 소개한다.

국내 최강 빅데이터 플랫폼, 아이지에이웍스

'아이지에이웍스(IGA웍스)'는 국내 최대 빅데이터 플랫폼 기업이다. 지난해 연결 기준 매출은 1,530억 원을 기록했다. 데이터 부문 기업이 유니콘으로 등극한 것은 아이지에이웍스가 최초 기업이다.

아이지에이웍스 핵심 경쟁력은 단연 '방대한 데이터'다. 올해 상반기 기준 국내 4,300만 명에 달하는 모바일 이용 행태 데이터를 보유했다. 국내 스마트폰 보유자 98%에 해당하는 수치다. 대다수 국민이 매일 어떤 앱을 얼마나 이용하고 또 얼마나 설치·삭제했는지 실시간 파악이 가능하다는 얘기다. 스마트폰으로 물건을 구입하는 '모바일 커머스' 거래 데이터도 다룬다. 아이지에이웍스는 32만 개 브랜드, 3,650만 개에 달하는 제품 구매 데이터를 수집·분석한다. 금액으로 따지면 연간 40조 원 규모다. 여기에 1,300만 가구의 TV 방송 광고 시청 데이터까지 결합해 정교함을 높였다.

데이터만 많이 갖고 있다고 해서 돈을 버는 것은 아니다. 아이지에이웍스는 데이터를 기반으로 다양한 사업 모델을 운영 중이다. 아이지에이웍스 핵심 사업은 크게 3가지다. 고객 데이터 플랫폼 '디파이너리', 데이터 분석 기반으로 효과적인 광고 집행을 돕는 플랫폼 '트레이딩웍스', 앱 이용자 행태 등 모바일 빅데이터를 분석하는 솔루션 '모바일인

덱스' 등이다. 현업 실무에서 활용할 수 있는 편의성과 정밀한 데이터 정확도 덕분에 현재 국내 4,000여 개가 넘는 일반기업, 투자사, 정부기관들까지 아이지에이웍스 플랫폼을 유료 이용 중이다.

그중에서도 '디파이너리'가 핵심 모델로 꼽힌다. 다양한 고객 접점에서 발생하는 데이터를 수집·분석한 인사이트를 바탕으로 기업 마케팅을 돕는 SaaS형 솔루션이다. 기업이 수집한 고객 데이터를 아이지에이웍스가 추출한 '외부 데이터'와 결합해 고객을 입체적으로 형상화해 주는 '360도 고객 프로파일', 전체 고객 데이터 중 특정 조건에 따라 고객을 분류하는 '오디언스 세그먼테이션' 등이 대표 기능이다. 고객 1명 단위로 데이터를 확인할 수 있어 데이터 사이언티스트 같은 전문가가 아니더라도 쉽게 활용할 수 있다. 아이지에이웍스 플랫폼을 활용하면 잠재 고객을 업데이트하거나 가치 있는 고객을 선별하는 등 데이터 관리를 자동화할 수 있다. 데이터 전문가를 따로 뽑지 않고도 효과적으로 디지털 트랜스포메이션 진행이 가능하다.

국내 MSP 프론티어,
메가존클라우드

1998년에 처음 설립된 메가존이 웹 호스팅과 마케팅 등 사업을 전개하다 창업자 이주완 대표가 클라우드 시장의 가능성을 확인하고 2009년부터 본격적으로 클라우드 사업을 펼치기 시작했다.

클라우드란 기업 내부 전산망 등에 활용되는 서버·데이터·네트워크 등을 가상 공간에 구현한 것을 말한다. 클라우드는 관리나 데이터 분석 등 활용처가 많지만 개별 기업이 클라우드를 구현하기에는 자원이 너무 많이 든다. 전문 클라우드 기업이 제공하는 '퍼블릭 클라우드'를 이용하는 것이 대부분이다.

클라우드 기업은 크게 'CSP(클라우드 서비스 공급자)'와 'MSP(클라우드 관리 서비스 공급자)'로 나뉘는데, CSP가 앞서 말했듯 클라우드를 직접 제공하는 사업자다. 흔히 알고 있는 아마존의 AWS, 마이크로소프트의 애저(Azure), 네이버클라우드, NHN클라우드 등이 CSP다.

메가존클라우드는 MSP 사업자다. MSP는 고객사가 CSP가 제공하는 클라우드를 이용하려고 할 때, 어떤 것이 필요하고 기존 시스템과는 어떻게 통합할지 등을 총체적으로 컨설팅하는 역할을 한다. 즉, 클라우드 인프라 구축과 운영을 대행해 주는 서비스라고 보면 쉽다. 클라우드 서비스가 고도화되면서 MSP 시장 역시 커졌다. 국내 MSP 시장 규모는 올해 7조 원을 넘어설 것으로 추정하고 있다.

메가존클라우드는 2012년 국내 최초로 AWS와 공식 파트너십을 맺고 국내 MSP 시장을 꾸준히 개척해 왔다. 현재 고객사는 5,000여 개에 달한다. 국내 MSP 1위 사업자 지위를 기반으로 해를 거듭할수록 비약적으로 성장을 거듭했다. 지난해 매출은 약 1조 4,300억 원을 기록했는데, 2020년 2,500억 원에 비해 대폭적인 성장을 실현시켜 나가고 있다.

메가존클라우드를 '유니콘' 반열에 올려놓은 투자사가 다름 아닌 CSP 사업을 적극적으로 추진 중인 KT라는 점은 특이하다. 메가존클라우드는 지난 2월 KT로부터 1,300억 원의 투자를 유치하면서 1조 원이 넘는 기업가치를 인정받았다. 메가존파트너스는 유니콘 등극 후에도 곧이어 MBK파트너스 등으로부터 4,500억 원의 투자 유치를 성공해 2조 4,000억 원 기업가치를 인정받았다.

새벽배송, 오아시스마켓

오아시스마켓(이하 오아시스)은 신선식품 새벽배송 스타트업이다. 경쟁업체인 마켓컬리나 쓱닷컴에 비해 덩치 자체는 작지만 내실은 그 어떤 기업보다 탄탄하다는 평가를 받고 있다. 지난해 매출은 3,884억 원, 2018년 27억에 불과했던 매출이 거의 100배가량 증가하였다.

오아시스가 주력하는 새벽배송은 그 특성상 쉽게 이익을 내기 어렵다. 마켓컬리나 쓱닷컴 경우만 봐도 그렇다. 새벽배송은 주로 과일·채소·육류 등 신선식품 주문량이 많다. 신선도 유지를 위한 '콜드체인 시스템'을 갖춘 물류센터가 필수다. 하지만 콜드체인 물류센터는 일반 물류센터보다 비용이 더 많이 들 수밖에 없다. 냉장 시설을 계속 가동해야 하는 데다 배송도 일반 차량이 아닌 냉동 탑차가 필요하기 때문이다. 또 새벽 시간에 물류 작업과 배송을 하다 보니 인건비도 비싸다.

오아시스 흑자 경영의 비결은 오프라인에 있다. 오아시스마켓이 국내 운영하는 오프라인 매장은 60여 개에 이른다. 오아시스가 흑자를 내는 비결은 온·오프라인을 적절하게 혼합하는 '양손잡이 전략'이다.

배달용으로 준비했다가 재고로 남은 상품을 자체 운영하는 오프라인 매장을 통해 판매하는 전략으로 재고 손실을 줄인다는 것이다.

오프라인 매장으로 추가 매출을 기대할 수 있는 것은 물론 효율적인 재고 관리도 가능하다. 먼저 온라인에서 판매되지 않은 재고가 발생할 경우 오프라인 매장으로 운반해 소진할 수 있다. 온라인 재고가 부족할 경우 오프라인 매장에서 물건을 조달할 수도 있다. 오프라인 매장이 제2의 물류센터 역할을 하는 것이다. 오프라인에서 구매 경험이 있는 고객이 온라인으로 유입하는 효과도 기대할 수 있다. 오아시스마켓은 경쟁사와 달리 서울·수도권에서 직영 매장을 운영한다. 매장이 물류센터 역할을 겸하고 온라인 배송 오류를 AS하는 등 온·오프라인 시너지를 높일 수 있는 바탕이 되었다.

흑자 경영 비결은 이 밖에도 많다. 다른 기업과 달리 상품 바이어가 직접 생산자를 발굴해 중간 판매자 없이 직배송하는 구조인 덕분에 비용을 아낄 수 있었다. 뛰어난 물류 IT 시스템도 흑자 비결 중 하나로 꼽힌다. 모회사인 지어소프트가 자체 개발한 물류 시스템 '오아시스루트'는 다른 새벽배송 업계 관계자들도 인정할 정도로 쉽고 효율적인 것으로 유명하다. 애플리케이션으로 구현된 덕분에 스마트폰만 있으면 작업자 누구나 오아시스루트를 활용할 수 있다.

유일한 게임업계 유니콘, 시프트업

시프트업은 중소기업부가 올해 상반기 집계한 유니콘 23개 회사 중 유일한 게임사다. '배틀그라운드'를 개발한 '크래프톤'이 과거 유니콘 명단에 이름을 올렸지만 지난해 코스피 상장 이후 유니콘 이름표를 떼어냈기 때문이다.

시프트업은 모바일 게임 전문 개발사로 국내 정상급 게임 일러스트레이터이자 아트 디렉터로 꼽히는 김형태 대표가 2013년 설립했다. 독창적이고 강렬한 디자인과 그래픽이 가장 큰 강점으로 알려져 있다.

2016년 국내에 첫선을 보인 수집형 카드 게임 '데스티니 차일드'가 시프트업의 주력 제품이다. 당시 게임을 내놓은 지 3일 만에 애플과 구글 양대 앱마켓에서 매출 1위를 차지하며 흥행성을 입증했고 6년이 지난 지금까지도 시프트업의 캐시카우 역할을 제대로 하고 있는 대표적인 제품이다. '데스티니 차일드'는 일러스트 퀄리티가 뛰어날 뿐 아니라 게임 기획과 조화를 이루고 있다는 점에서 많은 호평을 받았다는 평가가 회사의 시그니처 제품으로 자리를 잡게 되었다.

그러한 사업성으로 카카오벤처스, 위메이드, 대성창업투자 등으로부터 투자를 받았고 최근에는 IMM인베스트먼트, 스마일게이트인베스트먼트 등으로부터 추가 투자를 유치하며 1조 원 이상 기업가치를 인정받았다.

시프트업의 핵심이라고 평가받는 김형태 대표는 '일러스트레이터의 전설'이라고 불린다. 과거 '창세기전', '마그나카르타', '블레이드&소울',

'데스티니 차일드' 등 패키지 게임부터 온라인·모바일 게임까지 다양한 장르와 플랫폼에서 일러스트를 담당하며 독보적인 입지를 쌓았다. 일러스트레이터로서 기본기는 물론 리얼타임 3D 엔진에 대한 이해도 역시 업계 최고 수준으로 평가받는다.

여행 여가 플랫폼, 여기어때컴퍼니

여기어때컴퍼니는 종합 여행 여가 플랫폼으로서 '여행 슈퍼앱'을 지향하는 플랫폼이다. '여기어때' 앱을 필두로 숙박, 액티비티, 티켓, 교통, 맛집 예약 서비스가 핵심 사업 모델이다. 지난해 4월 500억 원 규모의 미래에셋캐피탈 투자를 유치하고, 기업가치 1조 2,000억 원을 인정받아 유니콘에 등극하면서 야놀자의 아성에 도전장을 내밀고 있다.

2014년 처음 선보인 '여기어때'는 당시만 해도 모텔 위주 예약 서비스였다. 앱을 통해 숙소를 예약할 수 있는 종합 서비스라는 점은 신선했지만 '모텔 앱', '음지 사업'이라는 이미지가 있었다. 하지만 2016년을 기점으로 호텔과 리조트 부문으로 카테고리를 넓히며 종합 숙박 예약 서비스로 확장했고 이제는 이미지 변신에 성공했다.

여기어때컴퍼니는 지속적으로 사업 영역을 넓혀가고 있다. 지난해에는 '렌터카 실시간 가격 비교 예약 서비스'를 스타트했다. 전국 100여 개 업체와 2만 대 이상 렌터카를 비교해 예약하는 서비스다. 올해는 소규모 모임, 개인 창작과 연습 등 목적에 맞춰 공간을 예약하는 '공간대여' 서비스와 국내외 실시간 항공 예약 서비스를 선보였다. 2019년 맛집 평가 플랫폼 '망고플레이트'를 인수하기도 했다.

여기어때는 대부분의 여행 업계가 큰 타격을 입었던 코로나19에도 성장을 이어갔다. 지난 5년간 매출액은 연평균 53% 성장하였고, 코로나19 팬데믹이 한창이던 22년 매출은 전년 대비 60% 증가한 2,049억 원을 기록했다. 여느 스타트업과 달리 영업이익도 상대적으로 우수하다. 22년 영업이익은 전년 대비 35% 증가한 155억 원으로 3년 연속 흑자를 달성했다. 하나투어, 모두투어 등의 전통적인 여행 기업들이 팬데믹 3년간 매출이 많게는 90% 이상 쪼그라든 것과는 대조된다.

앞으로 코로나19가 소강상태를 보이면서 해외여행 수요에 방점을 찍고 사업을 확대해 나갈 것으로 전망이 된다. 특히 21년 10월 해외여행 플랫폼 온라인투어의 지분 20%를 인수하고, 온라인투어의 해외여행 상품 운영 노하우와 파이프라인을 흡수하여 시장 확대를 꾀하겠다는 야심 찬 의지를 느낄 수가 있다.

2편

나도 퍼스트 펭귄이다

| 1장 |

각광받는 스타트업, 창업 시대

- 일생에 한 번은 창업을 해야 한다
- 불확실성의 시대, 지금이 스타트업 창업의 적기!
- 지속적인 생산 주체로 살아가는 법
- 창업가가 지녀야 할 '기업가정신'
- 기업가정신은 창업의 핵심 열쇠!
- 성공하는 창업의 원칙

일생에 한 번은
창업을 해야 한다

　스타트업 생태계를 다룬 드라마가 인기리에 방영이 될 정도로, 스타트업 창업은 우리 사회의 큰 관심사이자 화두가 됐다. 하지만 여전히 스타트업, 창업이라고 하면 덜컥 겁부터 나거나, 나와는 전혀 관계가 없는 일이라고 생각하는 사람들도 대다수 있을 것이다. 하지만 이제는 누구나 창업에 대한 고민을 한 번쯤은 해야 할 시대가 되었다. 일생에 누구나 한 번은 창업을 실행해야 하는 것이 현실이 되었다고 한다. 고개를 갸우뚱하는 사람도 있겠지만, 조금만 생각해 보면 동의할 수밖에 없는 명제일 것이다.

　알다시피, 전통적 개념의 일자리 자체가 빠르게 사라지고 있다. 인공지능과 로봇 등을 통해 일자리는 빠르게 무인화 자동화되고 있고, 글로벌 경제 불황에 팬데믹까지 겹치면서 고용 시장의 한파는 계속되고 있다. 2021년 1월 기준, 우리나라의 실업률은 5.7%로 역대 최대를 기록했으며, 2024년 6월 기준 청년 실업률은 6.2%에 달한다.

　대기업 공채 문화도 빠르게 사라져 가고 있는 상황에서, 모두가 대기업에 들어갈 수도 없고, 모두가 공무원이 될 수도 없다. 더 큰 문제는,

설령 취직을 한다고 해도 정년까지 일하기는 쉽지 않다. 100세 시대에 50~60대면 노동의 현장에서 떠밀려 나와야 한다. 내가 일하고 싶어도 노동을 멈출 수밖에 없는 게 자명한 현실이다. 한창 일할 자격과 체력을 가지고도 우리는 삶의 현장을 떠나야 한다. 노동이 없으면 수입도 자연스레 사라지는 현실. 100세까지 산다는 것은 퇴직 후 최소 30년, 40년이라는 세월을 살아갈 돈이 있어야 함을 의미한다. 아무리 노후설계를 잘해도 최소 20~30년 이상을 버티기에는 역부족인 시대가 된 것이다. 퇴직 후 20~30년 정도 노년의 삶을 유지하기 위해서는 평균 5~9억(개인에 따라 다름)이라는 자금이 필요한 것으로 나타났다. 그동안 모은 돈과 퇴직금 등으로 연명(?)은 하겠지만 과연 그것이 행복하고 의미로운 삶일까?

통계청이 발표한 '국민이전계정(연령 간 경제적 자원의 흐름계정)' 조사 결과를 보면, 대한민국 국민들은 27세부터 흑자 인생을 시작하다가 41세에 흑자의 정점을 찍는다. 그러다 점차 흑자 폭이 줄어들다가 59세부터는 적자 그래프를 그리는 것으로 나타났다. 즉, 젊은 시절에 벌어놓은 돈으로는, 59세부터는 적자 인생을 면하기 어려워지는 것이다.

이런 현실에서, 준비되지 못한 퇴직이 가까워져 오면, 크게 2가지 선택을 하게 된다. 첫 번째가 바로 재취업의 모색이다. 그동안의 경력과 전문성을 살려서 일자리를 찾아 나서지만, 실상 나이라는 걸림돌 때문에 재취업은 하늘의 별 따기만큼이나 어렵다. 어렵사리 재취업에 성공해도, 오래 버티기가 쉽지 않다.

한 은퇴연구소에서 발표한 자료를 보면, 50~60대 중장년 퇴직자를 대상으로 퇴직 후 재취업 일자리 경로를 분석한 결과 퇴직자의 절반 이상(51.0%)이 퇴직 후 2회 이상 재취업을 했고, 3회 이상은 14.5%, 또 4회 이상은 9.6%로 나타났다. 퇴직 후의 평균 구직 기간은 5.1개월, 새로 취업한 직장에서의 평균 재직 기간은 18.5개월로 나타났다. 즉, 퇴직 후에 열악한 노동시장에 던져져서 5개월 준비해 취업에 성공하고 새로운 직장에서 2년도 못 버티고 퇴직하고 다시 또 준비하고 퇴직하는, 이런 양상이 반복되는 악순환의 고리에 빠질 가능성이 크다는 것이다. 당장 눈앞의 몇 년은 보장될지 모르지만, 퇴직 후 최소 20년이라는 긴 세월을 놓고 보면 끊임없는 불안감으로 재취업 자리를 찾아 헤매는 삶이, 과연 최선의 선택일까?

두 번째 선택은 바로 생계형 창업이다. 그동안 모아둔 돈으로 프랜차이즈 개업이나 편의점, 식당 등 장사에 뛰어드는 경우다. 기. 승. 전 프랜차이즈라는 말이 나올 정도로, 퇴직자들이 가장 쉽게 선택하는 패턴이기도 하다. 그런데 이것이야말로 최악의 수가 되기 쉽다. 평생을 닦아온 기술이나 경력을 내려놓고, 자신과는 1도 관계없는 자영업에 뛰어드는 건, 20살 때부터 동물원 안에 있었던 사람을 60살에 정글에 풀어놓는 것과 다르지 않기 때문이다. 더구나 대부분의 은퇴자들이 자영업에 뛰어들면서 경쟁이 크게 심화된 상황에서 실제로 은퇴 후 창업에 뛰어든 10명 중 6명은 3년 이내 폐업을 신청하는 것으로 알려졌다. 노후 빈곤층으로 전락할 위험도 그만큼 높을 수밖에 없다.

결국, 중요한 것은 퇴직 타이밍이 왔을 때 준비가 된 사람과 준비가 되지 않은 사람들의 인생이 확연히 갈릴 수밖에 없다는 점이다. 그래서 직장 생활을 하면서도 30~40대 때부터 미리, 자신의 관심 분야나 경력을 바탕으로 창업을 준비하고 구체화시켜야 하는 것이 필수인 것이다. 어느 노후 생활을 주제로 한 강연에서 강사가 주장하는 이야기가 떠올려진다. "사람은 태어나 30세까지는 살아가기 위한 교육을 받고, 30세부터는 사회에 나와 남을 위해 노동을 제공하고 돈을 벌어주는 시기이고, 60세부터 진짜 자기 인생을 살게 된다."라는 이야기는 충분히 공감이 가는 주장이다. 50~60대 은퇴를 앞둔 시점에 창업을 설계하거나 구성하는 것은 실현 가능성이 거의 제로에 가깝다. 청년 시절부터 창업을 꿈꾸고 플랜을 짜가면서 미래의 설계도를 단계별로 구축해 나가야 한다.

요약해 보자면, 일자리를 얻기 힘든 청년층은 물론, 회사에 취직했더라도 퇴직 이후의 삶을 위해서는 '창업'이라는 화두로부터 결코 자유로울 수가 없다. 이건 선택의 문제가 아니라, 누가 더 잘 준비하느냐에 따라 미래가 바뀌는 절실한 문제가 아닐까. 100세 시대, 결국 우리는 일생에 한 번은 창업을 꿈꾸고 실행에 옮겨야 할 시대를 살고 있다고 해도 과언이 아니다.

"가난하게 태어난 것은 결코 당신의 잘못이 아니지만
가난하게 죽는 것은 당신의 잘못이다."

― 빌 게이츠 ―

불확실성의 시대, 지금이 스타트업 창업의 적기!

저성장 시대에 코로나19 위기까지 지나온 지금, 창업 환경이 녹록지 않은 것은 사실이다. 하지만 생계형 창업이 아닌 스타트업 창업은 다르다. 혁신적인 스타트업들은, 항상 위기 속에서 기회를 발굴해 냈다. 생각을 조금만 뒤집어 보면, 오히려 새로운 비즈니스 모델이 탄생될 수 있는 최고의 적기인 셈이다. 알다시피, 코로나19를 겪으면서 사람들의 생활과 소비 패턴은 과거와 확연히 달라졌다. 오프라인 대면 중심에서 비대면 중심으로 소비자들의 소비 패턴이 변경되었고, 이러한 변화는 새로운 고객의 필요가 출현했다는 것을 의미한다.

이렇게 전례 없이 변화된 시장 상황은, 고객의 새로운 니즈를 채우고자 창조적 파괴를 시도하는 창업자들에겐 더할 나위 없는 기회가 될 수 있다. 몸집이 큰 대기업이나 생계형 자영업 창업의 경우, 기존 산업에 대한 노하우를 쉽게 버릴 수 없는 것은 물론, 조직화된 기업 문화로 인해 새로운 시도를 하는 데 한계가 있고, 불경기와 소비위축의 영향을 크게 받을 수밖에 없지만 아이디어를 기반으로 한 스타트업들은 작은 몸집으로 기민하게 움직이며 빠른 실행력을 통해, 새로운 기회를 잡을 가능성이 클 수밖에 없다. 스타트업 창업 자체가, 변화의 기류를 파악하여 혁신적인 해결책을 추구하는 것이 핵심이기 때문이다.

실제로, 스타트업계에서는 코로나19 시대 라이프 스타일의 변화에 맞춰, 새로운 비즈니스 모델들이 대거 등장하고 있다. 집콕 생활을 돕기 위한 홈쿡, 홈에듀, 홈워크 분야의 신서비스, 코로나 블루와 스트레스 해소에 도움을 주는 홈펀, 홈헬스, 홈클린, 홈하비까지. 실로 그 종류도 다양하다. 또한, 고객의 니즈에 맞춰 새로운 가치를 제공하는 스타트업들은, 최악의 위기 속에서도 강점을 드러내며 성장을 거듭하고 있다.

재능과 기술을 가진 프리랜서들, 즉 숨은 고수를 매칭 해주는 재능 공유 플랫폼 '숨고'의 경우도 코로나19 이후 높은 성장률을 기록하고 있다. 특히, 홈콕 시대에 새로운 취미 생활을 원하는 고객들의 수요에 맞춰 기존의 과외 레슨 등에서 벗어나 무려 600여 가지의 다양한 서비스를 세분화하여 제공한 것이 성장의 발판이 되었다. 스타트업 창업과 성장에 있어, 위기는 곧 기회라는 것을 입증해 낸 셈이다.

코로나19 위기를 겪으면서 다양한 분야에서 기업들의 사업 모델을 근본적으로 바꾸는 변화의 시대에 살고 있다. 그 핵심은 디지털 전환과 비대면 트렌드이며, 언택트 시대를 돌파할 신기술, 신서비스들이 다양한 분야에 융합되어 왔고, 원격 의료를 가능하게 할 채팅 상담 등 다양한 비대면 헬스케어 서비스, 또 온라인을 기반으로 한 AI, VR, AR, 사물인터넷(IoT) 기술 등을 접목한 에듀테크 시장도 앞으로 더 크게 확산될 것이다. 배송 시장에서도 로봇, 드론 등을 활용한 비대면 서비스가 각광받을 것이며, 편리한 온라인쇼핑을 가능하게 해주는 유통

테크 분야도 더 다양하게 세분화될 전망이다. 결국, 이 새로운 트렌드에 맞춰 소비자들의 불편함을 해소할 아이디어를 캐치하고, 창업으로 빠르게 연결시킨다면 앞으로 다시 재현될 팬데믹 상황은, 오히려 그 어느 때보다 빠르게 성장하고 위기를 기회로 바꾸는 최적의 타이밍이 아닐까. 결국 세상이 변하면 내가 같이 변해야 생존을 넘어 기적을 맛볼 수 있다.

"지금이 바로 혁신창업이 세상을 변화시킬 수 있는 엄청난 기회다!"

– 팀 드레이퍼 DFJ 회장 –

지속적인 생산 주체로 살아가는 법

매년 연말이 되면 기업들마다 임원 인사가 단행된다. 이맘때면 해당되는 인사들은 다들 긴장 속에 날들을 보내게 된다. 떠나야 할 사람, 남아야 할 사람. 지난해 절친한 후배 윤동명(가칭)으로부터 느닷없이 이런 문자를 받았다. "저가 이번 임원 인사에 재임용이 안 돼 백수가 될 것 같습니다." 상당히 실력 있고 업무 능력도 출중한 친구였는데 그러한 결과를 듣게 돼서 당사자보다 내가 더 충격을 받았을 정도였다. 바로 콜을 해도 받지를 않고, 며칠이 지나 통화가 이루어져서 위로로 건넨 한마디 "야, 나도 이전에 잘려봤는데 그거 별거 아니다. 이번 기회에 푹 쉬고 한 번 재충전한다는 마음으로 담담히 받아들여." 사실 이 말 외에는 딱히 해줄 말이 없었다. 본인은 너무나 급작스럽게 받은 통보라 황당해하는 모습이 역력했다.

문 후배의 나이는 50대 초반, 여전히 현업에서 자기 능력을 더 세련되게 발휘할 수 있는 나이임에도 본인의 의사와는 상관없이 노동의 현장에서 떠나야 하는 서러움. 이런 일이 비단 문 후배에게만 일어나는 게 아닐 것이다. 이후 위로차 마주한 소줏집에서 나눈 대화는 차라리 더 솔직해서 마음이 편했다. 20년을 한 직장에서 멸사봉공하는 정신으로 자신을 불태우고 살아왔던 터라 속마음은 찢어질 듯한 심정으로 느껴졌다. 순순히 받아들인다는 처음의 입장과는 달리 몸과 마음을 다 바쳐 충성해 온 조직에 대한 배신감과 이러한 현실을 개탄하는 목소리가 소주잔 부닥치는 소리까지 더해져 큰 파열음을 내는 듯했다.

 필자가 스타트업을 시작하기 전 자의 반, 타의 반으로 조직에서 물러났었던 그때가 주마등처럼 떠올려졌다. 문 후배와 비슷한 나이에, 아주 비슷한 상황으로 현직에서 떠나야 했었다. 그 당시 겉으로는 담담하고 밝은 모습으로 혼돈의 시간을 이겨내 왔지만, 억누를 수 없는 배신감과 서운함이 교차하며 머리를 혼동케 했다. 나를 대신할 새로운 사람들과 새 조직을 위해 빨리 자리를 비워주어야겠다는 생각과 당장 눈앞에 마주한 백수의 생활에 대한 준비와 무엇을 해야 할지를 고민하는 불안정한 날들의 연속이었다. 스스로 강단이 있다고 생각했고, 낙관적인 사고의 소유자라 어떠한 위기나 어려움에도 잘 헤쳐 나왔지만 퇴직이라는 상황 앞에서는 평상심을 가질 수가 없었다. 문 후배에게는 그 당시 내가 처신해 왔던 이야기를 진솔하게 해주고, 손을 잡아주는 일 말고는 딱히 해줄 게 없었다. 그가 고개를 떨구며 내뱉은 말이 아직도 기억에 생생하다.
 "진짜, 내가 그만두고 싶어 그만둔 게 아닌데…."

 사실 우리나라 근무 환경(퇴직/은퇴)은 너무나 냉혹하다. 50대에는 대부분 다니는 직장에서 자의 반 타의 반으로 떠나야 한다. 한창 일할 나이에 차가운 들판에서 외로운 홀로서기가 시작된다. 모두가 조직 생활을 마감하기 전 미래에 대한 구상과 계획을 하게 된다. 나 또한 부동산, 적금 등을 종이에 빽빽이 적고 미래의 살림살이에 대한 산수(살아 있는 동안 재무 상태 분석)를 해보았다. 그동안 땀 흘려 모아둔 재산으로 남은 평생을 살아야 한다고 가정을 하고 연금과 퇴직금 등을 거꾸로 계산을 해보았더니 80세 이후는 미래가 보이질 않았다.

그동안 전쟁하듯 살아온 지난날에 대한 빛나는 훈장은커녕, 생존 자체를 걱정해야 하는 절박한 노년에 대한 상상이 나를 더 암울하고 혼란스럽게 만들었다. 그 나이면 Incoming(수입, 소득)은 일단 제로 베이스에 놓고 삶의 설계를 해야 한다. 물론 쓰는 씀씀이를 줄이면 목숨은 부지하고 살 수는 있겠다는 생각도 들었다. 그런데 그게 과연 의미 있는 노년의 삶일까? 이러한 원초적인 질문들이 간절함으로 나를 일으켜 세우게 되었다. 안정적인 노년의 삶을 영위하는 것도 물론 중요하였지만 세상에서 제일 소중한 나의 삶을 보석처럼 빛나게 만들고 싶은 욕구가 더 강했다.

내가 그동안 닦은 지식과 네트워크들이 퇴직과 함께 아무런 가치도 없이 사장되어 버린다는 건 억울하고, 용납하기가 어려웠다. 하잘것없는 폐기물들도 재활용이 되는데 평생을 머릿속에 담아온 지식과 경험들이 아무런 여과 없이 허공으로 사라져 버린다는 건 얼마나 가슴 아픈 일일까? 결국 해답은 내가 내 길을 개척하는 데 있었다.

또 하나, 나를 창업으로 이끈 결정적인 것이 있었다. 바로, 직장 생활을 하면서도 늘 가슴에 새겨둔 '창의'와 '도전'이라는 두 단어였다. 새로움은 늘 두려움을 동반하지만, 그 두려움보다도 새로운 것을 만나볼 수 있다는 모험심이 창업의 바다에 뛰어들게 했다. 도전과 창의. 지금 생각해 보면, 이것이 바로 '기업가정신'이었던 것 같다. 창업에 나이는 결코 걸림돌이 되지 않지만, 기업가정신이 없다면 필패할 수밖에 없다고 생각한다. 나이가 많건 적건, 누구나 시작할 수 있는 게 창업이지만, 그 성패를 가르는 건, 결국 기업가정신이다.

창업가가 지녀야 할 '기업가정신'

흔히 창업의 3대 요소를 아이템, 돈, 사람이라고 한다. 대부분 특화된 아이템이나 기술, 자금이 있다면 창업을 위한 준비가 갖춰졌다고 생각하겠지만, 그보다 더 중요한 것이 있다. 바로 사람. 특히 나 자신의 창업가로서의 기본 소양이다. 경영 이론이나 실무지식 등의 부족한 점은 배우면서 채워갈 수 있고, 팀원이나 동업자들로부터 보완이 가능하지만, 태도와 정신은 다르다. 창업은 매일매일 도사리는 위험의 강을 넘어야 하는 과정인 만큼, 내가 이를 넘어설 자세와 의지가 있는지부터 점검해야 한다는 뜻이다. 그리고 그 태도는 '기업가정신'이라는 단어로 요약할 수 있을 것이다.

누군가를 창업가의 길로 이끌어 가는 근간, 그리고 창업 과정에서의 성장을 견인하는 원동력이 되는 것이 바로 내가 생각하는 기업가정신이다. 특히 기업가정신은 팬데믹 위기 상황을 돌파할 시대정신으로도 주목받고 있다.

과연 왜일까. 한 스포츠 선수의 사례를 보자. 1968년 멕시코시티 올림픽에서, 높이뛰기 종목에 안전을 위해 처음으로 매트가 깔리게 되었다고 한다. 그전까지 높이뛰기 선수들은 앞으로 도약하여 몸을 옆으로 비틀어 바를 넘었다. 그런데, 한 선수가 매트라는 변화가 생기자, 유일하게 뒤로 점프해서 바를 뛰는 기술을 시도하게 된다. 결국 올림픽 금메달과 세계 신기록까지 달성하게 되는데, 그가 바로 스포츠 역사를 바꾼 인물 중 1명인 '포스베리'이다. 매트가 깔리는 변화는 모두에게 똑같이 찾아왔지만, 포스베리만이 유일하게 발상을 전환해서, 새로운 방식의 접근, 즉 혁신적인 행동을 한 것이다.

사실 코로나19라는 위기 상황은 전 세계 누구에게나 공평하게 찾아온 변화이지만, 그런 구조적인 변화 속에서도 발상을 전환해서 혁신적인 해결책을 모색하는 것, 바로 이것이 기업가정신이기 때문에, 지금 우리 모두에게 필요한 시대정신으로 부각되고 있는 것이다.

학문적인 의미로의 기업가정신은, '위험과 불확실성을 무릅쓰고 이윤을 추구하고자 하는 모험적이고 창의적인 정신(Entrepreneurship)'이며, 1934년 경제학자인 슘페터에 의해 개념이 정의된 이래 다양한 관점에서 정의와 해석이 뒤를 따랐다. 그중 공통으로 언급되고 강조되는 내용은 자기 주도형 삶의 자세, 기회의 발견과 포착, 불확실성의 존재와 한정된 자원 기반의 혁신적 도전, 위험의 체계적 관리, 창업과 사업화 역량, 조직과 기업의 경영 역량, 공유가치 창출 등이라고 할 수 있다. 즉 문제 해결의 의지를 바탕으로 도전, 혁신, 창조를 일으키는 원동력이 바로 기업가정신이라는 것이다. 앞서 말한 포스베리 역시, 변화에 기민하게 대응하여 기회를 포착했고, 혁신의 씨앗을 발견해 행동으로 옮겼기에, 스포츠사에 영원히 기록되는 선수가 될 수 있었다.

그렇다면 창업가들에게 기업가정신은 어떻게 발현될까? 트위터의 공동창업자 비즈 스톤은, 고등학교에 입학하자, 운동을 잘하는 것이 학교생활에 도움이 된다는 것을 알게 됐다고 한다. 운동에 별 소질이 없었던 그는 고민을 하다가, 라크로스라는 새 종목을 알게 된다. 아직 잘 알려지지 않은 종목이라 지금부터 시작해도 잘할 수 있는 기회가 보였다. 그는 학교에 라크로스부를 신설해 달라고 요청했고, 이를 위해 코치도 직접 수소문해 모셔오고, 팀원들까지 모집해서 라크로스부를 만드는 데 성공한다. 어쩌면 이런 행동도 기업가정신의 전형일 것이다. 라크로스라는 기회를 포착했지만, 학교에 부서도 없고 코치도 없는 즉, 자원이 한정된 상황에서 그 문제를 해결하기 위해, 한정된 자원에 구애받지 않고 기회를 추구하고 마침내 실행하는 것. 이런 마인드와 행동이 세계적인 기업을 일군 근간이 되었음은 분명할 것이다.

실제 우리나라에서도, 이런 기업가정신을 기반으로 창업가의 길로 들어선 사례가 많다. '초 신선'이라는 콘셉트로 온라인 축산유통시장에 혁신을 불러오고 있는 스타트업 '정육각'의 김재연 대표의 경우를 보자. 그는, 시골에 살던 어린 시절, 갓 잡아 구워 먹은 흑돼지고기의 맛을 잊지 못했다고 한다. 그러다가 '왜 어렸을 때 먹었던 맛있는 돼지고기를 지금은 먹을 수 없을까?'라는 문제를 고민하게 됐고, 갓 도축한 돼지고기를 공급할 수만 있다면 이 문제를 해결할 수 있을 것이라는 생각에 도달하게 된다. 그러나 그런 공급이 가능하려면 기존의 육류 유통 시스템을 모방해서는 절대 해결할 수 없었던 상황. 결국 이 문제를 해결하기 위해, 최대 4일이라는 도축 시스템을 만들어야 최상의 맛을 보장할 수 있다는 것을 알게 됐고, 결국 이런 시스템을 만들어 냈다.

즉, 문제를 인지하고, 해결책을 찾아보다가, 자신만의 혁신적인 해결책을 도입하는 순간, 창업자로의 여정이 시작되는 것이다. 잊지 못할 돼지고기 맛을 다시 맛보고 싶다는 마음을 그저 개인적인 아쉬움으로 묻어둔 채 지나쳤다면, 그 문제를 해결하려는 창의적인 시도를 하지 않았더라면, 현재 연매출 2,000억 원(2023년)에 육박하는 축산 스타트업도 탄생되지 못했을 것이다. 이전 시대에는 백정이라고 치부되고 환멸 받았던 직업의 재탄생이다.

누적 투자 유치 금액만 총 1,450억 원에 이르는 서빙로봇 스타트업 '베어로보틱스'의 사례도 있다. 구글 엔지니어 출신인 하정우 대표는, 미국에서 부업으로 순두부 가게를 운영했다고 한다. 그런데, 한식에 대해 잘 알지 못하는 미국 현지 종업원들이 뚝배기나 돌솥에 데이고, 다치는 경우가 다반사였다고 한다. 종업원이 덜 힘들고 더 행복하게 일할 방법을 고민하던 하정우 대표가, 그 문제를 해결하기 위해 찾은 해답은 바로 서빙로봇의 시발점이었다. 아무도 관심 있게 보지 않았던 문제를 발견해서, 해결책을 찾아 빠르게 실행한 덕분에 자율주행으로 음식을 나르는 서빙로봇이 개발됐고, 본 사업 개시 전에 전 세계적으로 1만 대 선주문을 받았을 정도로 큰 주목을 받았다. 결국, 문제를 해결하기 위해 기존의 자원에 매몰되지 않고 자신만의 창의적인 방식을 고안해 낸, 그 기업가정신 덕분에 세계가 주목하는 푸드테크 스타트업이 만들어질 수 있었던 것이다.

어쩌면 스타트업과 자영업을 구분하는 핵심 요소도 이런 기업가정신이 아닐까. 만약, 동네에 빵 가게를 개업한다면 그건 자영업이자 소상공인 범위에 들어갈 것이다. 하지만, 밀가루가 아닌 건강한 성분, 또는 비건들을 위한 맛있는 빵을 만들기 위해 자신만의 특정한 성분이나 기술을 도입한다면, 그건 혁신의 DNA를 갖고 있는 스타트업일 것이다. 그 한 끗의 차이를 만드는 것이 바로 기업가정신이다. 이는 창업자가 꼭 지녀야 할 '꿈'과 '목표 의식'과도 상통한다.

창업자는 꿈이 없으면 안 된다. 단순히 돈을 벌겠다는 것만으로는 부족하다. 목표 의식 없이 '돈을 벌겠다.'라는 막연한 생각을 가진 창업가들의 경우, 매 순간 나타나는 돌발 상황 속에서 길을 잃고 헤매기 쉽다. 내가 가고자 하는 확고한 나침반, 즉 해결해야 할 문제에 대한 목표 의식이 있어야 길을 잃지 않는다.

필자의 경우, 창업을 시작하게 된 근본 목표는 '인간의 삶을 편리하게 하는 데 도움이 되는 기술과 서비스를 구현하자.'라는 인간 편익에 방점을 두었다. 우리가 개발한 시선추적기술도 이런 목표 의식에서 발현된 사업 아이템이었다. 모빌리티 스타트업이라면 자신의 제품과 서비스를 통해 사람들의 움직임과 이동을 편리하게 바꾸겠다는 목표, 푸드테크 스타트업이라면 자신의 제품과 서비스를 통해 최소한 사람들의 먹거리 문화에 어떠한 개선을 가져오겠다는 소명 의식이 있어야 한다. 그것이 바로 기업가정신이다.

기업가정신은
창업의 핵심 열쇠!

　기업가정신은 창업을 시작하게 하는 근간이 되는 것은 물론, 스타트업이라는 모험 가득한 여정에 있어, 기업이 성장하느냐 사라지느냐를 가르는 핵심 요소가 되기도 한다. 흔히 투자자들이 투자를 할 때, 그 기업의 아이템이나 기술력 등을 최우선으로 볼 것이라고 생각하겠지만 실제는 다르다. 많은 초기 투자자들은, 투자를 결정할 때 가장 많이 고려하는 것이 바로 사람, 즉 '팀'이라고 입을 모은다. 이 의미는, 그 창업가(팀)가 불확실성의 세계에 뛰어들었을 때 이를 헤쳐나갈 수 있는 역량, 즉 기업가정신을 지니고 있느냐를 중요하게 생각한다는 뜻으로 해석할 수가 있다. 그렇다면 기업가정신은 어떤 키워드로 요약할 수 있고, 이는 스타트업의 성장, 발전에 어떤 영향을 미칠까. 그 첫 번째 키워드는 바로, 목표를 향한 집요함. 즉 포기하지 않는 열정(Passion)이다.

　스타트업 창업과 경영은 영화나 드라마처럼 화려하지 않다. 지루한 마라톤과도 같다. 열정과 끈기가 없다면 그 지루하고도 힘든 레이스를 계속 이어가기가 어렵다. 번뜩이는 아이디어만으로는 버틸 수가 없는 게 스타트업이다. 창업가의 삶이란 오전 9시 출근하고 오후 6시에 퇴근하는 것이 아니며, 때로는 밤을 새워 일하는 것도 불사해야 할지도 모른다. 창업을 앞두고 있다면, 이런 도전의 여정을 버텨낼 수 있는 우직한 열정이 내재되어 있는지 다시 한번 점검해 봐야 하지 않을까.

기업가정신을 요약하는 두 번째 키워드는, 실패를 딛고 일어서는 힘, 즉 회복탄력성(Resilience)이다. 실패를 두려워하지 않고 도전하는 사람들이 큰 성공을 이루어 낸다. 스타트업을 창업하고 실패를 거듭하고 성공을 위한 미래를 열어가는 사람들이 가진 공통 DNA가 바로 이 회복탄력성을 지니고 있다고 본다. 회복탄력성을 결정하는 3가지 핵심 요소는 자기조절력(감정조절력)과 대인관계력(소통/공감능력) 그리고 필자가 생각하는 것 중 제일 중요한 긍정성(낙관주의 사고: 뇌에 희망적인 정보를 계속 공급하는 노력)이다. 냉정한 낙관주의자들은 위기나 어려운 난관에 부닥쳤을 때, 감정을 잘 조절하는 것과 더불어 정확하게 문제를 판단하고 개선책을 찾아낼 수 있을 뿐만 아니라 자기조절력에서 가장 중요한 요소인 냉정하고 객관적으로 상황판단 할 수 있는 원인 분석력을 통해 문제 해결의 방안을 모색해 나간다. 자신의 우월성을 발현하기 위한 의미 있는 몸부림이다. 사실 회복탄력성이란, 심리학 교육학 등에서 시작된 용어이지만, 포스트코로나 시대에 필요한 역량으로도 주목받고 있는데 한마디로, 위기를 딛고 앞으로 도약하는 능력이라고 요약할 수 있을 것이다.

제2의 토스로 불리며 차기 유니콘 후보로 꼽히는 스타트업 뱅크샐러드의 김태훈 대표의 사례를 보자. 손안의 자산관리 서비스를 내놓기 전까지, 그가 과거에 도전했다가 접은 사업들이 무려 7개에 달한다고 한다. 이직 중개 서비스, 총선 공약 분석, 국회의원 법안 투표 분석, 신용카드 추천 서비스 등등 다양한 사업 모델을 구상하고 사업화를 해나왔다. 거의 1년에 한 번꼴로 서비스를 시작과 중단을 반복하다 마지막 8번째에 시도한 결과가 지금의 뱅크샐러드 앱이었다. 그런데 그의 인터뷰가 흥미롭다. "남들은 7번 넘어졌다고 하지만, 나는 그 과정을 더 나은 서비스를 위한 개선 과정이었다고 생각한다." 그에게 실패는 실패가 아닌, 7번의 도전과 경험치로 남은 것이다. 이처럼 회복탄력성이 높은 사람은, 실수나 실패를 두려워하지 않는다. 빠르게 인정하고 오히려 이를 디딤돌 삼아 다시 적극적으로 대처한다.

사실 성공한 창업가들은 실패가 일상적이었다. 그들의 몇몇 아이디어가 성공한 것일 뿐 그들은 항상 실패했고, 또다시 도전했다. 중국 알리바바의 창업자 마윈 회장도 8번의 실패 끝에 성공했으며, 세계 최대 전자상거래업체인 아마존도 지난 22년간 70여 개의 사업을 시작했지만, 이 중 18개 사업에 실패했다. 하지만 이런 실패의 경험을 딛고 다시 일어서는 마음의 근력이 있었기에 시가총액 세계 1위 기업으로 우뚝 설 수 있었으리라. 아마존은 실행과 철수의 기업이라고 한다. 아마존이 기업 상장을 한 이후 70여 개 신사업을 시도했다가 거의 3분의 1은 중도에 포기하거나 철수를 했다고 알려지고 있다. 이외에도 다양한 사례를 보듯이 시행착오는 부끄러운 게 아니다. 스스로에 대한 믿음을 갖고 이를 도약의 발판으로 삼는 마음 자세와 그 긍정의 힘은 기업가정신의 또 다른 이름이 아닐까.

기업가정신의 세 번째 키워드는, 융통성과 유연함을 아우르는 유연성(Utility)이다. 사업을 하다 보면 원래 생각과는 다르게 전개되는 상황이 셀 수 없이 발생한다. 중요한 건, 창업자가 그때그때 유연하게 변화할 수 있어야 한다는 점이다. 그러기 위해서는 새로운 문제에 부딪혔을 때 문제를 해결하며 배우는 학습 능력과 고집을 부리지 않고 다른 방식으로 접근하는 열린 사고가 있어야 한다는 것이다. 상황은 항상 변한다. 한번 결정한 일이라도 상황에 따라 유연하게 대응해야 확실한 기회를 잡을 수가 있다.

팬데믹 상황을 겪으면서 우리는 알게 되었다. 기업뿐 아니라 개인에게도 변화에 대한 빠른 적응을 요구하고 있으며, 이는 선택이 아니라 필수인 시대가 되었다. 더구나 그 변화는 너무도 빠르다. 현대사회는 이미 규모의 경제에서 속도의 경제로 전환되고 있다. 이런 격변의 흐름에 유연하게 대처하지 못한다면, 또, 대중과 시장의 목소리에 재빠르게 피드백하지 못한다면, 과연 어떻게 기업이 살아남을 수가 있을까.

탈레스 테이셰이라 교수에 따르면, "많은 기업들은 혁신 기술을 보유한 경쟁사 때문에 자신들이 흔들린다고 생각하지만, 사실상 이들이 뒤처지는 이유는 소비자의 바뀌는 행동 양식에 대응하지 못하기 때문이다."라고 정의한다.

IT 업계에서 4전 5기 신화를 쓴 벤처 1세대 남민우 다산네트웍스 회장도 이런 말을 했다. "자신의 생각이 10번쯤 바뀌면 성공의 길에 들어선 것이다. 10번쯤 바뀌면 비로소 사고가 유연해진다. 시장에서 다른 생각과 부딪혀 꺾이면서 유연해지려면, 무엇보다 고집을 부리면 안 된다." 내가 가고자 하는 비전에 대한 초심은 잃지 않되, 사업 과정에서 발생하는 수많은 선택의 순간에서는 내 생각만이 옳다는 고집 대신, 유연하게 변화할 수 있는 자세야말로, 잊어서는 안 될 기업가정신일 것이다.

기업가정신의 네 번째 키워드는, 함께 일하는 방법, 즉 소통과 협력 (Facilitation)이다. 퍼실리테이션이란, 모든 의견은 동등하게 귀중하다는 철학을 갖는 협업 스킬이라고 할 수 있다. 디지털 시대는 혼자 또는 한 조직이 모든 것을 수행할 수 없다. 특히 스타트업은 더더욱 그러하다. 팀워크와 협력을 통해서만 성과를 창출할 수 있기 때문에, 협업 마인드를 갖추지 못한다면, 그 성패는 자명할 것이다.

"최고의 복지란 곧, 좋은 사람들과 함께 일하는 문화라고 생각한다." 는 어느 창업가의 이야기가 귀에 맴돈다. 결국 스타트업에서는 함께하는 사람이 최대의 자산이자, 성공의 기반이다. 어떤 조직이든, 100% 맞는 사람을 찾기란 쉽지 않다. 모두가 마음이 맞는 사람들이 모인 것이 아니라, 협력하는 자세를 갖추어야, 좋은 팀워크가 만들어진다는 것을 잊지 말아야 할 것이다. 그리고 그 팀의 중심에는 창업자의 열정과 리더십이 중요한 대목이다.

진정한 리더십의 발현은 멤버들과 아낌없이 소통하며 서로를 돕는 문화를 만들어 주는 것이다. 그리고 멤버들에게 회사가 가고자 하는 비전을 명료하게 제시하고 각자의 자발적 책임감이 **뼛속 깊이 무장되게 해야 할 것이다**. 회사나 상사에게 일의 목적과 이유를 듣고 자신도 함께하고 싶다는 생각, 목표 달성을 위해 자신의 능력과 시간을 투자하고 싶다는 생각이 들어야 한다. 즉 Followship이 저절로 생겨나야 비로소 그것과 짝을 이루는 리더십이 생겨난다. 목적/목표 달성을 위해서 명쾌한 비전(목적/이유/방법)이 제시되어야 한다.

대표적인 명료한 비전 사례: WHAT - WHY - HOW

케네디의 아폴로 계획

1. WHAT(목적): 필히 1960년대 안에 인류를 달에 보낸다.
2. WHY(이유): 현재 인류가 도전할 수 있는 가장 어려운 미션이기 때문에 이 계획을 통해 미국을 비롯한 전 인류가 새로운 지식과 기술 발전을 이룰 수 있다.
3. HOW(방법): 민간과 정부를 불문하고 미국의 과학 기술과 두뇌를 총 동원해 최고 수준의 인재/자원/체제를 갖춘다.

구글의 기업 미션

1. WHAT(목적): 전 세계 정보를 정리하여 누구나 접속할 수 있게 한다.
2. WHY(이유): 정보의 격차는 민주주의를 위험에 빠뜨리므로 근절해야 한다.
3. HOW(방법): 전 세계에서 최고의 두뇌를 가진 독창적인 인재를 모아 컴퓨터와 웹 능력을 최대한 활용한다.

기업가정신의 다섯 번째 키워드는, 바로 사회적 가치 창출에 대한 의지, 즉 소셜임팩트다. 스타트업의 존재가치가 어디에 있을까. 일자리 만들기, 소비자 편의 확대 등 다양한 역할이 있겠지만, 본질은 사회문제를 정의 내리고 그것을 해결하는 과정에 있을 것이다. 물론, 모든 스타트업들이 각자의 분야에서 문제 해결을 하고자 하겠지만, 소셜임팩트는 한층 강력한 개념이다. 선한 영향력을 미쳐 사회적 가치를 극대화하는 기업가정신이라고 요약할 수 있을 것이다. 최근 우리 스타트업 생태계에도 이런 소셜임팩트를 가진 소셜벤처들이 다양하게 등장하고 있다.

세계 최초로 휴대용 미니 수력발전기를 개발한 이노마드의 박혜린 대표. 그녀는 우연히 떠난 인도 여행에서, 전 세계 3분의 1이 여전히 에너지 소외 문제를 겪고 있음을 알게 됐고, 이 문제를 풀고자 창업을 했다. 엄두가 나지 않는 도전이었지만, 포기하지 않고 노력한 끝에, 에너지 소외 문제를 푸는 단초를 마련하며 세계 시장에서 주목받고 있다.

이 밖에도, 전 세계 시각장애인의 95%가 점자 문맹이라는 문제를 인지하고 이를 해결하고자, 세계 최초의 스마트 점자학습기를 개발한 스타트업 오파테크, 육류 소비로 인한 식량자원 고갈, 환경오염 문제 등을 해결하기 위해 식물성 대체육을 개발 판매하고 있는 푸드테크 스타트업 지구인 컴퍼니, 폐목재를 원료로 한 친환경 기능성 제조용 충전 소재를 개발해, 플라스틱으로 인한 환경 문제 해결에 나선 스타트업 리그넘 등등 다양한 창업가들이 사회적 가치 창출을 목표로 달려가고 있다.

우리나라는 물론 전 세계에는, 미래 세대를 위해 아직 풀지 못한 난제들이 너무도 많이 존재한다. 규모는 작지만, 기발한 아이디어와 실행력을 갖춘 스타트업은, 그 난제를 풀 수 있는 작은 단초가 되지 않을까. 특히, 코로나19 위기 이후 새로운 시대에서는, 사회와 공감하면서 미래 세대를 위한 문제 해결에 나서는 진정성 있는 기업가정신이 더욱 주목받을 것이다.

성공하는 창업의 원칙

스타트업은 확장성과 성장성이 있는 시장 환경 속에서 가치를 창조하며, 불가능을 가능으로 바꾸기 위해 도전하는 기업이다. 그 속에서 성공 가능성에 대한 불확실이 존재하고 있지만, 창의적이고 혁신적인 방법으로써 문제를 해결하는 기업이다. 한 치 앞도 보이지 않는 바다를 항해함에 있어, 앞서 말한 기업가정신을 갖춤과 동시에, 성공하는 스타트업들은 과연 어떤 특징을 가지고 있는지를 한번 점검해 보는 것도 많은 도움이 될 것이다.

세계 최고의 스타트업 액셀러레이터 중의 하나인 Y 콤비네이션. 기업가치 1조 원이 넘는 스타트업인 드롭박스나 에어비앤비 등을 배출한 곳이다. 이곳의 대표를 맡았던 샘 올트먼은 실리콘밸리에서 날고 기는 수천 개의 스타트업을 평가하고 투자해 오면서, 성공하는 스타트업들의 18가지 공통점을 정리했다. 실리콘밸리의 많은 스타트업 창업가들은, 올트먼의 이 이야기를 성공을 위한 점검표라고 부르며 금과옥조처럼 꺼내 본다고 한다. 2023년 그는 직접 자신만의 기술과 서비스로 오픈AI를 창업하고 챗GPT 세상을 열었다. 필자도 7년 전 정부 행사에 선발되어 실리콘밸리에 있는 미국 VC Plug&Play 행사에서 그를 직접 만나볼 수가 있었다. 그때 그가 강조하고 설파했던 이야기들을 다시 상기해 보았다(다음 내용 참조).

지금 여러분이 창업에 뛰어들었거나, 창업을 눈앞에 두고 준비하고 있다면, 아래의 18개 항목을 하나하나 짚어보기를 권한다. 그리고 내가 채우지 못한 부분들이 무엇이며, 어떻게 이를 채워나갈지 고민해 보면서 창업에 임하는 역량을 다시 한번 점검해 보는 시간이 되길 바란다.

샘 알트만이 말하는
'성공하는 스타트업의 18가지 공통점'

1. 제품을 써본 사람이 '우와! 이거 정말 좋아! 딴 사람에게 추천해야지.' 라는 마음이 절로 드는 제품을 만든다.
2. 제품을 한 문장으로 요약할 수 있다.
3. 순풍이 불고 있는 시장에 제품을 띄운다(예를 들어 지금이라면 언택트, 포스트코로나 산업 등 성장이 잘되는 산업에 있으라는 이야기이다).
4. 순풍을 받아서 실제로 팔리는 제품을 만든다.
5. 창업자는 24시간 일하며 대중 앞에 나서고, 인재들을 모으며, 우군들을 모은다.
6. 창업자는 원대한 꿈이 있다(근거에 기반해 엄청난 숫자들을 보여준다).

7. 쉬운 문제가 아니라 어려운 문제를 푸는 스타트업을 만드는 게 훨씬 쉽다.

    어려운 문제는 보통 의미가 크기 때문에 이를 해결하려는 인재들이 몰리게 되어 있다.
8. 사람들에게 창업가가 강렬한 확신을 준다. '이 문제는 반드시 풀린다. 우리는 반드시 성공한다.'라는 확신 말이다.
9. 문제가 매우 어렵기 때문에 풀릴 가능성은 상대적으로 낮을 수밖에 없지만, 만일 문제가 풀리면 대박이 열리는 영역에 있다.
10. 창업자가 '음, 그래? 그 문제 내가 한번 풀어볼게.'라는 마인드를 가지고 창의적으로 문제를 풀어나가는 사람들을 찾기 위해 많은 시간을 쓴다. 모든 팀원들은 오너십과 책임감을 가진다.
11. 모멘텀을 유지한다. 한번 모멘텀을 잃으면 다시 올라가기 쉽지 않기 때문이다.
12. 자신의 강점이 어디에 있는지를 안다.
13. 어떻게 돈을 벌 것인지를 안다.
14. 제품을 어떻게 판매할지를 안다.
15. 창업자의 중요한 덕목은 ① 검소함 ② 집중 ③ 집착 ④ 애정이다.
16. 스타트업의 비교 우위는 스피드다. 빠른 실행력이다.
17. 끊임없이 바뀌는 시장에 대해 적응하는 속도가 빠르다는 점은 스타트업의 강점이고, 이를 잘 활용하는 곳은 성공한다.
18. 비록 좋아 보이지 않는 아이디어라 하더라도 실제로 집행해 보이면 꽤나 훌륭한 그런 아이디어들을 찾는다.

| 2장 |

성공하는 사업 아이템 찾기

- 꼬리에 꼬리를 무는 Why?
- 창업 아이템 발굴은 이렇게
- 사업 성공 지름길, 사업 타당성 분석
- 시장조사가 사업의 승패를 가른다
- 꼼꼼한 시장조사의 힘
- 아이템 검증과 비즈니스 모델 정립

꼬리에 꼬리를 무는 Why?

예비 창업자들의 일차적인 관심은 바로 '무엇으로' 창업하는가이다. 한마디로 창업 아이템이다. 남들과 다른 반짝이는 아이디어, 세상의 문제를 해결할 수 있는 혁신적인 기술을 사업 아이템으로 확보했다면, 일단 성공을 위한 첫 단추를 잘 끼웠다고 할 수 있을 것이다. 문제는 이런 쌈박한 창업 아이템을 '어떻게' 찾아내느냐이다.

와이콤비네이터 액셀러레이션 프로그램 창업자인 폴 그레이엄은 이렇게 이야기한다. 스타트업의 창업 아이디어는 '우리의 삶 속에서 자연스럽게 발견되는 것'과 '누군가에게 필요할 것 같다고 추측하는 것'으로 나눠진다고. 그렇다. 사실 사업 아이템은 지금 이 순간에도 도처에 널려 있다. 자신의 일상생활과 주변에 존재할 수도 있고, 신문의 기사 한 줄일 수도 있다. 관건은, 이를 스쳐 보내지 않고 창업의 기회로 발견하는 'Why'라는 궁금증이 있어야 한다는 점이다.

필자의 경우, 창업 아이템을 발굴할 수 있었던 첫 출발점은 바로 '생산적 'Why'였다. 필자가 2014년 공동창업한 ㈜비주얼캠프는 '시선추적(Eye tracking)'기술을 개발하고 이를 사업화하는 스타트업이다. 공동창업자와 사업 아이템을 찾던 당시, 우리는 '손이 아닌 새로운 입력 도구는 과연 없을까?'라는 궁금증을 갖게 됐다. 이에 대한 의문을 풀기 위해 여러 논문들을 찾아보던 중 '뇌로 타이핑하는 기술'이 있다는 것을 발견했다. 뇌파를 활용해 마치 손가락으로 키보드를 치듯 타이핑할 수 있었던 기술. 다소 허무맹랑하게 생각되었지만 실제 구현된다면 유용성과 편의성은 키보드, 마우스, 터치스크린에 비할 바가 아니라는 생각이 들었다. 단 문제는 실현성 가능성이었다. 아직 완성되지 않은 초기 단계의 기술이라서 오류가 빈번히 발생한다는 점과, 높은 개발단가가 문제였다. 그리고 이 결정적 문제는 우리 같은 초기 스타트업이 쉽게 넘어설 수 없는 허들이었다.

그럼 또 다른 건 없을까? 그래! 바로 인간의 '눈'이 있지! 자료를 찾아보니, 이미 시선추적기술과 아이트래킹기술은 1937년에 세상에 공개되어 있는 아주 오래된 기술임을 알게 되었다. 그렇다면 이 혁신적인 기술이 왜? 거의 1세기가 다 되어감에도 불구하고 보급이 되지 못한 것일까? 여기서 2차 호기심이 발동하기 시작했다. 우리는 그때부터 수많은 논문과 관련 책들을 찾아보며 그 이유를 심층적으로 파고들었다. 의외로 빨리 문제점을 알게 되었다. 아이트래킹기술의 소프트웨어와 하드웨어가 엄청난 고가라는 점이었다. 우리가 잘 아는 세계적인 물리학자 스티븐 호킹 박사가 사용했던 아이트래킹 기기는 주변 기기를 포함해서 수억 원이 넘었을 정도였다.

유. 레. 카!!! 우리가 만약 이 기술을 접근 가능한 가격대로 보급화시키면 사업화는 물론이고, 세상 사람들에게 큰 편익과 유용성을 제공할 수 있겠다는 확신이 들었다. 여기에 또 하나, 시선추적기술에 몰두하게 된 중요한 이유가 있었다. 바로, 눈이라는 감각기관이 입력 도구의 역할보다도 더 중요한 '정보의 수집'을 할 수 있는 매개체가 된다는 점이었다. 알다시피 우리의 눈은 사람의 감각기관 중에서 정보 수집의 대부분의 역할을 한다. 사람의 눈을 추적해 무엇을 보고, 어디를 보며, 얼마나 오래 보는지 등을 파악해서 이 정보들을 데이터화한다면, 다양한 비즈니스에 융합할 수 있는 것은 물론 무궁무진한 사업 영역이 펼쳐질 수 있겠다는 판단이 든 것이다. 새로운 유형의(시선/영상) 데이터를 확보해 낼 수 있는 채굴기가 바로 시선추적기술이었다.

이후 우리는 눈을 통해 세상을 변화시키는 혁신 기술을 실제 개발하게 되었고, 2014년 창업 아이템은 눈으로 1분에 100타(영타 기준)를 타이핑치는 기술이었다. 그러나 이 기술의 사용처와 시장이 너무 한정적이라고 판단하게 되었다. 창업 2년 차에는 당시 새로운 기술로 주목을 받고 있었던 VR(가상현실) 기기에 접목되는 시선추적기술을 추가 개발했고, 지금은 지구촌 30억 명 이상이 사용하고 있는 Mass market인 모바일폰에까지 적용하는 기술 개발을 통해 현재까지 지속 성장을 해오게 된다.

코로나19가 발발된 2020년 초, 회사는 위기와 기회가 함께 찾아왔다. 그동안 개발에 몰두해서 글로벌 시장 진출을 목전에 두고 있던 상태였다. 하지만 현지에 나갈 수 없어 발만 동동 구르는 어쩔 수 없는 상황이었다. 온라인으로 고객을 만나는 일로는 사업 진행이 불가하였다. 해외 진출이 원천 봉쇄를 당하고 결국은 국내에서 사업 기회를 잡을 수밖에 없었다. 생존해야 하니까. 우연찮게도 국내 사교육 업체로부터 당사의 기술 검토가 시작되었다. 아이들이 학교를 갈 수가 없어

비대면 교육이 전면적으로 실시되며 교육의 효율을 높이는 데 당사 시선추적기술의 Needs가 발견되었던 것이다. 아이들 학습 집중도를 높이고 학습효과를 향상시키기 위해 각 업체들의 온라인 교육에 당사의 시선추적기술이 적용되는 기회를 마련하게 되었다. 위기 속에서 기회의 불씨를 지피는 행운을 가졌다. 당시 교원, LG U+, 비상, 청담, 아이스크림에듀 등 국내의 대형 교육업체에 당사의 기술이 탑재되어 상용 서비스가 시작되었다. 현재 이 기술은 더욱 업그레이드되어 포스트코로나를 대비해 사업 확장을 꾀하고 있다. 마켓과 현장에서 원하는 Needs를 분석하고 시대적 환경에 적합한 PMF(Product Market Fit)를 찾게 된 것이다. 어쩌면 코로나19가 준 사업의 기회라고 말할 수 있겠다.

사업은 연결성이다. 기존의 기술과 사업 추진 과정에서 단절되지 않은 연결성을 가지고 있다. 필자가 창업한 비주얼캠프의 핵심기술은 아이트래킹 기술이었고, 그 기술을 기반으로 다양한 시도와 사업화를 진행해 왔다. 그런 과정 속에서 실패와 성공이 교차하는 경험을 수없이 만나기도 했었다. 단순 학습자의 집중도를 파악하고 학습 태도를 개선했었던 사업 아이템이 점차 발전해 왔다. 현재는 최근 사회 이슈가 되고 있는 문해력(읽기 능력) 개선을 위한 진단 도구인 CAT(컴퓨터 진단) 진단을 하는 '로켓서비스', '리드포스쿨'을 출시하여 전국 200개 학교에 공급하게 되었다. 이 서비스의 성공적인 론칭으로 회사의 캐쉬카우를 확보하는 계기가 마련되었다.

그동안 신사업을 진행해 오면서 늘 느껴왔지만 결국 사업 아이템의 출발점은 '생산적인 Why, 왜?'라는 호기심이었다. 보통 '왜?'라는 질문은 어린 나이일수록 자주 하고 많이 하게 되는 단어이다. 그렇다고 '왜?'라는 질문이 어린아이들의 전유물만은 아니다. 사실 아이들은 같은 책을 100번 반복해서 읽어도 매번 다른 상상을 하고, 예상하지 못한 질문들을 수없이 던진다. 그러나 성인이 되어가면서 사물이나 현상에 대한 질문이 급격히 줄어든다. 묻는 것에 부끄러움과 두려움을 느끼는 듯하다. 우리가 수많은 인생을 살았다고, 또는 아는 게 많다고 거들먹거릴 이유가 없다. 아직도 세상에는 내가 살아오는 동안 아는 것보다 모르는 것이 훨씬 더 많다. 그래서 갓 태어난 아이들보다 더 많이 물어보는 태도가 필요하다. 아이들이 세상 만물에 대해 던지는 질문은 그야말로 순수한 궁금증, Innocent why이다. 창업자들의 질문은 달라야 한다. 생산적인 Why여야 한다. 일상의 불편함이나 문제가 발견된다면 그 이유는 무엇인지 원인을 분석해 가는 Reason why, 즉 어떤 사물과 현상에 궁금증과 해답을 찾아내는 Why가 되어야 한다는 얘기다.

그리고 그다음 단계는 고정관념과 익숙함을 흔드는 'Challenge why'로까지 발전해야 한다. 즉, '지금까지 해결이 안 된 문제가 존재한다 → 그 이유는 무얼까? → 다른 방식으로 접근하면 이 문제를 해결할 수 있지 않을까?'라는 발상의 전환이 필요한 것이다. 이처럼 Why는 한 번에 끝나는 게 아니라 끊임없이 반복해서 물어야 한다. 궁금증을 해소하기 위해 계속 꼬리에 꼬리를 물고 스스로 질문하고 해법을 찾아야 한다. 책을 읽고 관련된 기사도 검색하고. 그러한 과정을 습관화하면 좋은 상상을 하게 된다. 처음에 떠올린 상상은 시간이 갈수록 여러 번의 Why가 쌓이고 쌓여야 구체화되고, 결국 실체적 사업화에 가까워지게 된다. 즉, 생산적인 Why를 끊임없이 습관처럼 하다 보면 남들이 미처 발견하지 못한 사업 아이템을 발굴해 낼 수 있는 초석이 될 수 있는 것이다.

 창업을 준비하는 예비 취업, 창업자들, 그리고 적절한 아이템을 찾고 있는 분들이라면 지금부터라도 생산적 Why의 습관을 실천하라고 권하고 싶다. Why는 새로운 것을 볼 수 있게 하고, 신비한 것을 만날 수 있게 만든다. 내 인생의 연출가가 되어 영화를 만들어 본다는 생각을 해보자. 끝없이 상상하면 어느새 상상이 현실이 되어 어느 순간 우리 앞에 턱 하니 나타나 있을지도 모른다. 분야를 막론하고 성공한 사람들은 조건이나 상황과 관계없이 승리를 상상한다고 한다. 그 상상이 탁월한 성과 창출에 지대한 역할을 하기 때문이다. 사실, 상상은 돈도 안 들고 언제 어디서든 실천할 수 있다. 자신이 되고 싶은 모습을 상상하고, 그 모습을 흉내 내고, 스스로에게 끊임없이 기대의 메시지를 보내면 상상은 어느새 현실이 되리라.

"성공한 나의 모습을 마음속에 영원히 지워지지 않게 각인시켜라.
무슨 일이 있어도 그 그림을 버리지 마라.
희미해지게 놔두지도 마라.
그러면 마음이 그 그림을 실현할 방법을 찾을 것이다.
상상 속에 장애물을 쌓지 마라."

— 노먼 빈센트 필 —

창업 아이템 발굴은 이렇게

흔히 창업 아이템을 찾을 때의 원칙으로 2가지를 이야기한다. 자신이 잘 아는 분야에서 찾을 것, 그리고 자신이 잘하는 분야에서 찾으라는 것. 사실 너무도 당연한 말이다. 특정 분야에 종사해 오면서 그 분야에 대해 누구보다 잘 알고 있고, 더불어 잘할 수 있는 전문적인 역량까지 갖추고 있다면, 일단 아이템 선택 면에서는 남들보다 유리한 고지에 서 있는 것은 분명하다.

반면, 현재의 유행과 추세 등에 이끌려 자신이 잘 모르는 아이템으로 창업을 하면 성공보다는 실패 확률이 높은 것이 사실이다. 알다시피 창업은 잘 아는 분야에서 출발을 해도 예상치 못한 시행착오를 겪기 마련이기 때문이다.

그렇다면 내가 확 꽂힌 사업 아이템이 잘 모르는 분야일 경우엔 어떻게 해야 할까? 이 경우에는 서두르지 말고, 그 분야에 대한 철저한 시장조사와 최소한의 간접 경험을 쌓고 시작하는 것이 정답이다. 해당 분야의 전문가나 경험자들의 조언도 반드시 참고하고 미리 공부를 해야, 돌발 상황에 맞설 수 있는 최소한의 방패를 지닐 수 있기 때문이다. 그럼 누구나 알고 있을 만한 2가지 원칙 외에 창업 아이템을 발굴하는 실질적인 방법은 무엇일까? 필자는 이를 5가지의 유형으로 이야기해 보려고 한다.

내가 불편하면
남도 불편하다

내가 불편하면 남도 불편하다. 앞서도 언급한 와이컴비네이터의 창업자 폴 그레이엄은 스타트업이 아이디어를 발견하는 최고의 방법을, 자기 자신에게 '다른 사람이 나를 위해 무엇을 만들어 줬으면 좋겠는가?'를 묻는 것이라고 했다. 즉, 창업자 자신이 원하고, 자신이 직접 겪은 문제에서 출발한 아이템일 때 그 서비스의 존재가치가 가장 높아진다는 것이다.

스타트업이란 세상에 존재하는 문제점과 그에 대한 해결책을 찾아가며 자신의 아이디어를 현실화해서 수익을 창출하고, 마침내 혁신을 만들어 내는 과정이라고 정의할 수 있을 것이다. 그렇기에 해결하고자 하는 문제가 자신이 직접 겪은 불편함과 경험에서 출발한다면 사업을 추진하는 동력의 강도가 더 세질 수밖에 없다. 실제로 성공한 스타트업들 중에는 크건 작건 자신이 겪은 불편에서 창업 아이템을 발전시킨 사례가 정말 많다. 잘 알려진 해외 기업으로는 우버와 에어비앤비가 대표적이다. 우버를 창업한 트래비스 칼라닉은 프랑스 파리의 한 콘퍼런스 행사에 참석하기 위해 30분 이상 택시를 기다리다가 사업 아이템을 떠올렸다고 한다. 교통 체증과 부족한 주차 공간…, 그리고 콜택시를 불러도 빨리 오지 않는 등의 생활 속 불편함을 캐치하여 세계 최대 차량 공유 서비스가 탄생한 것이다. 에어비앤비도 공동창업자들이 미국 샌프란시스코 시내 호텔을 예약하려다 실패한 경험을 토대로 만들어졌다고 한다.

이 같은 사례는 해외뿐만 아니라 국내 스타트업 생태계에도 즐비하다. 코로나19 상황에서도 200억 원을 투자받으며 해외여행 필수 앱으로 자리 잡은 트리플. 트리플의 창업자인 최휘영 대표는 50대 초반에 NHN을 퇴직한 후 해외여행을 다니다가 현재의 사업 아이템을 착안했다고 한다. 퇴직 후 그동안 못 다녔던 여행을 많이 다니다 보니 낯선 곳에서 시행착오를 겪는 경우가 많았고, 여행지에서의 귀한 시간과 비용을 줄여줄 수 있는 서비스의 필요성을 절감하게 됐다고 한다. 결국 여행지에서 느꼈던 이런 불편함은 해외여행 가이드 앱 트리플의 개발과 창업으로 이어졌고, NHN에서 쌓았던 임원으로서의 내공이 시너지 효과를 내면서 성공의 발판이 되었던 것이다.

기술특례제도로 코스닥 상장에도 성공한 스타트업 네오팩트. 뇌졸중 재활 치료 기기를 개발한 이 회사의 반호영 대표는 과거 뇌졸중으로 아버지와 큰아버지를 떠나보낸 가슴 아픈 개인사가 있다고 한다. 뇌졸중 후유증의 심각성을 누구보다 잘 알고 있었던 그는 여러 번의 사업 실패 후에 결심을 하게 된다. 그동안 진짜 하고 싶었고, 자신에게 필요하다고 생각하는 분야로 창업을 하였다. 그 후, 게임처럼 재활훈련을 진행할 수 있는 차별화된 재활 기기 제품으로 시장의 반향을 이끌어 내게 된다. 스스로가 그 필요성을 절실하게 느꼈던 아이템을 선택해 뚝심 있게 밀고 나간 것이 성공의 비결이었으리라.

예비 유니콘 기업 힐세리온도 창업가의 개인 경험에서 사업 아이템을 확장시킨 사례다. 병원 의사로 근무하던 류정원 대표는 심정지 상태로 실려 온 만삭의 임산부 환자를 구급차로 이송하면서, 의료 현장의 절실한 문제를 발견하게 됐다고 한다. 아기의 생존 여부를 확인하려면 초음파를 해야 하는데, 휴대할 수 있는 초음파 진단기가 없으니 아무런 조치를 취할 수가 없었던 것이다. 이런 경험을 토대로 그는, 모든 의사가 휴대폰처럼 가지고 다닐 수 있는 세계 최초의 무선 휴대용 초음파 진단 기기를 개발하게 되고, 현재 전 세계 40여 개국에 수출하는 성과를 올리고 있다. 이처럼 창업자 본인들에게 잊을 수 없었던 경험과 불편함에서 문제를 해결하는 혁신적인 사업 아이템이 탄생된 것이다.

글로벌 업체를 포함 4천여 개 고객사를 확보하며 중기부의 아기 유니콘 기업에도 선정된, 인공지능 광고 대행 스타트업 아드리엘도 창업자가 겪은 불편함에서 서비스가 시작됐다. 아드리엘 이전에 스타트업을 한번 창업했던 엄수원 대표는 그 당시 서비스를 홍보하기 위한 광고 마케팅에 있어 큰 어려움을 겪었다고 한다. 전문 광고 대행사를 쓰려면 최소 수백만 원에서 수천만 원 이상의 비용이 필요했기에 엄두를 낼 수가 없었고, 더구나 적은 예산으로 광고를 집행하는 스타트업들의 경우 객단가가 낮기 때문에 이들을 대상으로 하는 전문 에이전시가 아예 없더란다. 이때 느낀 불편함은 소상공인과 스타트업들을 위한 효율적인 광고 대행 서비스를 만들자는 생각으로 이어졌고, 인공지능이 최적화된 광고를 만들어 페이스북, 인스타그램 등의 플랫폼에 동시에 게시

될 수 있게 해주는 혁신적인 서비스 모델로 귀결됐다.

펫테크 시장을 대표하는 스타트업으로 성장 중인 핏펫도 마찬가지다. 수년째 가족과도 같은 반려견을 키우고 있는 고정욱 대표는 자신의 반려견이 요로결석에 걸려 괴로워했던 경험이 창업의 첫 시초가 됐다고 한다. 반려동물은 아파도 말을 하지 못하기에 그 고통을 미리 알아채기가 쉽지 않고, 증상이 나타난 후에 병원에 가면 치료비 부담이 만만치 않은 것이 문제였다. 집에서도 미리 손쉽게 반려동물 건강의 이상 징후를 파악할 수 있다면 이런 문제들을 조금이나마 해소할 수 있겠다는 생각에서, 그는 스마트폰으로 간편하게 10여 개의 질병 이상 징후를 실시간 진단할 수 있는 국내 최초의 소변검사 키트를 개발하게 된다.

위에서 언급한 스타트업의 공통점은 저마다의 경험과 개인적인 불편함을 토대로 창업 아이템을 캐치하고, 이를 경쟁력 있는 제품과 차별화된 서비스로 발전시켰다는 점일 것이다. 사실 누구나 자신의 일상에서 크건 작건 간의 불편함과 문제점을 느낀다. 그렇기에 창업 아이디어와 아이템은 내 삶과 주변 어디에든 존재한다고 해도 과언이 아니다. 하지만 자신이 겪었던 경험과 불편함이 모두 성공적인 창업 아이템으로 귀결되는 건 아니다. 누군가는 발견하지만, 누군가는 그저 지나쳐 버린다.

결국 다시 한번 더 '생산적 Why'의 필요성으로 귀결된다. 불편함을 느껴도 이에 대한 원인을 질문하고 찾아내는 생산적 Why의 과정이 없다면, 불편은 그저 한때의 유쾌하지 않았던 경험으로 사라져 버릴 뿐이다. 끊임없이 이유를 묻고 통찰하며, 이에 대한 대안을 마구마구 제시해 보는 습관을 가져야 숨어 있는 보석 같은 사업 아이템이 실체화될 수 있지 않을까. 관건은 '불편해도 괜찮아.'가 아니라 '불편함을 바꿔볼까?'라는 마인드라고 생각한다. 창업을 준비하고, 나만의 창업 아이템을 찾고 있는 분들에게 얘기하고 싶다. 내가 느낀 사소한 불편함을 지나치지 말자! 이제 우리 모두 '프로 불편러'로 거듭나야 한다.

시장의 니즈, 고객에게 아이템이 있다!

　모든 스타트업들은 작은 아이디어에서 출발한다. 지금도 수많은 창업가들이 생활의 불편함 속에서 해결점을 찾는 아이디어를 내고, 이를 비즈니스화하려는 시도를 하고 있을 것이다. 그런데 여기서 많은 창업가들이 갖는 착각이 있다. 과연 내가 생각한 제품과 서비스가 정말 고객을 위한 것인가, 아니면 나를 위한 것인가이다.

　앞서 자신이 겪은 불편함에서 아이템을 발굴해 성공 가도를 달리고 있는 스타트업들의 경우 경험의 출발점은 자기 자신이었지만, 이를 구체적인 사업 아이템으로 발전시켜 성공할 수 있었던 이유는 그 서비스가 자신만을 만족시키는 것이 아니라 고객, 즉 시장에도 충분한 니즈가 있는 불편함이었다는 공통점이 있다. 내가 떠올린 혁신적인 아이디어가 나 자신에게만 국한되는 것이 아니라 고객에게도 유용함을 제공해 주는 아이템이었다는 점이다. 자신만의 시야에 갇혀 내가 생각한 아이템이 수많은 고객들을 만족시킬 수 있을 것이라는 단순한 자신감과 착각으로 사업을 시작한다면 이는 실패로 이어질 가능성이 클 수밖에 없다. 실제 창업 실패의 가장 흔한 이유 중의 하나도 바로 '자기식 아이템'의 함정에 갇혀버린 경우이다.

사업의 본질은 다른 사람들의 불편, 불만, 어려움을 긁어주고 이를 해결해 주는 것이다. 다른 사람들은 내가 내놓은 제품이나 서비스가 그들의 문제를 해결해 줄 수 있는 가치가 있을 때에만 나의 상품과 서비스를 구매하기 위해 지갑을 열 것이다. 더 많은 사람들의 문제를 해결하고, 부족했던 부분을 채워주는 창업 아이템은 당연히 매출로 이어질 가능성이 크다. 그 때문에 자신의 비즈니스 아이템을 철저히 '고객의 관점'에서 바라보고 진화시켜야 하며, 혹시나 나만의 시야, 자뻑에 갇혀 있지는 않은지 끊임없이 시야를 넓히고 확인하고 검증하는 과정이 필수일 것이다.

그렇다면 고객의 니즈가 있는 창업 아이템을 찾으려면 어떻게 해야 할까? 해답은 간단하다. 우선 시장으로 나가서 고객들을 만나고 그들의 이야기를 듣는 것! 실제 미국 실리콘밸리에서는 유망한 창업 아이템을 찾으려면 대기업 연구소 연구원들이 퇴근할 무렵에 근처 커피집이나 맥줏집에 가서 앉아 있으라는 유명한 이야기가 있다고 한다. 그들이 커피나 맥주를 마시면서 하는 대화를 주의 깊게 엿듣다 보면 그들이 지금 느끼는 기술적 난제가 무엇인지 가장 빠르고 정확하게 알 수 있다는 것이다. 그들이 고민하는 이야기들이 곧 기술 스타트업에게는 중요한 고객의 니즈일 수 있기 때문에, 현장에서 고객의 목소리를 빠르게 파악하라는 뜻일 것이다. 내가 아는 스타트업 액셀러레이터 운영자였던 한 지인은 늘 회식 자리에서 건배사를 우문현답이라고 외치면서 현장(Market)의 중요성을 일깨우게 해주었다. 즉 '우리의 문제는 현장에 답이 있다.'라는 뜻인데, 센스 넘치면서도 정말 기억해야 될 메시지가 아닐까 싶다.

실제 국내 스타트업들 중에도 시장의 목소리와 고객의 불편함에 집중함으로써 성공을 이끌어 낸 사례가 많다. 이제는 유니콘 기업으로까지 성장한 토스의 이승건 대표. 그는 토스 이전에 8번 정도의 창업 실패 경험을 갖고 있었다. 그가 분석한 자신의 실패 원인은 바로 '자신이 원하는 것'에만 초점을 맞췄기 때문이었다고 한다. 계속된 실패 이후에야 비로소 사람들이 원하는 것에 초점을 맞추자는 목표로 자세를 고쳤다는 이승건 대표. 이를 위해 창업 과정 3개월 동안 전 직원이 사무실이 아닌 신촌, 강남, 홍대 등의 커피숍으로 출근해서 고객들이 무엇을 원하고 어떤 것에서 불편함을 느끼는지를 집요하게 관찰했다는 일화는, 이제는 스타트업계에서 너무도 유명한 이야기이기도 하다. 현장에 직접 나가 고객의 목소리를 듣는 발품을 판 덕분에 핀테크 시장의 혁신을 가져온 간편송금 서비스 토스가 탄생할 수 있었던 것이다.

7전 8기 창업가로 유명한 인테리어 O2O 플랫폼 집닥의 박성민 대표도 마찬가지다. 그 역시 이커머스 업체 등을 창업하며 신용불량자로까지 전락한 실패의 경험을 갖고 있다. 절망의 끄트머리에서 그가 발견한 해답도 바로 고객이었다. 돈을 벌 수 있는 사업이 아니라, 고객의 관점에서 인테리어 시공의 불편한 점을 개선해 주는 사업을 만들자고 결심한 순간 일이 풀리기 시작했다고 한다. 건설업계에 종사하면서 쌓은 꼼꼼한 시장 분석을 토대로 '고객이 진짜 필요로 하는 것이 무엇일까.'라는 문제에 집중한 덕분에 고객이 원하는 사업 아이템을 발굴할 수 있었던 것이다.

고객의 니즈가 있는 아이템을 찾는 또 다른 방법은 바로, 남들의 사소한 이야기에도 귀를 기울이라는 것이다. 직접 현장에 나가서 발품을 파는 것도 필요하겠지만, 의외로 쨍~ 하는 사업 아이템을 캐치할 수 있는 기회는 술자리나 친목 모임, 반상회 등 일상 곳곳에서 우연히, 수시로 만날 수 있기도 하다.

국내 최초의 낚시 예약 O2O 플랫폼으로 승승장구 중인 '물반고기반'의 박종언 대표는 우연히 친구들과의 술자리에서 사업 아이템을 캐치한 경우다. 낚시에 문외한이었던 그는, 낚시를 자주 다니는 친구가 내일 낚시를 가고 싶은데 당장 예약 가능한 곳을 알 수가 없어서 못 간다는 얘기를 듣게 됐다고 한다. 술자리에서 그냥 지나칠 수 있는 얘기였지만, 박종언 대표는 당장 시장조사에 나섰다고 한다. 시장을 살펴보니 낚시 인구와 낚시 업주는 계속 증가하고 있는데 이들이 서로 연결이 안 되어 있는 상황이었다고 한다. 마치 인터넷과 모바일이 발달하기 이전의 펜션 시장과 비슷한 느낌을 받은 그는, 낚시인들과 낚싯배들을 연결하여 마치 호텔이나 펜션처럼 실시간으로 낚싯배를 예약할 수 있는 O2O 서비스를 출시함으로써 고객의 불편함을 해소하게 된다. 만약 낚시에 빠진 친구의 소소한 불평이려니 하고 넘겨버렸다면, 국내 레저 시장에서 등산 인구를 위협할 만큼 성장하고 있는 낚시 시장에서 대박의 기회를 놓쳤을지도 모를 일이지 않을까?

다시 한번 기억하자! 고객의 니즈가 있는 아이템을 발굴하고 싶다면 주변에서 마주하는 사소한 이야기에도 귀를 기울이고 늘 촉수를 열어두라! 우연히 캐치한 아이템이라도 생산적인 Why의 과정을 거쳐 실체화시킨다면 무한한 비즈니스 기회가 여러분 앞에 기다리고 있을지도 모른다.

트렌드와 산업 구조에서
인사이트를 발견하라

고객의 니즈가 있는 아이템을 찾으려면 시대의 트렌드와 추세를 정확히 분석해서 나만의 '인사이트'를 발견하는 것 또한 중요하다. 현장에만 답이 있는 것이 아니라, 요즘 시대의 트렌드를 읽을 수 있는 신문 기사나 관련 서적 등을 서치하는 과정에서 아이템을 떠올릴 수도 있고, 또는 자신의 업계에서 종사하면서 체감하는 트렌드의 변화에 주목함으로써 더할 나위 없이 좋은 기회를 포착할 수도 있다.

국내 최초의 인공지능 뷰티 동영상 큐레이션 서비스인 잼페이스의 인터뷰 기사를 읽은 적이 있다. 대형 포털에서 헤어 숍 서비스를 총괄했었다는 윤정하 대표는, 뷰티 동영상 시장이 뜨고 있다는 걸 피부로 체감하게 됐다고 한다. 요즘 10대들의 경우, 화장이 하나의 놀이 문화로 자리 잡고 있다는 트렌드를 파악하게 됐고, 특히 메이크업 노하우를 유튜브 같은 동영상을 통해 배우고 있다는 점에 주목했단다. 시장을 살펴보니 메이크업 영상이 너무 많아 필요한 영상을 쉽게 찾을 수 없어 불편해하는 니즈가 존재했고, 이런 Z세대를 위해 인공지능기술을 접목해서 뷰티 영상을 쉽고 편리하게, 자신에게 맞게 활용할 수 있도록 해주는 잼페이스 앱을 개발하게 됐다는 것이다. 즉, 업계에 종사하면서 체감한 트렌드의 변화를 정확히 포착해서, 화장을 놀이로 즐기는 요즘 Z세대들의 취향을 저격하는 기술 기반 서비스를 내놓은 것이 성공의 발판이 된 셈이다.

특히 기술 기반 스타트업 창업의 경우, 빠르게 변화하는 기술의 변화를 지속적으로 모니터링하고, 기술 변화가 가져다주는 기회 시장을 찾아내는 것이 무엇보다 중요하다. 산업의 흐름과 기술 트렌드 변화에 따라 성장하는 시장이 생기고 반대로 쇠락하는 시장이 생기기 때문에, 이에 따른 기회와 위험 요소를 잘 분석해서 창업 아이템을 찾아야 하는 것이다.

자영업자들을 위한 매출 관리 서비스 '캐시노트'로 중기부의 예비 유니콘 기업으로까지 선정되며 핀테크 강자로 자리 잡은 스타트업인 한국신용데이터. 이 회사 김동호 대표의 사례는 리서치와 통찰력이 사업 아이템 발굴에 있어 얼마나 중요한지를 여실히 보여준다. 그가 말한 성공의 비결은 바로 '데이터 리서치'다. 평소에도 50년 전의 과거 신문 기사까지 찾아보면서 산업 구조의 변화를 살펴봤다는 그는, 2000년경에 생긴 개인 신용 정보 평가 방법이 지금도 그대로 쓰이고 있다는 사실을 발견했다고 한다. 또, 4명 중 1명꼴이 개인사업자인데 정작 이들에 대한 데이터가 거의 없다는 것도 알게 되었단다. 그래서 이들의 매출 관리를 해주면서 데이터를 모은다면 비즈니스 기회가 충분할 거라는 인사이트를 기반으로 사업을 시작하게 됐다고 한다. 50년 전의 신문 기사까지 찾아볼 정도의 노력은 물론, 시대의 변화를 반영하는 데이터를 파악하고, 나아가 앞으로 벌어질 일들을 예상해 보는 통찰력이 없었다면 캐시노트라는 혁신적인 서비스는 탄생될 수 없었을 것이다.

앞으로의 미래는 누구도 확신할 수 없다. 하지만 산업 데이터를 보면 어떤 분야에서 혁신 기술의 수요가 생겨나고 있는지를 예측할 수는 있다. 스타트업이라도 그 흐름을 잘 읽고 타면 성공 확률이 높다. 관건은 어떤 산업군에 혁신 기술을 접목해야 비즈니스 기회가 생길지를 꾸준히 리서치하고, 이를 통한 인사이트를 기반으로 아이템을 발굴, 빠르게 실행하는 것임을 잊지 말아야 할 것이다.

그렇다면 미래의 산업 구조에는 어떤 기술과 어떤 분야에 기회가 있을까? 많은 분들이 공감하겠지만, 미래의 핵심 기술은 인공지능과 빅데이터일 것이다. AI는 이미 우리 일상에 깊숙이 들어와 다양한 비즈니스 현장에 접목되고 있다. 글로벌 경영컨설팅 회사 맥킨지에 따르면, 2030년까지 AI가 전 세계적으로 약 13조 달러 가치를 추가 창출할 것으로 전망했고, 포브스는 세계 100대 기업의 80%가 AI에 투자하고 향후 대부분의 비즈니스가 AI로 고도화될 것으로 예상했다. 그리고 인공지능 딥러닝을 가능하게 해주는 핵심 원료는 바로 빅데이터다. 최근 2년 동안 전 세계 휴대전화로 오간 데이터의 총량은 인류 문명 2000년 동안 축적된 정보량의 10배 이상이라고 한다. 물론 데이터가 그 자체로 모여만 있으면 가치가 없다. 유의미한 데이터를 끄집어 내는 과정에서 각종 인공지능 알고리즘을 적용하여, 사람들이 진정 필요로 하는 사업화 아이템을 발굴하는 기업에만 성공의 축배가 주어질 것이다.

필자는 인공지능 플랫폼 비즈니스 영역에 무한한 기회가 있다고 생각한다. 최근 플랫폼 비즈니스는 단순히 수요와 공급을 연결하는 것에서 벗어나 네트워크화되고 있으며, 인공지능을 통해 지능화되고 있다.

플랫폼 비즈니스는 대기업들만이 할 수 있는 것이 아니다. 우버나 에어비앤비, 배달의 민족도 스타트업이었다. 특히 AI 플랫폼은 시장에 먼저 진출해서 초기에 참여자를 많이 끌어와서 데이터를 확보함으로써 성능을 고도화시키는 것이 중요하다. 더 빠르게 시장에 진출하는 선도 주자가 되어야 경쟁력이 있다. 그런 면에서 대기업과 달리 빠르게 움직일 수 있는 스타트업이야말로 AI 플랫폼 분야에서 확실한 경쟁 우위를 갖고 있지 않을까? 끊임없이 리서치하고 인사이트를 발견하고, 더 빨리, 속도감 있게 움직인다면 미래 시장에서 스타트업의 존재감은 더 커질 것이다.

흔한 아이템도 다시 보라!
혁신의 원동력은 모방력

잘 베끼는 것도 실력이고 전략이다! 스타트업 하면, 세상에 없었던 획기적인 기술이나 아이템으로 새로운 시장을 창조해야 한다고 생각하는 경우가 많을 것이다. 무조건 새로워야 한다는 강박관념은 과감하게 버려도 된다. 물론 세상에 없던 혁신적인 아이템과 기술은 스타트업에게 경쟁력임은 분명하다.

하지만 '세계 최초, 국내 최초, 유일무이한 아이템=성공'이라는 방정식이 항상 성립되는 걸까? 의외로 그렇지 않은 경우가 얼마 전 의미 있는 기사를 하나 읽었다. 전 세계 유니콘 기업(2022년 기준) 약 500개 중 100개 정도는 다른 유니콘 기업을 모방한 '카피캣'이었다는 사실이다.

에어비앤비 이전에도 이미 카우치서핑이라는 단기 임대 서비스가 존재했었고, 우버의 경우도 사이드카 등 비슷한 비즈니스 모델이 나와 있는 상태에서 사업을 시작했다고 한다. 즉, 이미 존재하는 서비스와 아이템이었음에도 불구하고 그들은 경쟁사가 하지 못한 차별화된 가치를 제공했고, 결국 고객들의 선택을 받아내었으며, 시장을 지배하는 1등 기업인 퍼스트무버가 되었다.

어쩌면 완전히 새로운 무언가를 만들어 내고 발굴하려는 데에 집착하기보다는 기존의 것들을 창조적으로 모방하고 융합하고, 개량화하는 노력의 과정 속에서 오히려 파괴적인 혁신이 일어날 수 있다는 것이다. 사실 혁신의 대명사라고 일컬어지는 애플도 모방의 힘을 잘 발휘한 기업이기도 하다. 1980년대 스티브 잡스가 매킨토시를 비롯한 여러 사업 아이디어를 제록스로부터 모방한 것은 너무도 유명한 일화다. 물론 기존 서비스를 완벽히 동일하게 카피하는 경우는 지탄받아 마땅하며, 이런 문제는 결코 용납되어서는 안 될 것이다. 하지만 기존 서비스의 장단점을 분석한 후 단점을 보완하거나 자신만의 관점으로 차별화하는 응용력을 발휘한다면 이는 혁신을 이끌어 내는 창조적 모방이 될 수 있지 않을까?

실제 우리 스타트업 생태계에서도 1등 모델을 살짝 비틀어서 성공 사례를 만들어 낸 경우가 적지 않다. 라디오계의 유튜브, 오디오 버전의 아프리카 TV라고 할 수 있는 스푼라디오. 일반인들이 누구나 앱을 통해 DJ가 될 수 있고, 청취자들과 실시간 소통할 수 있는 서비스로 승승장구 중이다. 유튜브와 아프리카TV, 팟캐스트라는 기존 서비스가 있었지만, 스푼라디오가 성공할 수 있었던 이유는 바로 확실한 타깃층을 선정해서 이들의 니즈를 서비스에 녹여냈다는 점일 것이다. 스푼라디오는 철저히 10~20대로 고객층을 세분화했고, 팟캐스트와 달리 시사 정치 등의 이슈보다는 10~20대들이 공감할 수 있는 연애, 친구 관계, 감성 및 개그 콘텐츠 등으로 그들의 마음을 사로잡는 데에 집중했다. 기존에 존재하던 서비스 아이템에서 한정된 세대만을 공략하는 전략으로 새로운 시장을 만들어 낸 것이다.

이웃 간의 중고거래라는 사업 모델로 차기 유니콘 등극이 유력시되고 있는 당근 역시 대표적인 사례다. 중고거래라고 하면 누구나 떠올릴 수 있는 중고나라, 번개장터라는 기존의 쟁쟁한 서비스가 있었음에도 불구하고, 당근은 철저히 지역에 기반한 중고거래라는 타깃을 설정했고, 스마트폰 GPS를 통해 인증하면 거래가 가능하도록 절차를 간소화했다. 더불어 거리에 제한을 둔 서비스이기 때문에 기존 중고거래 서비스에서 발생하기 쉬운 사기 위험을 줄여 신뢰성을 확보했다. 비양심적 거래자를 차단하기 위한 차별화된 기술 장치도 도입했음은 물론이다.

흔히 하늘 아래 완전히 새로운 것은 없다고 한다. 세계 최초나 유일무이한 아이템에만 성공의 열쇠가 있는 것은 아니다. 이미 존재하는 서비스라도 규모를 축소하여 한정된 지역이나 한정된 세대에 세그먼테이션하여 작은 사업으로 시작을 하고, 그 성과를 바탕으로 점차 사업 모델을 확대해 나가는 단계별 성장 전략을 취하는 것도 분명 의미 있는 성공의 방정식이 될 것이다.

그리고 이런 창조적 모방을 만들어 내기 위해서는 반드시 기억해야 할 점이 있다. 바로, 내가 힌트를 얻은 기존 경쟁사 제품이나 서비스를 철저히 뜯어보고, 기존 기업이 서비스를 제공할 수 없거나 제공하지 않을 고객들을 찾아 나서야 한다는 점이다. 기존에 존재하는 경쟁 기업들과 정면으로 맞서는 것은 위험하다. 기존 경쟁사들보다 내가 잘할 수 있는 것에 집중하고 세세한 디테일에서 경쟁력을 확보하는 것이 중요하다는 얘기다. 필자가 예전에 읽었던 데이비드 코드 머레이의 《바로잉》이라는 책에는 이런 이야기가 나온다. 누군가의 아이디어를 빌려 창조성을 발휘하기 위해서는 다음의 6단계 과정을 거쳐야 한다고 한다.

> 정의하라 → 빌려라 → 결합하라 → 숙성시켜라 → 판단하라 →
> 끌어올려라

즉, 해결하려고 하는 문제를 정확하게 정의한 후, 비슷한 곳에서 아이디어를 빌려온다. 이후엔 빌린 아이디어를 그대로 적용하는 것이 아니라 이를 연결하고 결합해야 하며, 자신만의 색깔과 해결책을 찾아낼 때까지 숙성을 시켜야 한다. 그리고 해결책이 발견되면 그 안에서 강점과 약점을 판단하여, 강점만을 끌어올려야 창조적인 모방이 일어날 수 있다는 것이다. 결국 이러한 과정도 앞서 필자가 말한 '생산적 Why'의 꼬리 물기와도 비슷한 게 아닐까. 스타트업 창업자가 되려면 내 주변 무엇 하나도 허투루 넘어가지 말아야 한다. 기존의 서비스도 다시 보고, 존재하는 아이템이라도 다시 파헤쳐 봐야 한다. 계속 질문하고 문제를 찾아봐야 내가 개척할 수 있는 새로운 시장과 아이템이 나타날 수 있으리라.

그리고 여기서 짚고 넘어가야 할 또 하나의 팁! 기존에 존재하는 서비스에서 아이디어와 힌트를 얻고 사업 아이템을 발전시켜 보고 싶은 창업자라면, 단순히 국내뿐만 아니라 세계 시장으로 눈을 넓혀야 한다. 해외에 등장한 새로운 서비스 모델, 혁신적인 아이템들을 서치하다 보면 우리나라에 적용할 수 있는 번득이는 기회 시장을 포착할 수 있기 때문이다.

동네 식당 마감 할인 서비스로 승승장구하고 있는 스타트업 '라스트 오더'의 경우를 살펴보자. 이 서비스는 위치 기반을 통해 스마트폰 앱을 켜면 동네 음식점의 마감 할인 정보를 한눈에 볼 수 있다. 사용자는 저렴한 가격에 음식을 사 먹을 수 있고, 동네 식당들은 버려지는 음식물 쓰레기를 줄일 수 있을 뿐 아니라 폐기될 뻔한 식자재를 매출로 이어갈 수 있으니 소비자와 사업자 모두가 Win-Win할 수 있는 셈이다. 주목할 것은 이 서비스가 이미 유럽 8개 나라에서 선풍적인 인기를 누리고 있는 사업 모델이라는 점이다. 덴마크에서 출발한 '투굿투고' 서비스는 식당들의 마감 할인 음식을 중개해 주는 플랫폼으로 인기가 높다. 라스트 오더의 오경석 대표는 유럽 출장을 통해 이 서비스를 우연히 발견하고, 한국형 모델을 만들겠다는 결심으로 곧바로 창업에 뛰어들었다고 한다. 서비스 모델을 그대로 카피한 것이 아니라 소비자가 장소, 음식 종류, 가격대 등 카테고리를 지정할 수 있게 시스템을 보완해서 제대로 된 한국형 모델로 안착시키는 노력이 있었음은 물론이다.

결국 창조적 모방을 만들어 내기 위해서는 국내뿐 아니라 해외 시장에서의 성공 모델을 캐치하는 정보력이 있어야 하고, 다른 사람보다 빨리, 속도감 있게 실행하는 것이 관건이 아닐까. 어떤 사업 모델이 등장하고 뜨고 사라지고 있는지 파악할 수가 있다. 스타트업 전문 미디어나 매체 기사를 서치해도 어렵지 않게 이런 기사들을 찾아볼 수 있다. 남보다 더 부지런히 더 빠르게 정보를 캐치하자! 그리고 이를 나만의 방식으로 융합해 내자! 스마트한 벤치마킹을 하자! 창조적 모방을 통한 혁신은, 무시할 수 없는 스타트업 성공 방식 중의 하나다.

장수 경제시대, 인구학적 구조에 주목하라!

몇 년 전 하나금융경영연구소가 내놓은 보고서를 읽게 되었다. 제목은 〈미지의 대륙(Undiscovered continent), 장수 경제의 부상〉! 디지털에 친숙한 '젊은 어른'들의 영향력이 커지고, 여기에 기술 트렌드가 접목되면서 향후, 장수 경제가 다양한 방면으로 더욱 확대될 것이라는 내용이었다. 그 때문에 미래 소비를 주도하는 중심 주체로서 '젊은 어른'의 정체성을 인식하고 이들에 맞춤화된 서비스와 제품개발이 필요하다고 한다. 정말 공감이 되는 내용이었다.

인구학적 구조야말로 스타트업 창업자가 아이템을 발굴하는 데 있어서 놓쳐서는 안 될 포인트가 아닐까? 이제 초고령 사회는 거스를 수 없는 현실이 됐다. 초고령 사회가 던지는 묵직하고 우울한 화두도 많지만, 적어도 스타트업 창업자라면 발상의 전환을 통해 이를 새로운 기회로 활용하는 자세가 필요할 것 같다. 특히 전 세계적으로도 유례가 없을 만큼 고령화가 빠르게 진전되고 있는 우리나라는 2025년이면 노인이 국민 5명당 1명인 초고령 사회로의 진입이 예상된다고 한다. 출산율의 저하와 맞물려, 앞으로의 인구 구조상 시니어 시장은 계속해서 커질 수밖에 없는 상황인 것이다. 고령화 사회는 비단 한국적 상황만은 아니다.

향후 제품과 서비스를 소비하게 될 영향력 있는 주축 집단으로서 시니어의 영향력이 더욱 막대해지는 만큼, 이 시장이야말로 아직 제대로 발견되지 않은 미지의 신세계이자 기회 시장이 될 수 있다. 특히 중년 창업자들의 경우, 시니어 세대에 대한 공감도가 더 높기 때문에 시니어 창업 아이템을 선별하는 데 있어 분명 장점으로 작용할 거라고 본다. 중년층 자신의 삶의 경험이나 노부모님들의 생활 속에서 캐치한 간접 경험을 토대로 창업 아이템을 찾아본다면, 아무래도 젊은 세대가 캐치하지 못하는 또 다른 시너지를 발휘할 수 있지 않을까.

사실 필자는 20년 전 온라인이 막 개화할 무렵, 실버세대 전용 포탈을 만들겠다는 야심 찬 구상과 사업 플랜을 짰었다. 지금도 그때 모아둔 자료들을 보관하고 있고, 한 번씩 들춰 보면 여전히 좋은 사업 아이템이라는 생각을 버리지 못하고 있다. 어쩌면 그때 이미 우리나라 인구 구조를 예측했던 게 아닌가 싶다. 그 당시엔 실버세대를 위한 전용 홈쇼핑이나 사이트는 전무했고, 일부 포탈의 한 부분으로 서비스가 제공되어서 실버세대들의 접근이 쉽지가 않았다. 설사 사이트에 접근을 하고 그 사이트에 방문했어도 구입해야 할 상품이 한정적이었다. 성인용 기저귀나 지팡이, 보신 약품 등 노인=환자 취급을 받을 수 있는, 한마디로 좀 힘 빠지는 제품들이 대부분이어서 가뜩이나 노약자 취급받는데 그런 사이트는 한 번 가고 멀리하게 된다는 어르신들이 많았다.

당시 나는 그런 현실에 주목해서 실버세대들의 니즈를 공략할 수 있는 사업 아이템으로 실버패션과 용품을 생각했었다. 어르신 옷은 주로 자식들이 구입을 하는 경우가 많았다. 그러다 보니 자신의 의사와 상관없이 본인의 취향도 아닌 옷을 얻어 입을 수밖에 없는 서글픈 현실이었다. 자기 선택권을 강화하면 그들이 좀 더 행복해지지 않을까 하는 생각이었다. 그러면서 점차 온라인 종각, 종묘 공원을 만들어 시니어 전문 커뮤니티 공간을 만들고, 나아가서는 실버 플랫폼을 꾸미고 싶었다. 자연스레 동호회도 만들어지고 상거래도 이어지고 하는 게 필자의 구상이었다. 지금 다시 생각해도 참 괜찮은 발상이었음에는 틀림없다는 확신이 든다. 하지만 결정적으로 그 아이템은 때가 맞질 않았다. Time to market! 그렇다. 모든 사업은 적정한 때가 있다. 인터넷이 보급 초기였던 터라, 사실 어르신들이 애당초 인터넷 사이트를 사용하기가 어려웠다는 것이 제일 큰 장벽이었다.

그런데 이제는 다르다. 시대가 바뀌었다. 지금의 50~60대와 70대조차도 어지간한 젊은이들 못지않게 스마트폰과 컴퓨터를 잘 다루고 사용한다. 60대 엄지족이라는 말이 나올 정도로 모바일 쇼핑은 물론 각종 커뮤니티 활동과 SNS, 정보 검색이 능수능란하다. 스스로 물건을 선택하고 직접 구입까지 척척이다. 앞서 언급한 장수 경제의 주체, '젊은 어른'들이 급부상한 것이다. 이들을 지칭하는 표현으로 젊은 어른, 액티브시니어, 그레이트 그레이 등 여러 가지가 있지만 핵심은 같다. 이들의 공통점은 디지털에 친숙하며, 취미, 여가 등 여러 분야에서 주체적으로 즐거움을 찾으면서 가치 소비를 한다는 것, 그리고 본인이 하고 싶은 일을 하며 성취감과 만족감을 느끼는 자아실현형 장년층이기도 하다. 또한 기존의 노인에 대한 고정관념을 거부하고, 젊음과 외모, 건강에 대한 관심이 높으며, 젊은 세대가 중심이었던 IT 콘텐츠 등의 영역에서 왕성한 활약을 보이기도 한다.

이런 사례는 요즘 미디어를 통해서도 쉽게 만날 수 있다. 치매 예방을 위해 손녀딸의 도움을 받아 SNS를 시작한 후, 80여만 명의 유튜브 구독자를 거느리게 된 박막례 씨, 서울 패션위크 등 굵직한 패션 무대를 누비고 있는 실버 모델 김칠두 씨 등은 실버세대의 활동 영역이 더 이상 한정돼 있지 않음을 보여준다. 즉, 젊은 어른들의 활동 무대가 넓고, 관심 분야도 다양해진 만큼 이들을 대상으로 한 기회 시장 또한 무궁무진하다는 점이다.

사실 그동안 실버세대들을 위한 서비스나 제품은, 고령자 케어 중심이었다. 물론 건강에 대한 관심이 가장 높은 세대이기에, 헬스케어와 돌봄 분야의 사업 아이템은 앞으로도 유효한 가치를 가질 것이다. 예를 들어 외부 활동이 불편한 시니어 돌봄 서비스를 맞춤형으로 연결해주는 플랫폼 서비스라든가. 하지만 시선을 여기에만 가둘 필요는 없을 것 같다. 노인이라는 고정관념과 편견을 벗고, 능동적인 소비자로서의 가능성에 집중할 필요가 있다는 얘기다. 실제로 고정관념을 탈피해 시니어 비즈니스 성공 모델을 만들어 가고 있는 사례가 있다.

이플루비라는 스타트업은 기존 시니어 제품에 대한 편견을 벗고, 이를 새롭게 재해석해 주목받고 있다. 시니어들이 주로 사용하는 돋보기, 안경 줄 등에 유니크한 디자인을 덧입혀 패션 아이템으로 바꾼 것이다. 노인스러운 이미지가 강해서 밖에 꺼내기가 꺼려졌던 돋보기를 오히려 멋진 패션 소품으로 탈바꿈시킴으로써, 외모에 관심이 많은 액티브시니어 세대의 마음을 사로잡은 것이 주효했다.

지금 젊은이들에게 Hot하게 주목받고 있는 젠틀몬스터라는 안경점에 제법 나이 든 중년층들도 많이 방문하고 있다는 점을 우리는 어떻게 보아야 할까? 돋보기조차도 이제 나의 얼굴을 가꾸는 중요한 패션 소품이 된다는 점을 상기시켜 주는 대목이 아닐까? 아류가 될 수도 있겠지만 '젠틀시니어(가칭)'라는 로고로 시니어 패션 안경 시장을 열어가는 것도 의미 있는 시장개척이 아닐까? 충분히 실현 가능한 사업 아이템이 될 수도 있다. 대륙의 실수라고 불렸던 중국의 샤오미처럼.

이뿐 아니라, 이미 미국과 유럽 등에서는 기술 기반 스타트업들이 다양한 IT 기술을 이용해 장수 경제 영역을 넓혀가고 있다. 이른바 'Age Tech' 스타트업들로 불리는 이들의 활약은 소셜 네트워킹, 주거 공유, 금융 등 다방면으로 확장되고 있다. 특히 스타트업들의 활약이 돋보이는 핀테크 영역에서는 시니어와 부모의 돌봄 부담이 있는 자녀 세대를 위한 계좌 모니터링, 생활 요금 납부, 자산관리 등, 세분화된 서비스들이 늘고 있는 추세이다. 첨단 IT 기술을 접목한 스마트 보청기는 고령화 시대의 블루오션 시장으로 떠오르고 있기도 하다.

생각해 보면 이외에도 확장될 수 있는 사업 분야는 정말 다양할 것이다. 실버세대가 느끼는 정서적인 외로움에 도움이 되고, 마음을 어루만져 주는 힐링 서비스도 VR, AR, IoT 기술 등과 접목된다면 또 다른 기회가 될 수도 있으리라. 단, 실버세대들의 경우 개인의 건강 상태나 자산, 가치관 등에 따라 차이가 매우 크기 때문에 하나의 공통된 시장으로 해석하기보다는 개인화된 분석을 통해 타깃층을 정확히 나누고, 세분화하는 전략이 필수라는 점은 꼭 기억해야 한다.

인구 구조의 변화는 이미 시작됐다. 고령화 시대의 거대한 물결은 스타트업 창업자에겐 기회의 물결이기도 하다. '젊은 어른'들의 니즈를 파악하고 거기에 맞는 아이템을 준비한다면 초고령 사회의 승자가 될 수도 있지 않을까.

사업 성공 지름길, 사업 타당성 분석

　자신만의 사업 아이템을 정했다면 이제 거쳐야 하는 과정이 있다. 바로 사업 타당성 분석! 말 그대로 이 사업이 과연 될지, 안 될지를 미리 점검하고 예측해 보는 과정이다. 대규모 공사를 하기 전에 환경영향평가나 예비 당성 조사를 하는 것이 당연하듯이, 창업에 실질적으로 돌입하기 전에 과연 이 사업이 먹힐 수 있을지를 냉정하게 판단해 보는 것은 너무나도 당연할 것이다.

　그런데 의외로 사업 아이템에 대한 막연한 자신감만으로 창업을 시작하는 경우가 많다. 사업 아이템에 대한 철저한 시장 분석, 기술 분석, 재무 분석 등을 하지 않은 채 사업에 뛰어들거나, 사업 전개 과정에서 벌어질 상황을 미리 시뮬레이션하지 않고 무작정 발을 들여놓는 것은 그야말로 자기 오만이다. 돈키호테와 다를 바 없는 무모함이며, 무기도 없이 눈을 가리고 적진의 한가운데로 뛰어드는 것과 다름없을 것이다. 특히 사업 아이템에 대한 사업성 분석이 제대로 이뤄지지 못하면 이후 투자 유치나 정부 과제 선정을 위한 사업계획서를 작성함에 있어서도 혼돈을 겪을 수밖에 없다. 사업 타당성 분석은 내 사업의 미래를 설계하는 첫 번째 코딩단계와 다름없기에 가능한 냉정하게, 객관적으로 임해야 한다. 사업의 본질이 명확해야 한다.

| 창업 아이템 평가 (사업타당성 분석) |

■ 사업계획 프로세스

창업아이템 선정
↓
사업수행능력 분석 — 창업자 경영능력, 사업계획 수행 능력, 경험 및 지식 업종선택 적합성
↓
시장성 분석 — "계획제품(상품)이 언제 얼마나 팔릴 것인가?" → 시장특성 및 구조, 수급동향, 가격동향
↓
기술성 분석 — "계획제품의 생산은 기술적으로 실현가능성이 있는가?" → 제품의 기술수준, 생산시설, 원재료 조달, 기술인력 확보
↓
수익성 분석 — "계획사업의 수익성은 어떠한가?" → 수익전망, 현금흐름분석, 손익분기점, 추정재무제표
↓
소요자금 조달 계획 — 소요자금 규모 및 조달 가능성, 자금운용계획, 차입금상환 능력
↓
사업계획서 작성

■ 사업타당성분석

〈시장성, 기술성, 수익성 분석〉

시장성 분석	기술성 분석	수익성 분석
• 전체 시장규모 추정 • 전반적인 시장동향 • 시장 특성 및 구조 • 원가구조 및 추세 • 판매계획의 검토	• 생산시설능력 • 입지조건 및 소요인력 • 원가계획 • 기술적 실현가능성 검토 • 생산방식과 공정	• 매출액 추정 • 매출원가 추정 • 판매관리비 추정 • 영업이익/당기순이익 추정

앞의 표에서도 알 수 있듯이, 사업 타당성 분석이란 내 아이템이 시장에서 팔릴 수 있을 것인지(고객은 누구인지), 아이템을 실체화, 실현해 낼 만한 기술력과 핵심역량을 내부적으로 보유하고 있는지, 결국은 그 아이템이 얼마만큼의 수익으로 이어질 수 있을 것인지를 분석해 보는 시뮬레이션 과정이라고 할 수 있겠다.

일반적으로 사업 타당성 분석의 핵심 요소 중 첫 번째는 바로 시장성이다. 여기에는 시장 동향(시장 규모 및 특성과 소비자 분석)과 수요 예측(목표 고객 설정), 제품성(제품의 강/약점과 아이템 회전 주기) 등이 포함된다. 당연히 경쟁사 현황 분석도 필수이다.

다음은 기술성이다. 즉 아이템을 생산, 판매하는 데 드는 기술적 능력을 분석해 제품 생산 능력과 가격 경쟁력을 결정하는 단계다. 한마디로 내가 이 아이템을 구현할 만한 기술력을 갖추고 있느냐를 판단하는 것인데, 여기에서는 보유 기술 분석과 생산설비에 투자하는 금액의 산출, 기술평가가 중요하다.

마지막 세 번째는 수익성으로, 아이템의 수익 가능성을 검토하고 매출·자금·비용계획 등을 세우는 단계다. 특히 여기서 매출액 추정은 가능한 보수적으로 잡는 것이 좋다. 각종 리스크가 발생했을 때라도 돈을 벌 수 있는 구조라는 확신이 들 수 있어야 한다는 것이다.

이러한 핵심 요소를 잘 분석하다 보면 내가 정한 아이템으로 창업에 돌입했을 때에 승산이 있는지 없는지에 대한 대략적인 감이 잡힐 것이다(물론 사업 타당성이 괜찮다고 판단되었다 해도, 실제 사업은 내가 원하는 시나리오대로 착착 굴러가는 것은 결코 아님을 잊지 말자).

그리고 여기서 또 하나! 사업 타당성 분석 과정에서 잊지 말고 체크해야 할 것이 있다. 내가 실제 사업을 펼칠 때 영향을 줄 수 있는 환경 요소들을 꼼꼼히 분석하고 면밀히 살펴봐야 한다는 점이다. 특히 최근 모빌리티 공유 서비스 등의 사례에서도 볼 수 있듯이, 관련 규제나 법제도를 확인하는 것도 필수다. 아무리 괜찮은 사업 아이템이라 해도 규제나 환경에 발목이 묶여 시장에 빛을 보지 못한 사례가 적지 않다는 것을 기억해 둘 필요가 있다.

시장조사가
사업의 승패를 가른다

미국의 시장조사 기관인 'CB인사이트(CBinsight)'가 2018년에 내놓은 보고서를 읽은 적이 있다. 최근 실패한 135개의 스타트업을 분석해서 그 실패 원인을 조사한 것이었다. 우리나라에서는 실패 원인을 구체적으로 조사해서 통계화한 자료는 아직 없지만, 읽다 보니 '미국이나 우리나라나 실패할 수밖에 없는 요인은 비슷하구나.' 하는 생각이 들었다.

그렇다면 이 보고서가 조사한 스타트업 실패 원인 1위는 뭐였을까? 바로 수요가 없는 시장이었다. 무려 42%의 기업들이 수요가 없는 시장에 제품을 만들고 서비스를 출시해서 쓴맛을 봤다는 얘기다. 나도 여러 창업가들과 투자자들을 만나다 보니, 특히 기술 기반 창업에서 이런 사례를 많이 보게 된다. 개발자나 창업자가 생각하는 제품의 기술 수준과 고객이 받아들이는 제품의 기술 수준의 갭(Gap)이 생겨서 실제 수요로 이어지지 않는 경우가 상당히 많은 것이다. 특히 세계 최고, 세계 최초의 기술이라는 자아도취에 젖어 자신의 사업을 객관화하지 못하거나 전문가의 함정에 빠져버린 채 시장조사를 제대로 하지 않는 경우는, 실패의 경우로 이어지는 경우가 다반사다. 결국, 마켓, 즉 고객이 원하느냐가 핵심이다.

사실 필자도 처음 창업 당시 시장조사에 있어 어려움을 많이 겪었고, 또 마음 한편으로는 우리 기술이 완성되어 나오기만 하면 이를 필요로 하는 시장과 고객이 더 많이 생겨나리라 막연히 자신하기도 했었다. 하지만 철저하지 못한 시장조사는 결국 사업이 전개되다 보면 그 허름한 틈새가 더욱 벌어져 스타트업의 생존을 위협하는 부메랑이 되어 돌아오기 마련이다. 필자가 창업한 기업의 경우 그런 상황에서 신속한 판단을 내리고, 린(Lean)하게 움직여서 피벗(Pivot)을 단행했기에 현재의 성장을 이룰 수 있었던 것이 사실이지만, 시장조사를 더 철저히 했더라면 겪지 않아도 될 어려움이지 않았나 싶다. 결국 핵심은 개발 초기의 시장조사가 무엇보다 중요하며, 행여 시장조사와 다른 상황이 발생했을 때 지속적인 피벗 능력이 뒷받침돼야 생존할 수 있다는 점이다(피벗의 중요성은 해당 챕터에서 더 자세히 설명하기로 하겠다). 사실 필자의 회사도 아직 그러한 확신을 단정하기엔 모자란 부분이 여전히 존재한다. 매출이 본격화되기까지는 마음을 놓을 수가 없다.

그렇다면 시장조사는 어떤 방법으로 해야 하는 걸까? 초기 스타트업들의 경우, 시장조사를 어떻게 해야 할지 막막할 경우가 많을 것이다. 특히 제품이나 서비스가 나오지 않은 시점에서 시장조사는 막연할 수밖에 없다. 이때는 단계별로 사업 범위를 고려해서 시장을 설정하고, 규모를 추정하는 방법이 효율적이다.

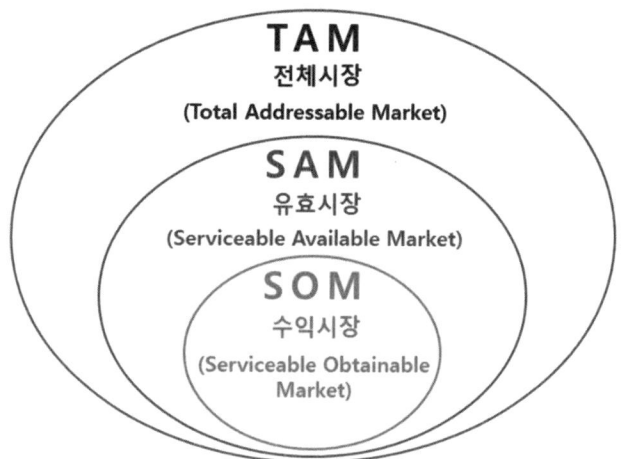

시장 규모 추정 방법(TAM-SAM-SOM)
아이템 발전 및 사업 확장을 고려해 바로 진입할 수 있는 시장과 현재 예상되는 전체 시장, 미래 가능할 것으로 예상되는 전체 시장을 구분하여 조사

    TAM은 제품이나 서비스가 진입하고자 하는 전체 시장의 크기로, 이를 추정하는 것은 비교적 어렵지 않다. 공개된 자료나 보고서 등을 활용하면 충분히 측정할 수 있지만, 스타트업이 초기에 접근하기에는 너무 큰 시장이다.
    두 번째, SAM은 전체 시장 중에서 스타트업의 비즈니스 모델을 통해 도달 가능한 시장이라고 할 수 있다. 이 유효 시장의 규모를 추정하는 것부터가 많은 노력과 노하우가 필요하다. 기존의 조사된 자료들을 재분류하고 입증할 수 있는 데이터를 파악하는 노력이 있어야 한다.
    세 번째, SOM은 수익 시장으로서, 유효 시장 중에서 실제 확보 가능한 시장! 즉, 초기 스타트업들이 가장 먼저 집중해야 하는 '생존 시장'

이라고 할 수 있다. 초기 단계에서 SOM 시장을 잡아서 일정 규모의 수익을 확보해야 다음 단계 시장으로의 진입이 가능해지기 때문이다. 그 때문에 핵심 타깃을 제대로 파악해서 사업 초기에 바로 수익이 나올 수 있는 시장 규모를 제대로 유추해야 생존의 발판이 마련된다. 그리고 이 SOM 시장을 파악하기 위해서는 실제로 계산해서 찾아내는 것뿐 아니라, 발견하고 발품을 팔면서 찾아내야 한다.

  시장 분석을 위한 데이터와 자료 확보 방법은, 일차적으로는 포털사이트에서 다양한 키워드로 검색하고 자료를 탐색하는 것이 기본일 것이다. 하지만 이런 검색으로 내 사업에 대한 명확한 자료를 찾을 수 없다면 보다 전문적인 탐색을 해야 한다. 각종 국내외 논문, 학술지, 민간경제연구소 자료, 각 산업별 협회 자료, 통계청 자료 등 손품과 발품이 필수다.

Tip! 시장 분석 데이터 확보에 도움이 되는 사이트

이외에도, 시장조사의 자료 확보를 위해 도움이 될 만한 사이트를 알려 드리고자 한다.

○ **소셜 매트릭스**(썸트렌드)
이 사이트는 블로그, 트위터, 인스타그램, 커뮤니티 등에서 수집한 소셜 빅데이터를 토대로 키워드에 대한 △반응 추이 △연관어 △기관별 연관어 △감성 분석 △키워드 비교 분석 등 다양한 분석 기능을 제공한다. 이를 활용하면 전 산업군에 대한 △시장조사 △브랜드 조사 △캠페인 반응 분석 및 전략 수립 △트렌드 분석 △이슈 분석 등이 가능해진다. 초기 사업자의 경우, 썸트렌드에 들어가서 궁금한 키워드를 넣으면, 이와 관련된 연관검색어, 긍정적이거나 부정적인 고객들의 검색량 추이 등을 확인할 수 있다. 이 데이터들은, 자신의 서비스에 대한 시장조사 근거 자료는 물론, 소비자의 관심사와 시장 트렌드를 파악하는 데에도 도움이 될 것이다.

○ 네이버 광고 관리

이 사이트는 네이버 키워드광고, 배너광고를 관리하는 광고주들을 위한 사이트이다. 이 사이트에 들어가면, 우리나라 국민이 가장 많이 사용하는 포털 네이버에서, 해당 아이템에 대한 관심을 보이는 숫자와, 누가 검색하는지를 알 수 있다. 특정 기간 동안의 검색량 추이, 연령별 남녀별 검색 추이도 확인 가능하며, 이는 실시간 빅데이터이기 때문에, 시장 분석에 용이하게 활용할 수 있다.

○ 네이버 데이터랩

이 사이트는 분야별 인기검색어, 급상승 트래킹, 지역통계, 공공데이터 등 온라인 검색 트렌드를 확인할 수 있는 서비스다. 특히 이 사이트에서는 최대 20개의 키워드를 넣으면서, 다양한 키워드들의 비교분석 그래프를 확인할 수 있다. 이는 경쟁사 분석에도 유용한데, 경쟁사들의 이름을 여러 개 넣어 분석해 보면, 어떤 기업이 온라인상에서 고객들의 인기를 얻고 있는지 등의 파악이 가능하다.

꼼꼼한 시장조사의 힘

시장조사에 있어 각종 자료와 온라인 사이트 등을 활용해서 거시적, 미시적인 데이터를 확보하는 것 외에도 창업자가 기억해야 할 것이 있다. 아날로그 방식이 가진 힘을 무시하지 말라는 것이다. 직접 발품을 팔고 고객을 쫓아다니며 듣는 현장의 목소리야말로 시장 파악의 알짜 원료가 될 수 있기 때문이다. 예를 들어 내가 타기팅하고 있는 고객들을 대상으로 인터뷰를 진행한다든가, 설문지를 돌린다든가, 경쟁사 고객들의 목소리를 듣는 것 등이다. 물론 예비/초기 창업자가 발로 뛰면서 시장조사를 한다는 게 결코 쉬운 일은 아닐 것이다. 요즘은 소셜 매체나 커뮤니티도 많이 활성화되어 있지만 웬만한 의지로는 실행하기가 어렵다. 그럼에도 불구하고 아날로그 방식의 발품이 가져다주는 데이터는 직관적이며 활용 가치가 높다.

실제 이런 노력을 통해 성공의 발판을 마련하고 있는 스타트업의 사례도 많다. 최근 기사를 통해 20대 초반의 KAIST 학부생들이 만든 셀렉트스타라는 스타트업을 알게 됐다. 창업 2년여 만에 40억 원의 시리즈 A 투자를 유치하며 승승장구 중인 이 스타트업의 사업 모델은 정말 특이하다. 앱을 통해 사용자들이 다양한 이미지나 음성, 영상 등의 데이터를 제공하면 이들은 사용자들에게 리워드(현금)를 제공하고, 수집된 데이터를 전수검사 해서 데이터가 필요한 기업에 납품하는 형식이다. 이런 기발한 사업 모델이 나올 수 있었던 비결은 바로 시장조사를 위해 발품을 판 덕분이었다. 데이터가 필요한 AI 기업들 수십 곳을 찾아다니며 인터뷰를 하고, 전처리 과정의 어려움을 들었고, 또 불특정 다수에게 설문을 돌리면서 리워드 앱을 사용해 본 사람이 80%가 넘는다는 사실도 알게 되었다고 한다. 더불어 낮은 보상에 피로감을 느낀다는 걸 캐치할 수 있었다고 한다. 결국 2개의 문제점을 융합하면 분명 수요가 있다는 걸 확신해서 독창적인 사업 모델로 발전시킬 수 있었던 것이다.

앞서 언급했던 인공지능 뷰티 동영상 큐레이션 서비스 잼페이스의 경우도 마찬가지였다. 서비스 기획 단계부터 수차례 고객 FGI(표적집단면접)를 통해 고객들의 요구를 확인했고, 그들의 목소리에 주목해서 서비스를 다듬고, 진화·발전시켰다고 한다. 침대 매트리스라는 레드오션 시장에 진출해서 스타트업으로서는 괄목할 만한 성과를 올리고 있는 '삼분의일'이라는 기업도 이런 사례다. 이전 사업의 실패 경험이 있었던 전주훈 대표는 이를 교훈 삼아 시장 분석에 총력을 기울였다고 한다. 매트리스 하나를 개발하기 위해 1년 넘는 기간 동안 1,000번이 넘는 고객 검증 과정을 거쳐서 제품을 개발했다고 하니 그 의지와 실행력이 정말 대단하다는 생각이 들었다.

사실 창업자 각자가 처한 상황과 여력에 따라 이런 아날로그식의 시장조사를 제대로 펼치기 어려운 경우도 많겠지만, 내가 타기팅하고 있는 시장 상황을 직접 파악하기 위한 노력은 어떤 방식으로든 해야 하지 않을까 싶다. 그중 하나의 방법이, 주변 지인이건 가능한 여러 사람들에게 내 아이템을 이야기해서 반응을 들어보는 것이다. 창업 아이템이나 사업계획을 꼭꼭 숨기고 있는 것보다는, 주변의 여러 사람들에게 이야기해서 조언을 들어보는 것이 낫다. 정작 내 눈에는 보이지 않았던 문제들이 그들의 시선에서는 보일 수 있다. 그들의 현실적인 지적에 귀를 기울여서 내 아이템을 보완하고 가다듬을 수 있는 기회로 활용하는 것이, 아이템을 꼭꼭 숨겨서 자기 함정에 빠지는 것보다 훨씬 낫지 않을까?

단, 내가 듣고 싶은 말만 듣지는 말자. 자가당착 금지! "그거 잘될 것 같은데?", "너 성공할 것 같은데?"라는 반응에 혹하면 안 된다. 긍정적인 반응을 보여주는 사람들의 상당수가 귀찮거나, 예의상 부정적인 의견을 내기가 곤란해서일 경우도 많기 때문이다. 오히려 비판적인 의견을 가진 사람을 더 자주 만나고 경청하는 자세가 필요하다. 내가 듣기 싫은 실패의 가능성도 주의 깊게 들어야 자만의 함정에 빠지지 않을 것이기 때문이다. 세상에 처음 선보이는 기술이나 사업 아이템은 사람들을 착각하게 하는 이상한 마법을 가지고 있다. "야, 그 아이템 죽이는데, 대박 날 것 같아." 창업가에게는 참으로 듣기 좋은 소리지만 희망고문일 수도 있음을.

아이템 검증과
비즈니스 모델 정립

이제 아이템 검증 단계에서 거쳐야 할 막바지 종착점에 다다랐다. 바로 비즈니스 모델의 정립이다. 비즈니스 모델이란 내부적으로 확보된 자원과 외부 이해관계자, 시장 상황 등을 고려해 조직이 가치를 창출하고, 전달하고, 어떻게 확보할지를 논리적으로 정리한 프레임이라고 할 수 있다. 좀 쉽게 표현하자면 내가 보유하고 있는 제품, 서비스를 바탕으로 어떤 소비자에게 가치를 제공하고, 어떤 방식으로 수익을 실현하는지의 전체 구조를 설명하는 것이다.

일반적인 비즈니스 모델 검증 방식으로는 잘 알려진 9블록 캔버스가 사용된다.

표에서 보면 알 수 있듯이 누가 나를 돕는지, 내가 무엇을 가졌는지, 어떤 채널에 제품을 판매해야 하는지, 어떻게 고객을 관리하는지 등을 일목요연하게 정리하는 과정이다. 비즈니스 모델 캔버스를 통해 각 블록마다 나의 상황을 작성하고, 우선순위를 정해가면서 사업을 가다듬어 가다 보면 실패의 위험을 비켜 가는 데 도움이 될 것은 분명하다. 9블록 캔버스 방식이 좀 어렵게 느껴진다면 잘 알려진 기업의 사례로 비

■ 비즈니스 모델 캔버스

비즈니스 모델의 구성요소를 도출하기 위한 내·외부 자원 및 활동의 캔버스에 일목요연하게 정리한 형태를 비즈니스 모델 캔버스라 하며 일반적으로 9블럭 형태를 사용하고 각 항목은 다음의 핵심사항을 검증하는 자료로 활용됩니다.

(1) 생산 및 공급

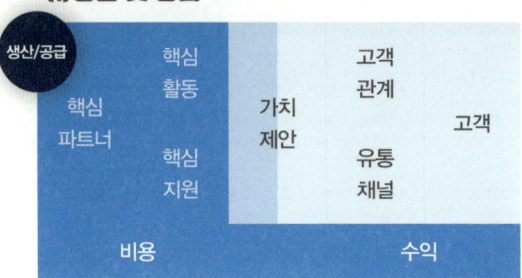

"가치를 만들고 전달하기 위해"
- 어떤 자원이 필요한가?
- 어떤 활동이 필요한가?
- 어떤 파트너가 필요한가?

(2) 마케팅 및 판매

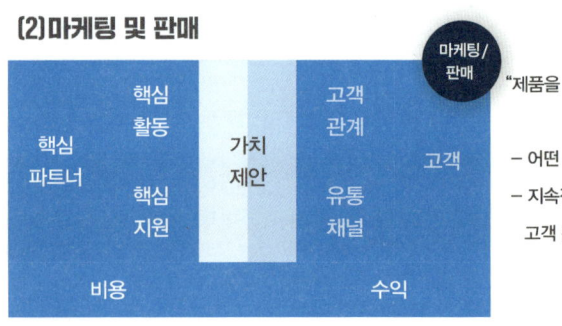

"제품을 알리고 판매하기 위해"
- 어떤 채널을 이용해야 할까?
- 지속적 수익창출을 위한 고객 관리방법은 무엇일까?

(3) 재무

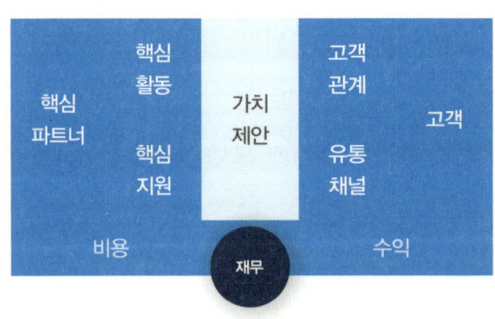

"수익을 창출하고 성장하기 위해"
- 비용 및 수익구조는 적정한가?
- 자금조달이 필요한가?
- 사업화를 위한 재무전략은?

즈니스 모델을 작성하면서 연습해 보는 것도 좋겠다.

이번 파트에서는 아이템을 발굴해서 검증하는 방법과 그 과정에서 기억하면 좋을 내용들을 이야기해 봤다. 쓰다 보니 예비 창업자가 챙겨야 할 것도 많고, 분석해야 할 것도 너무너무 많게 느껴질 수도 있을 것 같다. 하지만 여기서 꼭 기억하자! 바로 '창업=실행'이라는 점이다! 100% 만족이 된 준비가 어디 있겠는가. 아무리 신박한 아이디어도 실행에 옮기지 않으면 무용지물이다. 괜찮은 아이템이 생겼다면 일단은 움직이면서 보완해야 한다. 시장조사와 분석이 아무리 중요하다 해도, 여기에 너무 긴 시간을 보내다가는 시장 진입의 골든타임을 놓쳐버릴 수도 있다. 특히 스타트업은 완벽하게 정리된 서비스나 제품을 내놓으려고 시간을 끌기보다는, 일단은 기초 버전을 빨리 완성하는 것이 중요하다. 최소한의 기본 모델을 만들어서 고객의 피드백을 듣고, 이를 보완하는 것이 실패 위험을 줄일 수 있기 때문이다.

기억하자! 창업은 실행력에서 성공이 좌우된다는 것을. 그것도 번개같이 빠른 실행력이 중요하다. 실패의 멍울을 쓰게 되더라도 성공을 위한 정말 중요한 필연적 과정이다. 투자자들은 투자 결정을 하기 위한 심층 면접 때 이러한 질문을 곧잘 한다. "창업자와 회사의 강점은 무엇입니까? 한 문장으로 이야기해 주세요." 우리의 답은 항상 이러했다. "우리는 빠른 실행력을 가지고 있습니다. 어떤 과제나 사안이 발생되면 빠르게 판단하고 실행에 옮기는 구조입니다."

그렇다. 우리는 늘 그랬다. 창업 이후 어떠한 크고 작은 일들을 마주하게 되면 팀원 회의를 하고 빠르게 아이디어를 도출해 내고, 실행해 나가는 습관을 가지고 있었다. 이제는 우리 회사의 정체성이기도 하다. 각자가 자신의 의견을 표출하고 집중 토의를 하여 의사결정을 하게 된다. 사실 작은 스타트업들이 큰 기업을 이길 수 있는 무기는 이것밖에 없다고 본다. 덩치가 큰 그들의 실패는 비용이 높게 들지만 스타트업들은 그들에 비해 조족지혈이다. 그러니 리스크를 크게 고민할 필요가 없다. 그래서 스타트업은 무모할 수도 있는 위험스러운 도전을 쉽게 선택할 수 있는 특권을 가지고 있다고나 할까. 그게 바로 린스타트업(Lean Start-up)의 정신이다. 사실 요즘 대기업들마저도 너나 할 것 없이 린스타트 사고를 실행에 옮기고 있다.

| 3장 |

동행

- 홀로는 외롭다, 함께하는 여정
- 서로에게 도움 되는 동지
- 썸이 쌈이 되지 않는 동업 철학
- 공동창업은 신뢰이고 약속이다

홀로는 외롭다, 함께하는 여정

"부모, 자식 간에도 동업하지 말라~ 친한 사이일수록 동업은 하면 안 된다." 예로부터 우리 사회에서 흔히 통용되어 온 말이다. 하지만 과연 이 얘기가 현재의 스타트업 판에서 통하는 얘기일까?

나는 정말 잘못된 편견이라고 생각한다. 스타트업 생태계에서만큼은 동업이 절대적으로 필요하다. 특히 생계형 창업이 아닌 기술창업일 경우, 합이 맞는 드림팀을 꾸리는 것이 정말 중요하다. 필자 역시 나보다 10살 어린 동업자와 함께 비주얼캠프를 공동창업 했다. 나는 지금도 생각한다. 이 사람이 없었다면 내가 창업할 수 있었을까, 이 순간까지 회사를 끌어올 수 있었을까? 대답은 단연코 No다. 공동창업자가 아니었다면 우리 회사도 없었을 것이고, 공동창업자도 나에 대해 그렇게 인식하고 있다. 코파운드는 운명공동체! 스타트업이라는 험난한 여정을 거쳐 오는 동안, 서로의 역량이 보완되면서 시너지 효과를 내지 않았다면 우리 회사의 현재도 없었을 것이기 때문이다.

흔히 동업을 하면 일도 망치고 사람도 잃는다고들 하는데, 동업을 해서 망할 거라면 혼자 해도 망한다. 오히려 함께하면 망할 확률이 반으로 줄어든다. 서로 다른 생각과 성향이 모여 시너지를 내는 순간, 실패 확률을 반으로 줄일 수 있기 때문이다.

사실 국내외를 막론하고, 스타트업계에서는 2~3인의 공동창업으로 출발한 경우가 상당히 많다. 글로벌 IT 업계를 대표하는 애플과 구글, 마이크로소프트, 페이스북도 모두 동업으로 탄생됐으며, 유니콘 스타트업이 된 에어비앤비도, 개발자와 디자이너 두 사람의 공동창업자가 만든 기업이다. 실제로 미국 스타트업 정보 사이트인 크런치베이스(Crunchbase)에 따르면, 미국에서 1,000만 달러 이상 투자금 유치에 성공한 창업 기업 7,348개 중 54.1%가 2명 이상의 동업으로 설립됐다고 한다. 또한 미국 중소기업청(SBA)에 따르면 500인 이하 중소기업 중 1인 소유인 곳은 16%이고, 2인 이상 동업자가 만든 법인이나 공동소유는 77%에 이른다고 하니, 동업은 스타트업계의 대세가 되었다고 해도 과언이 아니다.

우리나라도 예외가 아니다. 대학 창업보육센터에서 출발해서 창업 5년 만에 200억 매출을 올린 가습기 기업 '미로'의 경우도 3명의 공동창업자가 함께 창업했으며, 지난해 IPO까지 완수한 지인 추천 기반의 구인구직 플랫폼 '원티드랩'도 4인의 공동창업자가 회사를 만들고 운영 중이다. 창업 5년 만에 매출 1,500억 원을 넘어서며 수출 국가대표 기업으로까지 성장한 뷰티 스타트업 '에이피알'도 대학생 2명이 공동창업한 기업이다. 이외에도 정말 많은 스타트업들이 동업을 통해 성장하고 혁신을 만들어 가고 있다.

그렇다면 많은 스타트업들이 동업을 선택하는 이유는 무엇이고, 동업의 장점은 뭘까? 나는 동업으로 얻는 이점이 크게 3가지라고 생각한다.

첫 번째는, 핵심역량을 보유할 수 있는 가장 현실적인 방법이기 때문이다. 스타트업이 성공하기 위해서는 반드시 창업팀들이 사업 아이템을 구현할 수 있는 핵심역량을 자체적으로 갖고 있어야 한다. 그래야만 부족한 자본과 인력 문제를 이겨내고 제품과 서비스를 만들어서 시장에 진입할 수 있다. 또 그래야만 투자자를 설득할 수도 있다. 만약 핵심 기술이나 서비스를 구현해 낼 공동창업자가 없어서 외부에서 이를 조달하려고 한다면 과연 이 스타트업이 살아남을 수 있을까? 투자자들이 이런 스타트업에게 과연 투자를 할 수 있을까? 현실적으로 어려울 것임이 분명하다.

특히 아무리 대단한 경력과 전문성을 가지고 있는 창업자라고 해도, 창업자 한 사람이 사업구현에 필요한 모든 역량을 다 갖추고 있기란 불가능할 것이다. 내가 마케터 출신 창업자라면 기술 역량은 당연히 좀 부족할 것이고, 개발자 출신 창업자라면 마케팅 감각이나 영업 능력은 부족할 확률이 높다. 기술자와 마케터의 머리는 다르다. 기술자 2명이 모이면 1+1=2이지만, 기술자와 마케터가 모이면 1+1=최소 3, 4 그 이상의 시너지가 난다. 내가 미처 생각지도 못했던 아이디어와 전략을 공유할 수 있고, 서로의 단점을 보완해서 시행착오의 위험을 줄일 수가 있다. 더구나 공동창업의 경우, 사업을 시작할 때 부족한 자금 부담도 조금이나마 덜 수 있다는 현실적인 장점도 크다.

두 번째는, 의사결정의 균형감을 가질 수 있다는 점이다. 사실 스타트업 창업자에게는 자기 확신이 정말 중요하다. 하지만 이는 자칫 독단으로 빠질 수도 있고, 시장을 무시하는 판단으로 이어질 수도 있다. 그렇기 때문에 서로 이질적인 특성을 가진 공동창업자가 서로 다른 지식과 정보를 상호 교환함으로써 현명한 의사결정을 내리는 것이 정말 중요하다. 천재도 1명일 때는 실수할 수 있지만, 2명, 3명이 의견을 모으면 잘못된 판단을 내리는 확률을 조금이나마 줄일 수 있다고 본다. 서로의 의견이 달라 자주 싸운다는 점은 필연적이다.

세 번째는, 마음을 의지할 수 있는 심적 위안이 된다는 점이다. 스타트업이라는 험난한 망망대해를 건너다 보면 지칠 때도 많고, 스트레스가 머리끝까지 차올라 감정이 오르락내리락하기도 하고, 어떨 땐 포기하고 싶은 마음까지 들 때가 있다. 이럴 때, 고난과 위기를 함께 나눌 수 있고, 말없이도 이해할 수 있는 사람이 옆에 있다는 건 그 존재만으로도 큰 힘이 된다. 아직 가보지 않은 길을 가야 하는 만큼, 같은 목표를 가진 공동창업가의 존재는 다시 힘을 내서 즐겁게 도전할 수 있는 원동력이 되는 것이다. 내가 지치고 힘들 때 그대가 나의 손을 잡아주면 다시 일어날 수 있듯이, 아픔도 기쁨도 함께하는 것이 동업의 묘미이기도 하다.

최근 국내의 유명 벤처투자자가 이런 말을 한 적이 있다. 이제는 자수성가의 시대가 끝나고, 여럿이 힘을 합쳐 성공하는 '다수성가'의 시대가 됐다고 말이다. 정말 공감한다. 사업은 혼자서 잘한다고 되지 않는다. 공동창업자와 팀원들이 같은 목표를 향해 힘을 모아야 앞으로 나아갈 수 있다. 그리고 스티브 잡스의 이 명언은 스타트업에게 동업이 필요한 이유를 다시금 되짚어 보게 하는 멋진 말이다. 나는 솔로가 아니다. 결코 외롭지 않다.

"This is not a one-man show. My model for business is the Beatles."

— 스티브 잡스 —

서로에게 도움 되는 동지

 동업은 창업 기업이 성장할 수 있는 좋은 전략임은 틀림없다. 관건은 과연 누구와 동업을 하느냐이다. 페이팔의 창업가이자 실리콘밸리를 움직이는 벤처투자자인 피터 틸은 그의 저서 《제로 투 원》에서 이런 말을 했다. "공동창업가를 고르는 일은 결혼과도 비슷하며, 창업자 간의 충돌은 이혼만큼이나 지저분해질 수도 있다."라고 말이다. 정말 맞는 말이다. 동업을 한다는 것은 새로운 사업에 있어 평생의 반려자를 찾는 것과 비슷하다. 이혼이라는 지저분한 결말을 맞이하지 않기 위해서는, 또 내 사업이 실패로 끝나지 않기 위해서는 어떤 공동창업자를 만나느냐가 정말 중요하다. 사업 아이템은 하다가 바꿀 수도 있지만 파트너를 바꾸는 건 정말 어려운 일이기 때문이다. 그 때문에 공동창업자를 고를 때는 평생을 함께할 배우자를 선택하듯이 신중에 신중을 기해야 하는 건 당연하다.
 필자의 경우 마케터 출신인 나와 개발자 출신 공동창업자와의 결합으로, 꽤 이상적인 시너지 효과를 발휘한 사례라고 생각된다. 우리 두 사람은 고등학교 선후배 모임에서 우연히 만났다. 이전에는 일면식도 없던 관계였지만 묘하게도 이야기를 하다 보니 계속 마음이 끌렸다. 무엇보다 이 친구의 가능성이랄까. 나이는 나보다 훨씬 어리지만, 내가 갖고 있지 않은 부분이 강하게 나를 끌어당기는 느낌이 들었다. 필자와 함께 시작한 공동창업자 찰스는 한마디로 말하자면 뼛속까지 공돌이 개발자 출신의 창업가이다. 서울대학교 학내 창업동아리를 통해 이미 대학교 4학년 때 인터넷 비지니스 스타트업을 창업해서 꽤 주목을 받기도 했었던 친구였다. 하지만 필자와 만났을 당시에는 그동안 세 차례 넘게 도전했던 창업에서 연이어 실패를 맛보고 많이 의기소침해져 있었던 상태였다.

  그런데도 내가 이 찰스에게 끌렸던 이유는 시대의 흐름을 보는 눈과 인사이트가 정말 남다르다는 직감이 들었기 때문이다. 당시 창업을 준비하고 있었던 나는, 이후 공동창업자와 계속 만남을 가지면서 내가 가졌던 직감이 틀리지 않았다는 생각이 들었다. 마케터 출신인 나의 부족한 점을 보완해 줄 사람이라는 확신이 들었다. 또한 함께 창업을 준비하며 꽤 오랜 시간을 지켜보면서 기본적으로 선한 마음을 갖고 있다는 믿음이 들었던 것 같다. 지나고 보니 그가 가진 선함 마음과 창업에 대한 열정이 기업가정신과 별반 다르지 않았다.

  물론 공통점도 많았다. 특히 중요한 공통점은 우리 둘 다 새로운 도전을 두려워하지 않는 DNA를 갖고 있다는 점이었다. 나 역시 그동안 직장 생활을 하면서 늘 새로운 업무와 분야에 뛰어들었고, 새로운 영역에 도전할 때 두려움보다는 설렘과 의욕이 더 생겼던 것 같다. 공동창업자 역시 연이은 사업 실패에도 불구하고 창업에 대한 도전 의지를 포기하지 않는 연쇄창업자였다. 결국 도전 의식이라는 공통점과 서로 확연히 다른 이질적인 요소를 갖고 있었던 우리는 그동안 스타트업을 함께 운영해 오면서 말 그대로 시너지 효과를 발휘해 왔다고 생각한다.

나는 나와 동업자 간의 관계가 칭기즈칸과 야율초재의 관계와 비슷하다는 생각을 한 적이 있다. 유비를 보좌한 제갈량과 함께 역사상 가장 뛰어난 참모로 꼽히는 야율초재는, 칭기즈칸이 가장 아낀 책사였으며 3대에 걸쳐 원 제국의 재상을 지낸 인물이다. 칭기즈칸이 그를 가장 아끼고 신임했던 이유는 천문, 지리, 수학, 불교, 도교 등 당대 모든 학문을 두루 섭력한 그의 탁월한 식견 때문이었다고 한다. 그리고 지도자 앞에 드러나지 않으면서도 직언을 서슴지 않는 곧은 성품 때문이었다고 한다.

그런 야율초재가 남긴 유명한 명언이 있으니, 바로 "여일이불약제일해, 생일사불약멸일사(與一利不若除一害, 生一事不若滅一事)"이다. 즉, 하나의 이익을 얻는 것이 하나의 해를 제거함만 못하고, 하나의 일을 만드는 것이 하나의 일을 없애는 것만 못하다는 뜻이다. 성과를 내려는 조바심에 새로운 일을 자꾸 만들어 내는 것보다는, 불필요한 부분을 제거하는 것이 더 중요하다는 얘기이다. 야율초재는 칭기즈칸이 위정자로서의 야망에 사로잡혀 새로운 일을 벌이고 만들어 낼 때마다 이를 경계하는 조언을 아끼지 않았다고 한다. 양손에 다 쥐고 있으면 안 된다, 버리셔야 된다, 버려야 더 가치로운 것을 잡을 수 있다고 말이다.

사실 나와 공동창업자 간의 관계가 이런 면에서 참 비슷하다. 필자의 공동창업자는 기술 흐름을 읽고 인사이트를 발견하는 눈이 그야말로 귀신같다. 기획력도 상당하고, 초심을 잃지 않는 자세와 체력까지 갖췄다. 하지만 단점은 조금 성급하고 서두르는 면이 있어서 무분별하게 시도하는 경향이 있다는 점이다. 성과를 내야겠다는 급한 마음에 자꾸 새로운 분야에 손을 대고 일을 벌이다 보니 핵심에 집중하지 못하는 경우가 생기는 것이다. 결국 본질을 망각하게 된다. 이럴 때 중심을 잡아주는 것이 바로 내 역할이었다. 시대를 좀 앞질러 가는 공동창업자의 한 템포 빠른 박자를 현실에 맞게 조율해 주는 것. 여러 가지 일을 벌이기보다는 핵심에 집중하게 도와주는 일. 그게 내 역할이었다. 칭기즈칸과 야율초재처럼, 나와 공동창업자의 서로 다른 성향과 역량이 만나 이렇게 보완적인 시너지 효과를 내지 않았더라면 아마 우리 회사는 지금까지 성장할 수 없었을 것이다.

결국 이상적인 공동창업자를 선택하는 그 첫 번째 원칙은 서로가 상호 보완재적인 관계여야 한다는 점이다. 서로의 모자란 빈틈을 채워줄 수 있는 관계여야 한다. 즉, 1+1=2의 단순한 관계가 아니라, 1+1=3~그 이상의 시너지를 내야 하며, 이를 위해서는 핵심역량이 서로 다른 동업자를 선택하는 것이 이상적이다. 애플이 디자인 감성을 가진 스티브 잡스와 컴퓨터광이었던 워즈니악이 시너지를 발휘해 성공할 수 있었던 것처럼.

물론 서로 비슷한 역량을 가진 사람끼리 동업하는 경우도 있다. 예를 들어 '엔지니어+엔지니어'로 창업을 하거나 '경영학+경영학', '디자이너+디자이너'로 동업을 할 경우…. 물론 예외도 있겠지만, 사실 이런 조합은 스타트업 운영에 있어 적잖은 어려움을 겪게 되는 경우가 상당하다. 엔지니어로만 구성된 스타트업은 시장조사와 마케팅 전략 수립 등에 있어 난관에 봉착하는 일이 생기기 쉽다. 또한 마케터만으로 이뤄진 스타트업은 실제 고객이 원하는 제품을 제대로 만들어 낼 수 없는 상황이 발생하기도 한다. 특히 공동창업자 중에 개발자가 없는 경우에는 개발을 외부 업체에 맡길 수밖에 없어서, 자신들의 개발 의도를 완벽하게 전달하고 구현해 내기에 한계가 있기 마련이다. 더구나 제품과 서비스 등에 예상치 못한 문제가 생겼을 때 빠르게 보완하고 대처할 수 있는 역량이 아무래도 부족할 수밖에 없다. 또한 서로 비슷한 역량을 보유한 동업자일 경우, 오히려 의견 충돌이 일어날 가능성이 훨씬 높다. 이 분야에서만큼은 너도 전문가고 나도 전문가이니 서로 부딪힐 소지가 많은 것이다.

공동창업자 선택의 두 번째 원칙은 사고방식이나 마음이 맞아야 한다는 점이다. 사업은 일도 일이지만, 사람과 사람이 함께하는 것이다 보니 최소한 마음이 맞아야 굴러갈 수 있다. 성격이나 사고방식이 맞지 않는다면 관계를 오래 지속하기가 어렵다. 물론 오래 지켜와 본 사람이라면 이런 부분에 있어서는 믿음을 가질 수 있겠지만, 만난 지 얼마 안 된 사람과 동업을 고려하고 있다면 충분한 시간을 두고 그 사람을 지켜보고 함께하는 시간이 꼭 필요하다고 본다.

의외로 많은 스타트업들이 지인의 소개나 창업 아카데미 등의 모임에서 몇 번 만난 사람과 공동창업을 쉽게 결정하는 경우가 상당하다. 그럴 경우 매일 부딪히며 일을 하다 보면 미처 알지 못했던 서로의 다른 성향 등을 극복하지 못하고 관계가 깨지기도 한다. 그 때문에 급한 마음을 버리고, 충분한 시간을 갖고 서로를 파악하는 시간은 필수다.

반대로 오래 알았던 친한 친구나 나와 잘 맞는 직장동료, 선후배가 마음이 맞다고 해서 섣불리 동업을 결심해서는 안 된다. 앞서도 강조했듯이, 공동창업자를 선택할 때의 가장 중요한 질문은 과연 이 사람이 나의 단점을 보완해서 시너지를 낼 수 있는 사람이냐이다. 즉, 내가 부족한 비즈니스 핵심역량을 갖추고 있느냐가 가장 중요하다. 단순히 마음이 맞다 고해서 이 아이템에 대해 서로 Feel이 통한다고 해도, 파트너가 갖고 있는 핵심적인 능력이 나와 겹치기만 하고, 보완되지 않는 관계라면 이런 동업은 지양하는 것이 좋겠다는 개인적인 생각이다.

다시 말하지만 공동창업자를 선택하는 것은 인생의 새로운 시작을 함께할 배우자를 고르는 것과 같다. '잘못된 파트너'와 함께 부실한 기초 위에 시작한 기업은 결코 성공하기 어렵다. 동업자, 멀고도 험한 길을 함께 의지하고 손잡고 가야 할 인생의 동반자이다. 홀로는 외롭다.

썸이 쌈이 되지 않는 동업 철학

썸으로 시작했다가 쌈으로 끝났다. 남녀 간의 연애뿐 아니라 창업생태계에도 흔한 일이다. 창업이라는 배에 함께 올라타 핑크빛 대박의 미래를 꿈꾸며 으쌰으쌰 힘을 합쳐 노를 저어가다가도, 어느 순간 맘이 틀어지면 결국 쌈으로 이어지고 파국을 맞이할 수도 있는 게 동업이다. 동업은 가족끼리도 하지 않는다고 만류한 데에는 그만큼 동업 관계를 잘 풀어가기가 쉽지 않다는 현실적인 이유가 녹아 있으리라….

필자도 그랬다. 공통의 추구하는 목표가 있고, 서로의 역량과 성향을 보완해 주는 관계임에도 불구하고 사람과 사람이 만나 하는 일이다 보니 답을 찾기가 어려운 경우도 많았고, 부딪히는 일도 많았다. 하지만 그럼에도 불구하고 우리가 서로를 믿고 의지하며 회사를 함께 키워나갈 수 있었던 데에는 3가지 정도의 원칙이 있었던 것 같다. 그리고 이 원칙은 동업 성공 사례로 꼽히는 여러 스타트업들에서도 공통적으로 발견할 수 있는 요소이기도 하다.

서로를 존중하고
역할 분담 원칙을 만들어라!

　동업은 서로 다른 두 사람이 만난 관계인 만큼, 함께 가기 위해서는 서로에 대한 존중과 서로의 능력을 인정해 주는 게 정말 중요하다. 특히 조직이 크면 큰 대로, 작으면 작은 대로 서로 간의 역할과 업무 분담은 확실해야 한다.

　마케터 출신인 나는 회사의 마케팅과 대외협력, 펀딩, 재무적인 분야를 맡고, 개발자 출신의 공동창업자는 기술 개발과 사업 기획 분야를 맡는다. 기본적으로 서로의 핵심역량이 다르기 때문에 서로의 능력과 판단을 존중하는 분위기가 만들어질 수 있었던 것 같다. 물론 스타트업이란 게 서로의 업무 영역이 칼로 무 자르듯 명확히 구분될 수는 없기 때문에 서로의 업무나 책임에 대한 의사소통은 반드시 필수다. 특히 사업이 커지거나 반대로 어려움에 처했을 때 서로의 권한과 책임에 대한 생각이 달라 관계가 깨지는 경우를 많이 보게 되는데, 이를 막기 위해서는 창업 초기부터 서로의 역할과 책임, 업무 분담 등에 대해 함께 대화하면서 기대치를 맞춰 가는 노력이 정말 필요하다고 본다.

　앞서 언급했던 가습기 전문기업 미로의 경우도 3명의 공동대표가 각자의 전문 분야를 분담해서 시너지 효과를 낸 사례다. 1명은 연구개발을 맡고, 1명은 마케팅, 1명은 생산과 경영을 담당하되 각자의 영역에 대한 전문성을 최대한 존중해 온 것이 성공의 비결이었다고 한다. 개발자와 디자이너 2명이 공동창업 한 에어비앤비의 성공 뒤에도 서로의 전문 영역을 존중함으로써 파트너십을 무너뜨리지 않았던 노력이 있었다는 것을 기억하자! 내가 그대로 존중하면 그도 반드시 존중하게 된다.

싸움의 정석,
싸우되 빨리 화해하라!

나와 공동창업자는 지금도 수시로 싸운다. 이 글을 쓰는 오늘도 의견 충돌이 있었다. 공대생의 눈과 인문학도의 마케터는 서로 생각하고 사고하는 방향이 다르기에, 상호 의견이 절충되는 과정에서 수시로 부딪히는 일도 많았다. 의견 충돌은 당연한 일상이었다. 그래도 우리가 꼭 지키는 원칙이 있다. 바로, 싸워도 빨리 화해한다는 것! 화해를 할 수밖에 없는 게, 사실 난 혼자서는 이 사업을 해나갈 자신이 없다. 그건 나의 공동창업자도 마찬가지다. 서로가 없으면 회사가 굴러가지 않는다는 것을 서로가 절감하고 있기에, 싸우더라도 최대한 빨리 화해하려고 노력한다. 둘 중 하나가 삐져 있으면 최상의 퍼포먼스가 나질 않는다. 결국 둘의 싸움은 회사의 손실이다. 서로 의견이 다를 뿐 근본적인 목적은 회사가 잘되어야 한다는 점에서는 한 번도 틀린 적이 없었.

동업은 한마디로 동상이몽의 연속이다. 그 때문에 비즈니스적인 의견 충돌이 있을 때에는 서로 자존심을 내세우기보다는 함께하는 동반자라는 생각을 먼저 가져야 한다. 우리는 의견 충돌이 있더라도 피하거나 묻어두지 않고 솔직하게 소통하되, 웬만하면 감정적으로 치닫지는 않으려고 노력하는 편이다. 오랜 기간 만나다 보면 친구 사이든 연인 사이든 서로 생각, 철학과 생활 방식이 달라 다투는 일이 가끔 있다. 부부 사이도 그렇다. 결국 서로 풀리지 않으면 절교도 하고, 사랑했던 부부가 남이 되어 갈라서기도 한다.

싸움이 결코 나쁜 것만은 아니다. 서로 좀 더 깊이 알아가는 험난한 통로이기도 하다. 서로 지향하는 바가 틀리는 것을 제대로 잡아주는 좋은 방법을 찾아내는 탈출구이기도 하다. 방 탈출 게임과 같다. 서로 같은 탈출구라는 목표를 가지고 머리를 맞대고 힌트를 구하고, 그래서 결국 함께 좋은 길로 나갈 수 있는 과정이기도 하다. 나도 가끔 주변 지인과도 싸우고 30년을 넘게 함께 살아온 아내하고도 싸운다. 서로 완전하지 않은 사람이기에 서로 같이 살고 마주하는 동안 그런 전쟁은 끝나지 않는다. 잠시 잠시 휴전일 뿐. 중요한 건 나이스하게 싸워야 하고, 멋지게 화해해야 한다. 상대가 본질적으로 문제가 없거나 나의 잘못도 일부 있다면 우선 상대를 배려하고 이해하면서 냉정히 사태를 분석하고 재정리가 필요하다. 한 번씩 싸우고 며칠 정도의 냉각기도 도움이 된다. 서로 삐져 있는 동안 다시 생각해 볼 수 있는 시간이다. 앞으로도 우리들의 다툼은 결코 종식되지 않을 것이다. 그래서 정말 그 사람이 내 옆자리를 지켜주어야 할 사람이라면 쿨하게 용서하고, 또 용서를 비는 따듯한 악수와 포옹이 필요하다. 그것이 현명하고 사람다운 사람이다. 그게 동업자의 정신이다.

사실 스타트업에 정답이 어디 있겠는가. 누군가의 판단이 항상 옳거나 틀릴 수는 없기에 모든 가능성을 열어두고, 수시로 소통하는 것만이 동업을 유지할 수 있는 비결이라고 본다. 마치 결혼 생활처럼 동업을 함께하다 보면 좋은 날도 있고 나쁜 날도 있지만, 특히 어려운 상황이 왔을 때 '네 탓'을 하기보다는 서로 더 마음을 열고 소통할 수 있어야 한다. 특히 스타트업을 하다 보면 흔히 데스밸리라고 불리는 위기가 온다. 보유 자금은 떨어져 가는데 매출이 생각만큼 발생하지 않다 보면 사업 아이템에 의구심을 갖게 되기도 한다. 이럴 때 모든 잘못을 동업자의 탓으로 돌리거나, 심한 경우 서로 하지 말아야 할 이야기까지 하게 되면 그 관계는 정말 회복되기가 힘들 것이다. 쉽지 않겠지만 서로에게 쌓인 앙금이 있다면 가능한 그때그때 풀고, 사업이 힘들 때일수록 네 탓, 내 탓을 하기보다는 서로 머리를 맞대고 함께 풀어나갈 해법을 모색하는 게 생산적이다.

김 기사 내비게이터로 유명한 김기사컴퍼니는 3명의 공동창업자가 함께 사업을 이끌어 오면서, 의견 충돌이 있을 때마다 치열한 대화와 토론을 통해 문제를 풀어갔다고 한다. 또, 창업 초기 투자금을 유치하지 못해 큰 어려움을 겪었을 때는 서로를 탓하며 좌절하고 술독에 빠져 있기보다는, 함께 카페에 가서 수다를 떨며 스트레스를 풀었다고 한다. 위기 상황일수록 오히려 서로를 의지하고 긍정적인 대화를 나누다 보면 위기를 돌파할 수 있는 힘도 얻을 수 있지 않을까. 입을 닫으면 마음의 문도 자동으로 닫힌다. 결국 가슴을 열고 서로 소통하는 것이 답이다.

조금 손해 보면
더 큰 게 온다!

　대부분의 동업자들이 회사가 커갈 무렵, 특히 투자를 받을 때 많이 싸우고 헤어지기도 한다. 서로가 생각하는 회사에 대한 기여도가 다르기 때문에 지분을 누가 더 많이 갖느냐의 문제 등을 놓고 다툼이 발생되는 것이다. 사실 우리도 그랬다. 그런데 그 당시에 나는 과감히 내 지분을 양보했다. 어차피 사업을 함께할 동반자라면 내가 지금 조금 손해 보더라도 신뢰를 만드는 게 더 중요하다고 판단했기 때문이다. 내 생각은 맞았다. 당시 내가 조금 손해를 봤지만, 공동창업자와 나 사이에는 돈으로 환산할 수 없는 큰 믿음이 생겼다. 나의 작은 양보 덕분에 공동창업자는 내게 고마움을 갖게 됐고, 이는 우리 관계를 장기적으로 더 돈독하게 유지할 수 있는 밑거름이 됐다. 그리고 이 탄탄한 신뢰 관계야말로 우리 회사가 계속 성장할 수 있는 힘이 됐음은 물론이다.

　결국 동업자 관계에서는 눈앞의 내 작은 이익보다는 장기적인 미래를 바라보는 게 가장 중요한 것 같다. 비즈니스에서 장기적으로 가장 중요한 것은 사람이다. 사람을 잃지 않기 위해서는 상대방의 장점이나 능력을 이용하고 빼먹으려고만 하면 안 된다. 일단은 내가 조금 더 준다는 마음을 갖고, 내가 돕는다는 마음으로 임해야 믿고 갈 수 있는 관계가 만들어지지 않을까. 특히 중장년 창업자가 자신보다 나이 어린 공동창업자와 함께할 때는 내가 조금 양보한다는 자세가, 서로의 관계를 끈끈하게 잇는 밑거름이 된다고 본다.

　내가 만나본 어느 장년의 창업가는 20살 어린 공동창업자와 함께 회사를 만들고 운영하면서 양보의 미학을 발휘해 왔다고 한다. 그의 이야기가 참 마음에 와닿는다. "인생에 주연, 조연이 어딨습니까? 더 빨리 더 진취적으로 잘할 수 있는 사람이 대표가 되고, 중장년층은 이들을 보조하는 역할을 맡아 멋진 스타트업으로 키워나가는 것도 방법입니다." 그렇다. 때론 과감하게 양보하면서 회사의 성장을 함께 만들어 가는 것! 진정한 동업의 시너지는 이런 마음가짐에서 나오는 게 아닐까.

공동창업은 신뢰이고 약속이다

공동창업자들의 분쟁을 맡는 법조인들의 이야기를 들어보면 "동업 계약서를 쓰셨나요?"라는 질문에, 대부분의 창업자들이 "믿고 시작했다."라는 답변을 한다고 한다. 아무래도 서로 잘해보자고 만난 사이인 만큼 계약서 얘기를 꺼내기가 쉽지 않고, 상대방이 예민하게 받아들일까 걱정도 되기 때문이었을 것이다.

하지만 창업은 매 순간 공포 구간이 존재하는 롤러코스터와 같다. 잘 나가다가도 한순간 위기가 닥칠 수도 있고, 어느 순간 내가 생각한 것 이상으로 사업이 커질 수도 있다. 영원히 함께할 것 같았던 사람의 마음도 이런 주변 상황에 흔들리기 쉽다. 그 때문에 사업이 어려워지거나 확장되거나, 또는 갑자기 동업자가 사업을 못 할 정도의 건강상 문제 등이 발생할 수도 있는 만큼, 불확실한 미래에 대비할 수 있는 동업 계약서가 꼭 필요한 것이다. 특히 계약서상 관계를 명확히 하지 않아 분쟁이 일어나면 투자자들이 줄을 서더라도 분해되는 스타트업들이 꽤 많다. 따라서 처음 쓰기엔 힘들더라도, 모든 경우의 수를 설정하여 사업의 예측 가능성을 높이는 동업 계약서는 반드시 작성할 것을 권하고 싶다.

그럼 동업 계약서에 꼭 들어가야 할 핵심 내용은 무엇일까? 전문가들에 따르면 동업 계약서는 가급적 자세하게 적는 것이 좋으며, 반드시 다음 사항이 포함되어야 한다.

① *동업하는 사업의 목적과 내용*
② *동업하는 사업체의 명칭과 동업자의 인적 사항*
③ *동업자 간의 출자 방법 및 출자 금액: 출자 방법 및 출자 금액에는 금전인지 다른 재산인지, 노무인지를 반드시 구별해서 적어야 하며, 출자하기로 약속한 시기에 출자하지 않을 경우 어떻게 할 것인지도 포함돼 있어야 한다.*
④ *이익 배당과 손실 문제: 사업으로 인해 이익 혹은 손실이 발생하였을 경우 이를 어떻게 할 것인지에 관한 내용. 즉, 이익 발생 시 어떻게 나눌 것인지 여부와 적자 발생 시 누가 어떤 비율로 부담할 것인지의 여부, 만일 금융기관으로부터 대출을 받을 경우 누가 어떤 범위에서 책임을 질 것인지 여부 등이 포함되어야 한다. 특히 돈과 관련된 문제이기 때문에 이 부분을 세심하고 상세하게 기재할수록 좋다. 예를 들어 이익의 배당은 사업체의 영업이익이 처음 발생하고 몇 년 후부터 분기별로, 반기별로 몇 퍼센트의 비율로 하되, 세금은 어떻게 처리한다고 자세하게 기재한다.*
⑤ *경영상 의사결정 방식과 직책과 역할, 이에 따른 권리와 의무: 경영상 의사결정 방법은 투자자들에게도 매우 중요하다. 경영권이 안정돼야 하기 때문이다. 업무 분장도 확실해야 한다. 2인이 공동창업자라면 A는 인사와 노무 파트를 담당하고 B는 재무와 사업 영역을 맡는 식으로*

업무 분담을 명확히 기재하는 것이 좋을 것이다.

⑥ 동업을 언제까지 할 것인지, 어떤 경우에 동업 관계를 종료할 것인지, 동업 관계가 종료될 경우 청산을 어떻게 할 것인지에 관한 내용: 사업이 잘 안될 때 탈퇴, 청산의 문제가 발생한다. 기대만큼 수익이 나지 않으면 상대방이 더 이상 투자도 하지 않으면서 책임을 지지도 않고 탈퇴한다고 내용증명을 보내오는 경우도 생긴다. 또 회사의 사업 모델을 이용해 동종의 사업을 시도하거나 다른 회사로 이직하는 일도 생긴다. 그 때문에 사전에 충실의무, 투자의무, 손실부담, 경업금지의무, 겸업금지의무, 수년간 지분 처분금지 조항 등을 동업 계약서에 넣어두면 만에 하나 있을 법률 분쟁에서 큰 힘을 발휘할 수 있다. 무엇보다 법률 분쟁까지 가지 않아도 된다.

⑦ 동업자가 사망하거나 질병 등으로 인해 사업을 같이 못 하게 될 경우에 정산을 할 것인지, 다른 동업자가 이를 인수할 것인지 아니면 제3자에게 주식 등을 양도하도록 할 것인지 등의 내용

⑧ 동업자 사이에 영업비밀에 대한 비밀유지의무를 기재하고 이를 위반할 경우 어떠한 책임을 부담할 것인지 여부에 관한 내용

공동창업자와 의기투합하여 팀빌딩을 할 때는 서로 잘되는 경우만을 상상할 것이다. 그 때문에 잘 안되었을 경우나 팀이 깨지는 경우를 가정해서 합의서를 쓰기는 정말 쉽지 않은 것임은 분명하다. 하지만 동업 계약서가 없는 동업은 오히려 나중에 더 큰 화를 불러올 수 있고, 사람까지 잃게 할 수 있다는 것을 꼭 기억하자. 서로 간의 도덕적 해이를 막기 위해서라도 중요한 의무 사항을 위반할 때는 어떤 책임을 져야 하는지를 엄중하게 해둘 필요가 있다. 한 줄의 계약서 문장이, 서로를 긍정적으로 압박하고 긴장을 유지하는 좋은 방법이 될 수도 있을 것이다.

| 4장 |

린스타트업과 피버팅

- 스마트하고, 린(Lean)하게!
- 운명을 가르는 결정적 순간 '피버팅'
- 피버팅의 선결 조건
- 실패를 통해 한 걸음씩 전진한다
- 매 순간 성장하기 위해 기억해야 할 것
- 린스타트업을 위한 워라밸

스마트하고, 린(Lean)하게!

 필자의 회사는 이제 창업 10년 차에 접어들었다. 그동안 크고 작은 위기와 어려움이 있었지만, 수많은 위기의 강을 건너면서 우리는 살아남았고 지금도 성장하고 있다. 요즘 나의 현장 창업 경험들을 소개하는 자리나 특강을 나가다 보면 창업을 준비하고 있거나 운영 중인 후배 창업자들로부터 이런 질문을 많이 받는다.
 "지금까지 생존할 수 있었던 비결이 무엇이었나요?"
 나는 망설이지 않고 대답할 수 있다. 창업 성공의 중요 요소는 바로 지체 없이 판단해서 내리는 결정, 즉 **빠른 실행력**이라고. 스타트업 특성상, 린하지 않으면 이미 스타트업이라 말할 수가 없다. '군살을 뺀, 날렵한'이라는 뜻의 'Lean'을 스타트업에 접목한 린스타트업이란, 아이디어를 빠르게 시제품으로 만들어서 시장에서 테스트하고 반응을 본 후 제품을 혁신하는 경영 전략의 하나다. 한마디로, 조직이 날렵하게 움직이면서 빠르게 실험하고 실패하고 배우면서 성공의 길에 다다르는 전략 방식이다.
 린스타트업에 따라다니는 용어가 바로 '피벗팅'이다. 피벗이란 제품의 시장 적합도를 맞춰 보는 과정에서 반응이 없는 경우, 새로운 고객과 수익성을 위해 서비스나 제품 혹은 사업 모델을 다른 방향으로 전환하는 것을 말한다. 즉, 초창기에 세웠던 사업 아이템이 가능성 없다는 판단이 들 때 과감하게 다른 아이템이나 비즈니스 모델로 바꾸는 것이다. 사실 이것이 늦어지면 대기업이나 중견기업을 절대 이길 수가 없다. 생존 자체를 할 수가 없다. 스타트업의 가장 큰 무기는 대기업이나 기존 기업이 따라올 수 없는 빠른 의사결정, 추진력이다. 몸집이 가볍기 때문에 빨리 실행하고 과감히 도전할 수 있으며, 방향 전환도 쉽다. 대기업이 가질 수 없는 이 강력한 한 방! '린한 실행력'이야말로 스타트업이 혁신을 만들어 낼 수 있는 원동력인 것이다.

  도전을 두려워하지 않는 빠른 실행력은 창업자의 생물학적 나이와는 상관이 없다. 나이가 많더라도 도전적이고 젊은 사고방식을 가진 사람이 있는 반면, 나이가 젊은데도 실패에 대한 두려움으로 머뭇머뭇 주저하는 사람이 있다. 되돌아보건대 필자는 시행착오와 도전을 두려워하지 않은 실행력의 DNA를 어느 정도 갖고 있었던 것 같다. 필자는 창업 이전에 회사를 네 차례 이직을 하였다. 그동안 한 번도 똑같은 아이템을 해본 적이 없었다. 너무 뻔한 일을 이어서 하는 것을 싫어했었다. 좋은 쪽으로 표현하면 새로운 것에 대한 도전 의지가 충만했다고나 할까. 여하튼 첫 직장은 의류 섬유회사에 입사해서 원단도 나르고, 재단도 배우고, 의류 검사를 하고 외국 바이어에게 발송하는 것까지 의류업계 바닥과 상위의 일까지 마다치 않고 했었다. 그때의 입사 동기들은 의류업의 전문성을 유지하면서 의류 패션업계의 주축으로 성장해 나가고자 한 반면, 나는 그들과 180도 전혀 다른 IT 업종으로 도전하게 되었다. 사람들은 "그게 가능한 일인가?"라고 묻는다.

1991년 무선호출 사업이 시작된 원년에, 서울이동통신 마케팅 부서에 공개 지원하여 치열한 경쟁률을 뚫고 합격을 하게 되었다. 첫 직장과는 완전 딴판의 업무였다. 의류제조업에서 IT 서비스 마케팅으로 전환! 사실 쉽지 않은 이직이었다. 기존에 배운 업무와 기득권을 내려놓고 새로운 세상의 핵심이 되는 IT 업계로의 과감한 도전이었다. 당시 의류는 3D 업종 중의 하나였고 서서히 내리막을 걷는 사양 산업이었다. 어떤 일들이 세상을 바꾸게 할 수 있을까, 수많은 날을 고민, 고민하고 내린 나의 결정이었다. 힘들긴 했지만 빠르게 적응을 하고 마케팅 부서에서 주도적인 역할을 펼치면서 대리점 유치 1등, 그리고 입사 이듬해에는 회사 내에서 추진한 아이디어 공모 최다제안상까지 수상할 정도로 무언가를 고민하는 것이 습관화가 되어 있었던 아이디어 뱅크였다. 그때 제안한 각종 아이디어 제안서는 아직도 간직하고 있고, 다시 펼쳐 보면 스스로 봐도 신박한 아이디어들이 모여 있는 것 같아 지난 시절이 자랑스럽기도 하다. 아마 이런 습성과 도전정신이 지금 스타트업을 하는 데도 큰 영향을 끼쳤던 게 아닌가 싶다.

그렇게 이동통신에서 10년을 넘게 일하다가 동료들은 무선 이동통신 업계로 뿔뿔이 흩어지고, 홀로 의리를 지키다가 법조계의 혁신을 꿈꾸는 변호사를 만나 공동창업의 길을 걷게 되었다. 법과는 전혀 무관하고 사실상 문외한이었던 내가, 손을 내민 공동창업자의 두 마디에 함께하기를 약속하고 말았다. "법률 시장이 조만간 개방됩니다. 그리고 변호사 수도 대폭 늘어납니다. 이제는 공급자가 늘어나면 수요자에게 편익을 주는 법률 서비스가 필요하고, 국민에게 법률 문턱을 낮추고 국민의 행복 추구권이 보장되어야 합니다. 이 의미 있는 일에 당신이 필요합니다." 이 말을 듣고 그리 오랜 생각과 고민을 할 필요가 없었다. 사실 그 변호사와 만나기 전 필자는 이미 국내 대형 통신사업자 특수 영업팀장으로 선발내정이 되어 있었다. 하지만 나는 안정보다는 새로운 도전의 깃발을 잡았다. 딱 하루 정도를 고민하고 바로 합류하기로 하고 인터넷 법률 사이트인 로마켓을 창업하게 되었다.

그 당시 엄청난 센세이션과 주목을 받았다. 변호사 역경매, 법률도우미라는 실로 상상할 수 없는 법률 비즈니스를 개시하게 되었고, 당시 신문 사회면이나 공중파 방송 메인 뉴스에 자주 등장할 정도로 업계를 놀라게 했다. 2000년 초반의 일이었다. 인터넷 사이버 로펌을 만들어 회원 변호사를 모으고, 법률포탈을 만들어 각종의 법조문과 사례 등을 집대성하였다. 한마디로, 이미 그 당시에 플랫폼 비지니스를 실행하고 사업화하였던 것이다. 하지만 아쉽게도 이 법률 서비스는 변호사법 위반 등 여러 가지 법과 규제로 제대로 꽃피우지 못하고 중단이 되고 말았다. 아마 지금 이 사업이 만들어졌으면 규제박스에서 탈피하고 패스트트랙을 타면서 흥미로운 사업이 되었을 것이다. 사실 지금도 내가 창업했던 서비스와 본질이 똑같은 로톡이라는 법률 플랫폼 사업자가 수도 없는 소송과 기득권과의 헤게모니 싸움에서 치열한 생존과 성장을 갈구하고 있는 모습을 보면서 옛날이 다시 떠올려진다.

그 야심 찬 도전이 실패로 돌아선 이후 차세대 네트워크 장비업체로 옮기면서 NGN 장비를 텔코(통신사업자)에게 마케팅과 세일즈를 하는 업무를 맡게 된다. 그러다 안정된 직장을 자천타천 그만두고 50대에 비주얼캠프의 창업을 한 것도, 새로운 변화를 두려워하지 않는 실행력이 있었기에 가능했다. 어쩌면 나는 늘 펭귄무리에서 앞장서고 싶은 욕망이 강했었다.

그리고 창업 이후 데스밸리를 넘기며 살아남을 수 있었던 가장 큰 생존 비결은 바로 '피버팅'이었다. 우리는 창업 후 3번의 피버팅을 단행했다. 지금도 여전히 새로운 피버팅을 구상하고 있다. 세상이 바뀌어 가는 것처럼 우리의 기술도 사업도 변화무쌍해야 살아남을 수 있기 때문에. 분명 쉽지 않은 선택이었고 도전이었지만, **빠른 실행력으로 움직였기에** 피벗을 성공적으로 이끌어 낼 수 있었다.

인생도 창업도 린해야 한다. 특히 스타트업은 린해야만 거대 공룡들과 싸워 이길 수 있다. 가벼운 몸짓으로 스마트하고 신속하게 움직여야 생존이 가능하다.

운명을 가르는
결정적 순간 '피버팅'

많은 창업자들이 자신이 처음 준비한 아이템으로 성공을 꿈꿀 것이다. 하지만 스타트업들이 초기 사업 아이템으로 대박이 나는 경우는 그다지 많지 않다. 처음 생각했던 것과 달리 시장의 반응은 미적지근하고…. 이용자는 확보했는데 수익화로 이어지지는 않고…. 또는 예기치 않은 외부 상황이 발생하기도 하고…. 그러다 보면 쥐고 있던 자금은 점점 바닥이 나고, 사람들도 떠나고. 이런 상황에서 고집스럽게 서비스를 지속하느냐, 아니면 빠른 판단력과 실행력으로 과감히 변신하느냐에 따라 스타트업의 생존이 판가름 난다.

실제로 이런 상황에서 적절한 타이밍에 피벗을 단행해서 성공을 거둔 사례는 정말 많다. 스타트업으로 출발해 글로벌 기업으로 성장한 페이팔과 인스타그램이 대표적이다. 페이팔은 처음에 보안 소프트웨어로 출발했지만, 이후에 여섯 차례에 걸친 피벗을 통해 결제 시스템으로 비즈니스 모델을 바꿔서 지금의 페이팔로 성공을 거두었다. 인스타그램도 초창기에는 체크인 서비스에 중점을 둔 SNS였지만, 페이스북이 인수한 이후 과감하게 이미지 중심의 SNS로 변신하는 피벗을 단행해 성공한 경우다.

 이처럼 결정적인 순간에 칼을 갈고 피벗을 단행함으로써 사업을 성공으로 이끈 사례는 국내 스타트업계에서도 많이 찾을 수 있다. 부동산 중개 앱 '직방', 간편송금 앱 '토스', 배달 앱 '배달의 민족'. 각 분야 선두 서비스로 자리 잡은 이들의 공통점도 바로 숱한 실패를 거듭하고 피버팅을 거쳐 찾아낸 사업 아이템이라는 점이다.

 '배달의 민족'을 서비스하는 우아한 형제들은 국내 IT 업계의 대표적인 피버팅 성공 모델로 꼽힌다. 배달의 민족의 경우, 김봉진 대표가 처음 생각했던 비즈니스 아이템은 114와 같은 전화번호 소개 앱이었다고 한다. 하지만 적은 인원으로 데이터베이스를 구축하기가 쉽지 않았고, 결국 사업 방향을 바꾸는 피버팅을 선택하게 된다. 전체 전화번호 DB를 모으는 대신 '음식점'으로 영역을 좁혔고, 여기에 주문과 배달이라는 새로운 아이디어를 추가하여 현재의 모습으로 성장을 시킨 것이다. 그때 그 순간 과감한 뒤집기를 시도하지 않았다면, 재빠르게 태세 전환을 하지 않았다면 오늘날의 스타트업 성공 신화도 만들어지지 않았을 것이다.

 필자의 경우도 마찬가지였다. 단언컨대, 우리가 단행한 3번의 피버팅이 없었더라면, 그리고 그때의 과감한 판단과 빠른 실행이 없었다면, 우리 회사는 지금까지 살아남지 못했을 것이다. 사실 사업 초기에 우리는 우리가 보유한 아이트래킹이라는 핵심 기술이 분명히 시장에서 먹힐 거라는 자신감이 있었다. 늘 그랬다. 큰 결심을 하고 피버팅을 할 때마다 이 정도의 기술과 사업성으로 성공할 수 있으리라는 확신감. 그리고 그 믿음과 가능성에 항상 올인하여 최선을 다하였다. 루게릭병

환자나 손이 불편한 장애인을 위한 PC용 시선 타이핑 기술 개발에 매진했다. 그 결과, 창업 1년 만인 2015년에 PC 환경에서 눈으로 1분에 100타(영문 타자)를 칠 수 있는 아이트래킹 소프트웨어를 개발하는 데 성공하였다.

하지만 곧바로 어려움에 부딪혔다. 개발 당시 장애인용 제품으로 시장을 타기팅했지만, 우리의 생각과는 달리 수요가 한정적이었다. 한마디로 팔 곳이 없었다. 앞날이 막막하고 이대로 포기해야 하나를 고민하던 때에 시장에 VR(가상현실)이 등장했고, VR은 차세대 ICT 산업을 이끌 핵심 기술로 이슈가 되기 시작했다. 바로 이거다 싶었다. VR 영상을 보기 위해선 일체형(All in one) HMD 또는 스마트폰 착탈형 HMD 착용이 필수다. 그리고 HMD(가상현실 기기/Head Mounted Display)는 눈에 가깝게 밀착해서 착용하게 된다. PC 기반의 시선추적기술은, 멀리 떨어져서 PC 모니터를 보기 때문에 사용자 시선 분석이 어려웠지만, 눈과 불과 몇 cm 초근접 거리에서 HMD를 바라보는 사용자의 동공 움직임은 추적하기가 훨씬 용이했고, 정확도도 비약적으로 높아질 수 있었다. VR 공간에서 눈으로 작동하게 하고, 또 사용자의 시선을 읽고 데이터를 분석하는 서비스를 제공한다면 제대로 수익화로 이어질 수 있으리라는 확신이 들었다.

곧바로 팀원 전원 소집을 하고, VR에 아이트래킹기술을 넣기로 합의하고 개발에 착수했다. 뛰어난 개발자 팀원들 덕분에 기술 개발은 무리 없이 잘 진행되었고, 우리의 VR 시선추적기술은 글로벌 Top 수준으로 고도화될 수 있었다. 더구나 VR로 과감히 피벗을 한 덕분에 그 기술성과 성장성을 인정받아 프리시리즈 A 투자를 유치하고 정부 과제도 획득할 수 있었으니, 그야말로 어두운 터널에 한 줄기 빛이 열린 것이나 다름이 없었다. 그때만 해도 이젠 우리 사업이 탄탄대로를 걸을 것 같았고, 그동안의 노력이 성공이라는 해피엔딩으로 귀결될 줄만 알았다.

하지만 사업은 정말 내 뜻대로, 내 시나리오대로 되는 것이 아니었다. 문제는 예기치 않은 곳에서 나타났다. 2016년, 2017년이 지나는 동안 우리의 예상과 달리 VR 시장 자체가 크게 성장하지 못했던 것이다. VR은 3가지 요소가 상호 유기적인 에코 시스템으로 연결되어야 실수익 산업으로 발전할 수 있다. 모든 신산업들이 성장하기 위한 필수적 조건이다. VR 산업에 최적화되기 위해 콘텐츠, 네트워크, 디바이스 이 3가지 요소가 필수적이었다. 당시만 해도 5G 시대가 열리기 전이니 무거운 VR 영상을 실어 나르기엔 네트워크의 부담도 컸고, 디바이스 기기는 여전히 값비싸고 무거웠으며, 어지럼증 유발 등 상용화 시장에 접근이 쉽지 않았다. 더구나 VR에 들어갈 콘텐츠는 더더욱 열악했다. 이 3가지 요소가 유기적으로 연결되어야 하는데, 이런 생태계가 조성되지 않으니 초기의 열풍과 관심도에 비해 VR 시장의 성장 속도는 마냥 더디기만 했다. 당연히 매출로 이어질 리가 없었고, 그것은 우리의 생존을 판가름할 두 번째 위기였다. 이 상태로는 시리즈 A 투자를 받기 어렵다는 판단이 들었고, 이미 투자자들도 VR로는 우리 회사의 매출이 본격화되기는 만만치 않으리라는 생각을 하게 되었을 것이다. 지난해 애플이 출시한 가상현실 기기 비전프로에는 애플이 인수한 시선추적기술 회사(SMI)의 기술을 탑재하여 500만 원이라는 높은 가격에 시판을 하고 있다. 출시 때와는 달리 판매의 속도가 더딘 이유는 아직도 시장이 온전히 받아들일 시장 환경이 아니라는 점이다.

 2018년 당시 우리는 신속한 결단이 필요한 상황을 맞이했다. 나는 내부 핵심 개발자들과 수도 없이 머리를 맞대고 새로운 변혁을 이야기하게 되었다. 그때 우리가 캐치한 인사이트는 바로 모바일이었다. 지구촌 인구 50억 명 이상이 사용하고 있는 Big market이고 Mass market인 스마트폰에 우리의 시선추적기술을 적용하는 것이 우리가 가야 할 길임을 확신하게 되었다. 누구나 사용하는 스마트폰이나 태블릿 등 모바일 기기에 탑재되는 시선추적기술을 개발해야 우리 사업의 승산이 있다고 생각한 것이다. 물론, 모바일 시선추적기술은 세상 어디에도 없던 기술이다. 아무도 가보지 않은 길을 가야 한다는 어마어마한 도전이 기다리고 있었지만, 이를 실현하지 않으면 우리 사업의 돌파구는 없을 것이라는 판단이 들었다. 따라 하고 싶지 않았다. 퍼스트펭귄이 되어보자고 다짐했다. 가자, First mover로!

 사실 모바일에 적용하여 기술을 구현하고 완성도를 높이는 데는 엄청난 장벽과 노력이 필요했었다. 당연히 내부 반대가 있었다. 핵심 개발자부터 고개를 내저었다. 기술 난이도가 높아서 구현이 어려울 것이라는 이유였다. 하지만 내부 반대로 마냥 시간을 끌 수는 없었다. 핵심 개발자를 설득하는 동시에, 곧바로 나와 생각의 궤가 같았던 다른 팀원을 투입해서 재빨리 기술 개발에 착수했다. 그리고 그때의 과감한 판단과 실행 덕분에 우리는 세계 최초로 모바일 시선추적기술을 보유할 수 있게 되었고, 이는 광고, 교육, 쇼핑 등 다양한 영역으로 우리의 비즈니스를 확장할 수 있는 토대가 되었다. 더구나 모바일로의 2차 피버팅을 단행한 덕분에 20억 원에 가까운 시리즈 A 투자도 유치할 수 있었으니 당시의 피벗은 우리 회사를 살린 '신의 한 수'였던 셈이다.

나는 지금도 생각한다. 만약 그때 그 상황에서 VR 시장을 붙잡고 무리하게 서비스를 이어갔더라면 어떻게 됐을까. 생각만 해도 아찔하다. 안 되는 걸 붙잡고 끌고 가다가는 창업자도 죽고 회사도 쓰러진다. 스타트업에게 피벗은 정말 중요하다. 생각한 만큼의 성장 지표가 나오지 않는다면 문제가 있는 것이다. 비즈니스의 확장성이 없다면 빨리 바꿔야 한다. 핵심 기술은 두고 살짝살짝 돌리거나, 그것도 어렵다면 아예 180도나 아예 360도로 완전 변신을 꾀해야 한다.

인생도 창업도 타이밍이다. 어떤 순간, 어떤 상황에 반드시 해야 할 일을 선택하고 집중해야 좋은 결과를 기대할 수 있다. 사업 아이템에서 발을 빼거나 전환해야 할 결정적인 타이밍을 놓치면 결과는 되돌릴 수가 없다. 그리고 스타트업에게 피벗의 타이밍은 생존과도 같다.

비주얼캠프의 피벗은 아직도 진행형이다. 이제는 우리가 만든 시선 추적기술로 직접 혁신적인 서비스를 만들어 내는 데 집중하고 있다.

피버팅의 선결 조건

스타트업마다 피벗을 결정하는 이유나 상황은 조금씩 다르지만 대표적인 피벗의 시점은 이용자 유치에 실패하거나, 이용자는 확보했더라도 수익화에 실패한 경우일 것이다. 한마디로 매출로 이어지지 않고 성장 지표가 나오지 않을 때이다. 그리고 예상치 않은 외부 요인(이를테면 규제, 강력한 경쟁자의 출현 등)에 의해 위기에 봉착했을 경우가 있겠다. 또한 꼭 잘못된 상황이 아니더라도 자신이 하던 사업 안에서 새로운 기회를 발견해서 피벗을 하는 경우도 있다.

지금도 수많은 스타트업들이 피벗을 결심하고 이를 실행에 옮기고 있을 것이다. 그렇다면 성공적인 피벗을 위해서는 어떤 조건이 필요할까. 나는 그 첫 번째 요인이 창업자의 인사이트라고 생각한다. 즉, 남들이 보지 못하는 것을 발견하는 통찰력이 있어야 한다는 것이다. IT 기술과 시장은 하루가 다르게 발전하고 변화하고 있다. 이런 빠른 변화와 고객의 목소리를 항상 예의 주시하지 않으면 현명한 인사이트가 생길 수 없다. 경직되지 않은 사고로, 새로운 시각으로, 현재와 미래를 바라보고 정확한 진단을 통해 피버팅의 방향을 정립해야 한다. 즉, 변화의 큰 줄기를 파악하고, 거기서 내가 해야 하는 것이 무엇일지 치열하게 고민해야만, 피벗의 목표와 방향성이 명확해질 것이다.

우리 회사가 VR에서 Mass market에 적용할 수 있는 모바일로 피벗을 할 수 있었던 원동력 역시, 시장의 흐름을 냉정히 파악한 인사이트와 빠른 실행력이 있었기 때문이다. 이러한 인사이트는 하루아침에 얻어지는 것이 아닐 것이다. 특히 이런 인사이트를 갖기 위해 중요한 자세는 창업자가 항상 열려 있어야 한다는 점이다. 의외로 많은 창업가들이 자신이 틀렸다는 것을 인정하기 싫어 고집을 부리다가 피벗의 타이밍을 놓치곤 한다. 우리 기술과 아이디어가 너무 뛰어난데 시장이 몰라준다는 식으로 주변과 환경의 핑계를 대고, 우물 안 개구리의 시선이 되어, 자신의 사업에 대한 객관화를 하지 못한 채 시간을 허비하는 경우가 많은 것이다. 내가 너무 뛰어난데 남이 몰라주는 것이 아니라 내가 뭔가 잘못하고 있는 것부터 인정하는 것부터 시작해야 한다. 내가 바뀌지 않으면 세상에 아무것도 바뀌지 않는다. 깔끔하게 인정할 건 인정하고 다시 시도하는 유연성이 정말 중요하다. 사업은 끊임없는 고객 탐색, 시장 탐색의 연속이다. 세상과 기술의 트렌드 변화에 늘 열려 있고, 항상 공부하는 마음으로 유연하게 대처해야만 위기의 순간이 진짜 터닝 포인트가 될 수 있다는 것을 잊지 말아야 할 것 같다.

성공적인 피벗을 위한 두 번째 요인은 바로 팀원들과의 충분한 의사소통이다. 앞서도 잠깐 언급했지만, 우리 회사는 모바일로의 피버팅을 결정할 당시, 핵심 개발자의 반대가 거셌다. 우리 회사로서는 핵심 개발자가 동의해서 움직이지 않으면 기술 개발이 어려운 상황이었다. 당시 나는 핵심 개발자를 설득하고 또 설득하는 노력을 통해 그를 기다려

줬다. 나와 뜻이 같았던 다른 개발자를 투입해서 일단 기술 개발에 스타트를 하되, 핵심 개발자가 공감할 때까지 인내심을 갖고 충분한 커뮤니케이션 과정을 거쳤다. 다행히 핵심 개발자도 시장의 변화와 도전의 필요성에 공감했고, 그날 이후 그 친구는 그 누구보다 기술 개발에 열성을 다했다. 뛰어난 학습 역량을 갖춘 팀원들이 없다면 결코 피버팅은 성공할 수 없다. 스타트업은 결국 팀워크다. 그리고 서로 기다려주고 함께 바라보는 믿음이다.

성공적인 피벗을 위한 마지막 요건은 바로 속도다. 일단 결심했다면 최대한 빠르게 움직여야 한다. 특히 기술 기반 스타트업들은 기술을 개발하고 연구하는 것 이상으로, 그 기술을 어떻게 비즈니스에 적용할 것인지를 증명해 내는 것이 정말 중요하다. 민첩한 속도로 빨리 실험하고 노하우를 취득해야 이를 증명할 수 있고 회사가 성장할 수 있으며, 그래야 투자도 유치할 수 있다. 정식 서비스나 제품을 출시해야만 고객의 반응을 알 수 있는 건 아니다. 개발 과정에서 이뤄지는 '알파테스트', 상용화 전 잠재 고객에게 일정 기간 무료로 사용하게 함으로써 오류를 체크하는 '베타테스트', 시험적으로 집단, 지역 등에 적용해 보는 '테스트베드' 등 명칭과 개념은 조금씩 다르지만 모두 다 시범적으로 빠르게 실행해서 고객들의 반응을 살피고 예상되는 문제를 해결함으로써 실제 운영의 리스크를 줄여주는 장치이다. 피벗을 단행하려면 이런 실험들이 속도감 있게 이뤄져야만 한다.

어느 한 창업가가 설파한 말이 있다. "스타트업이란 절벽 밑으로 떨어지면서 비행기를 조립하는 일이다!" 떨어지는 속도보다 더 빠르게 비행기를 조립해야만 생존할 수 있기 때문에 시간 낭비(Killing time)를 줄이는 것이 가장 중요하다는 뜻이었다. 정말 공감한다. 스타트업에게 시간 낭비란 곧 죽음과도 같다. 기민하고 민첩한 실행만이 골리앗과도 같은 거대기업과 싸울 수 있는 스타트업의 생존 무기이다. 아니다 싶은 판단이 들었다면, 바꾸기로 마음을 먹었다면 지금 당장 움직여야 한다.

필자의 회사는 현재 또 다른 패턴의 피버팅을 준비하고 있다. 그동안 디바이스에 국한된 피버팅이었다면 이제는 AI 기반의 시선 데이터를 통한 서비스 피버팅 플랜을 짜고 있다. 지속 성장을 위한 우리의 변신은 끝이 없어야 하기에 오늘도 새로운 서비스를 기획서를 만들고 있다. 우리가 만든 시선추적기술, 우리가 제일 잘 알기에 우리 기술로 직접 솔루션과 서비스를 만들어 보고 싶다. 더 나아가 세상에 존재한 모든 시선 데이터를 우리 기술로 모으고 모아서 분석하는 데이터 컴퍼니로 성장해 나가야 한다. 즉 시선추적기술이 탑재된 SaaS 기반의 플랫폼 비즈니스를 꿈꾸고 있다. 비록 처음 가는 길이 두렵지만 우리는 진격을 해야만 한다!

실패를 통해
한 걸음씩 전진한다

스타트업의 강점은 앞서 말했듯이 린(Lean)함이다. 그런데 린하다는 것은 마치 동전의 양면처럼 '실패'라는 단어와 붙어 다닐 수밖에 없다. 빠르게 실행하다 보니 시행착오의 위험도, 실패의 확률도 대기업보다 더 많이 생길 수밖에 없는 것이다. 어쩌면 스타트업이란 실패의 미학을 거쳐 열매를 맺는 과정이 아닐까 하는 생각도 든다. 이름만 들어도 알 만한 유명한 스타트업들도 저마다 실패의 미학을 거쳐 현재의 성공에 도달한 경우가 대부분이다. 실리콘밸리의 성공한 창업가들을 조사한 한 유튜버의 인터뷰를 보면 성공한 스타트업 창업가들의 대부분이 상처투성이였다고 한다. 겉으로 드러난 성공이 0.5%라면 그것을 위해 99.5%의 실패가 필요했다는 것이다.

필자의 경우도 마찬가지였다. 우리도 스타트업을 하면서 수많은 실패와 실수를 했다. 하지만 실패는 어차피 성공으로 가기 위한 과정이라 생각하고, 서둘러 실패하면 오히려 성공에 더 가까이 가는 것이라고 생각했다. 문제는 실패가 아니라 그 실패를 어떻게 '극복'해 가고 어떻게 '학습'하는지에 달려 있다. 빠르게 시도하면서, 깨지고 엎어지고 실수하는 것을 두려워해서는 안 된다. 실패의 과정에서 얻은 깨달음과 노하우를 새로운 서비스에 녹여내어 개선하는 과정에서 더 큰 가치를 얻을 수 있기 때문이다.

얼마 전 한 회사의 특별한 기업 문화에 대한 기사를 읽었다. 혁신의 원동력이 무엇이냐는 질문에 회사의 대표가 한 대답은 바로 "우리는 실패 스타트업을 표방합니다."라는 것이었다. 이 파격적인 답변을 내놓은 주인공은 바로, 신금융 서비스의 차세대 대표 주자이고 이미 핀테크 유니콘 기업 으로 성장한 비바리퍼블리카의 토스 이승건 대표였다. 그에 따르면, 토스의 혁신을 이끈 핵심 원동력은 바로 실패라고 한다. 그들이 내놓은 상품과 서비스 중 많은 것이 실패로 끝났고, 그때마다 그들은 '실패 파티'를 연다고 한다. 실패했던 사례를 꼽고 함께 분석한 뒤 실패를 경험한 팀원들에게 선물을 주는 행사라고 한다. 실리콘밸리에서 시작된 페일콘(Failcorn/실패 공유 모임)을 사내 문화에 도입한 셈이다.

실제로 비바리퍼블리카는 2018년 한해 52개의 서비스를 론칭했지만, 실제로 남아 있는 건 26개이며, 나머지 반은 테스트를 통해 중단했다고 한다. 하지만 그 실패의 경험에서 쌓인 인사이트가 다음 서비스를 출시하는 데에 중요한 디딤돌이 되고, 이를 통해 성장을 만들어 가고 있다고 한다. 실제 토스는 자신들의 조직에 대해 이렇게 설명한다. '만들고 배포해서 측정하고, 그리고 이에 대한 러닝을 바탕으로 다시 만드는 것을 반복하는 이터레이션(인터페이스를 개량하고 사용성을 확인하기 위한 테스트를 반복하는 것)을 하며 성장해 나가는 조직'이라고 말이다. 원하는 타깃에게 제품을 출시해 보기도 하고, UI/UX 변경을 위해 A/B 테스트를 하는 등 실험을 진행하며, 그 과정에서 배운 것을 바탕으로 성장해 왔다고 한다. 그 과정에서 실패는 당연히 잇따를 수밖에 없고 실패에서 배운 교훈을 다음 서비스에 반영하면서 성장을 일궈온 것이다.

  필자가 창업을 하고 1년이 지날 무렵 우리 핵심 개발자가 넋두리처럼 내뱉은 말이 아직도 기억이 초롱초롱하다. 그가 몇 날 며칠을 밤을 새워가며 큰 전시회(MWC) 기술 공개를 위해 개발해 오다 어느 날 갑자기 "아~, 이게 정답일 줄 알고, 10일 동안 개발하고 코딩한 게 다 쓰레기통에 넣어야 할 것 같아요."라고 아쉬움이 뚝뚝 떨어지는 멘트를 하면서도 그 개발자는 도리어 나를 안심시키는 말을 건네왔다. 사실 그 당시 후배 직원이었지만 존경심까지 들었다. 그는 아쉬워하면서 이렇게 담담하게 자기 실패담을 이야기하며 자기 자리로 돌아가 바로 코딩 일을 시작하는 게 아닌가. 필자가 의기소침한 그를 위해 위로의 말을 꺼낼 찰나, 그는 이렇게 이야기를 해왔다. "제이슨, 괜찮아요. 어차피 해답을 찾고 제대로 하기 위해 10일 정도 밤새워 땀 흘린 건 당연히 거쳐야 할 과정인걸요. 덕분에 무엇이 잘못되었는지 알게 되었습니다.ㅎㅎ"

  그렇다. 새로운 시도를 통한 실패는 오히려 장려되어야 하는 문화일지도 모른다. 잘 안된 프로젝트를 이끈 팀원에게 책임을 묻기보다는, 그 실패의 경험을 공유하고 모든 구성원들이 함께 학습해야 한다. 실패 경험은 손실이 아니라 향후 가치 창출의 가능성을 높일 수 있는 중요한 자산이라는 의식 전환이 필요하다. 물론 예전의 실수를 반복했다거나, 윤리적 법적인 테두리 등을 어긴 실수였다면 이를 용인해서는 안 될 것이다. 하지만 실패에 대한 불이익 등이 두려워 시도조차 할 수 없는 분위기가 만들어져서는 안 된다. 특히 몸집이 작은 스타트업은 실험 실패에 대한 부담이 대기업에 비해 훨씬 적다. 일단 해볼 수 있는 것을 적게나마 빨리 시작해 보고, 가능하면 빨리 실패를 경험해야 한다. 그래야 더 빨리 깨닫고 더 빨리 성공에 다다를 수 있다.

매일매일 도전하고 실패를 경험하면서 한 걸음 나아가는 것…. 그것이 어쩌면 스타트업의 본질이고 숙명이 아닐까. 아마존 CEO 제프 베이조스의 이 말을 다시 한번 되새겨 보고자 한다. "성공한 기업이란, 새로운 것을 시도할 수 있는 자본과 인재가 있고 파괴적인 혁신을 이끌어 갈 수 있는 용기가 있고 시장의 기대에 못 미치는 실패에서 배우고 바꾸어 살아 있음을 살아낼 수 있음을 증명하는 기업이다." 결국 실패를 통해 성공이 맺어진다. 가능성이 있는 모든 것들에는 항상 실패의 위험이 도사릴 수밖에 없다. 실패에 대한 두려움이야말로 사업을 망치는 길임을 잊어서는 안 된다.

빠르게 실행하는 것이 스타트업의 숙명이라고 치면, 빠르게 실패하고. 또 실패하면서 학습된 생각들이 결국 작은 성공으로 알알이 모이고 모여 그 실패의 집합체들이 대단한 성과의 결과물로 우리 앞에 우뚝 나타나게 될 것이다.

아마존의 다양한 실패 사례 – 끊임없는 도전

- 2007년 endless.com이라는 패션 브랜드도 운영하다 2012년 중단
- 2014년 아마존 대쉬(Dash)라고 세탁기나 냉장고 근처에 붙여놨다가 누르면 자동 주문하는 서비스를 내놨는데 중단

- 2015년 아마존 데스티네이션스라고 호텔 예약사이트를 운영하다 그해 바로 중단
- 2015년 아마존 티켓 서비스(공연 예약)도 시작하여 2018년 중단
- 2015년 음식 배달 서비스 아마존 레스토랑을 열었는데 2019년 6월 중단
- 2017년 인스타그램 스타일의 쇼핑 플랫폼 '아마존 스파크'를 스타트하고 2019년 종료
- 2018년 JP모건, 버크셔해서웨이와 함께 헤이븐이라는 헬스케어 사업을 시작하고 2021년 종료

"아무리 서툴러도 우선 실행하는 것 외에는 더 잘할 방법이 없다."

— 찰리 킴(넥스트 점퍼 CEO) —

매 순간 성장하기 위해
기억해야 할 것

　스타트업은 어쩌면 위험천만한 암벽등반과도 같다. 나태해지는 순간 곧바로 추락하기 때문이다. 그 때문에 스타트업은 나태해지면 안 되고 매 순간 성장하지 않으면 안 된다. 실험과 실행은 한 번으로 끝낼 것이 아니라 끊임없이 지속해서 이뤄져야 한다. 현재의 성과에 안주하지 않고, 계속해서 또 다른 다양한 실험 → 더 정교한 인사이트 획득 → 성장 가속화의 선순환 공식이 만들어져야 한다.

　그럼, 이렇게 지속적으로 성장하는 린스타트업을 만들려면 CEO는 무엇을 기억해야 하고, 어떤 행동 전략을 갖고 있어야 할까. 필자는 그 첫 번째로, 데이터 기반의 의사결정이 정말 중요하다고 본다. 실제로 사업을 운영하다 보면 자신을 객관적으로 바라보지 못하는 경우가 생긴다. 이때 필요한 것이 바로 객관적이고 과학적인 데이터다. 데이터에 기반한 판단이 이뤄져야 의사결정에 걸리는 시간도 줄이고, 팀원들도 더 쉽게 설득할 수 있다.

　예를 들어 성과를 실시간으로 점검하는 대시보드를 잘 활용하는 것도 중요할 것이다. 대시보드란 객관적으로 내 사업을 확인하고 진단해

볼 수 있는 중요한 성과 자료이다. 사업 목표, 사업성과(매출, 고객 유입률, 구매 전환율 등), 마케팅 성과(SNS 활성화율) 등으로 자신의 사업에 맞게 지표를 분류해 두고, 실시간으로 어떤 과정에서 어떻게 사업이 진행되고 있는지 한눈에 파악할 수 있도록 하는 것이 필요하다. 이렇게 대시보드를 수시로 업데이트하여 숫자 데이터가 누적되고 흐름이 보이면 데이터에 기반한 의사결정이 가능해진다. 이를 팀원들과 투명하고 공개적으로 공유해야 우리의 사업이 어디로 가고 있는지를 함께 진단하고 그 나침반에 따라 움직일 수가 있는 것이다.

새로운 서비스나 사업 모델을 실험해 볼 때도 마찬가지다. 고객들의 피드백은 데이터로 측정할 수 있어야 한다. 해당 서비스가 언제쯤 어느 정도 올라올 것인가에 대한 판단, 또는 새로운 서비스를 접어야 한다는 판단 등도 이런 데이터 분석이 이뤄져야만 정확도가 높아진다. 당연히 수많은 지표 중에서 어떤 데이터를 측정해야 하는지 선택하는 것도 무척 중요할 것이다. 내 사업에 별 의미 없고 쓸데없는 지표에 집중해서 초점을 잃는 경우가 생길 수도 있으니 말이다. 성장하고 싶다면 반드시 내게 필요한 데이터를 축적할 방법을 찾아야 하고, 이를 분석해서 의사결정에 반영하는 구조를 갖추도록 노력하자.

두 번째로 필요한 것은, 위험을 분산하는 전략도 있어야 한다는 것이다. 서양 속담에 "계란을 한 바구니에 담지 말라."라는 말이 있다. 흔히 주식투자에 자주 사용되는 말인데, 창업가들도 기억해야 할 말이 아닌가 싶다. 특히 기술 기반의 스타트업의 경우, 기술을 적용할 수 있는 사업 분야를 다각화함으로써 위험을 적절하게 분산할 필요가 있다고 본다. 이것저것 다 손대라는 뜻이 아니라, 언제 어느 분야에서 기회가 올지 모르니 유연한 자세로, 가능하면 토끼 굴을 여러 개 파놓고 대비하는 자세가 필요하다는 얘기다.

얼마 전, 인공지능 기반의 영상인식 스타트업인 알체라 대표의 인터뷰 기사를 읽은 적이 있다. 스노우 카메라 앱에 얼굴인식 원천기술을 제공한 것으로 유명한 이 회사는 인공지능 영상 기술 분야의 절대 강자로 급성장하며 코스닥 상장에까지 성공한 회사다. 이 회사의 대표가 한 말이 참 인상적이었다. "인공지능(AI)이란 바다가 이제 열리기 시작했어요. 최대한 넓게 그물을 펼쳐야 고기를 잡을 수 있습니다. 어떤 고기가 '대박'을 안겨줄지 모르니까요." 정말 공감이 갔다. 실제 이 회사는, AI에만 집중하지 않고, AR과 빅데이터 사업에도 보유 기술을 적용하여 쉼 없이 비즈니스 모델을 만들어 온 덕에 데스밸리의 위기를 무사히 넘겨왔다고 한다.

기술 스타트업은 보유 기술의 확장성을 증명하는 것이 정말 중요하다. 기술의 적용 분야를 넓힘으로써 미래의 새로운 시장을 미리미리 대비하고, 위험을 분산하는 열린 자세가 있어야 한다.

우리 회사도 시선추적기술의 활용도를 넓히기 위해 교육, 광고, 쇼핑, 자동차 등 다양한 영역에서의 비즈니스 모델을 계속 만들어 가고 있으며, 관련 업계와의 협업을 끊임없이 진행 중이다. 토끼 굴을 여러 개 파놓고, 다가올 기회를 미리 준비해야만 멈추지 않는 지속 성장이 가능할 것이다.

세 번째로 얘기하고 싶은 것은 바로, 멘토링받는 것을 주저하지 말라는 것이다. 망하는 스타트업들을 보면 사업이 난항에 빠졌을 때 혼자 해결하려고 끙끙 앓다가 끝내 사라지는 경우가 많다. 창업하고 성장하는 과정에서는 예기치 않은 상황이 정말 다양하게 발생한다. 이럴 때는 그 길을 먼저 걸어봤던 선배 창업가나 투자자 등 전문가들의 조언이 큰 도움이 된다. 실제로 국내 스타트업 중에는 투자자나 선배 창업가의 멘토링을 통해 피벗에 성공한 경우가 상당히 많다. 모르면 물어봐야 한다. 사람이 어떻게 완벽하겠는가. 그들은 성공 사례는 물론 실패 사례들도 수없이 목격한 전문가이다. 병이 나면 의사에게 진찰을 받듯이 내 아픔을 풀어내고 진단을 받는 것을 두려워하지 말자.

실리콘밸리 창업생태계의 성공 비결로 꼽히는 것이 바로 '대물림(Pay it forward) 문화'이다. 성공한 기업가가 후배 기업가에게 인맥과 노하우를 전수해 주고, 다시 그 후배 기업가가 성공하면 똑같은 일을 후배에게 반복하는 것…. 이런 양질의 멘토링은 창업생태계를 탄탄하게 하고 실패의 위험을 조금이나마 덜어준다. 우리나라에도 이런 제도가 많다. 수많은 액셀러레이팅 프로그램은 초기 스타트업만을 위한 장치가 아니다. 4~5년 차, 7년 차, 10년 차 스타트업이라도 항상 모르는 것은 배워야 하고, 배움을 주저해서는 안 된다. 우리 회사는 지금도 금융권, 대기업 등 다양한 액셀러레이팅 프로그램의 지원받고 있으며, 이를 통해 소속된 전문가들의 멘토링을 받는 것에 적극적으로 임하고 있다. 그들의 피드백을 듣고, 의사소통을 하다 보면 내가 미처 몰랐던 것도 깨닫게 되고, 새로운 방법도 찾아진다.

전문가는 따로 있다. 결국, 배우겠다는 마인드가 중요하다. 특히 나이가 좀 있는 스타트업 CEO의 경우 자존심 때문에 남에게 질문하거나 조언받기를 꺼리는 경우가 있는데, 이런 자세는 버려야 한다. 배움에는 나이가 없고, 직책이 없다. 스타트업이 데스밸리의 위기를 넘어, 매 순간 성장하고 스케일업하기 위해서는 항상 마음을 열고, 멘토의 순기능을 적극적으로 활용하는 자세가 필요할 것이다.

린스타트업을 위한 워라밸

　린스타트업으로 성장하기 위해서는 팀원들 모두가 주체적인 역량을 발휘하며 창의적인 아이디어를 펼칠 수 있는 조직 문화가 만들어져야 한다. 자유분방함 속에도 책임이 있는, 이상적이고 효율적인 팀 문화는 어떻게 만들어질 수 있을까. 필자 역시 항상 고민하는 부분이다. 사실, 스타트업을 운영하면서 직원을 뽑을 때 면접을 하다 보면 이런 질문을 많이 한다. "당신은 왜 대기업에 가지 않고 상대적으로 보수나 복지가 미흡한 스타트업에 지원하셨나요?" 면접자 대부분은 "큰 기업들과는 달리 자유롭고 본인의 생각들을 창의적으로 펼치기 위해서 스타트업을 선호한다."라고 답한다. 과연 그럴까 하는 생각도 들지만 그들의 생각을 믿어주기로 한다.
　요즘 대기업들도 린스타트업화하기 위해 부단히 변혁하고 개선하고 있다. 특히 IT 업계는 기술의 진화 속도가 빛과 같아서 현실에 안주하다간 큰 위기에 봉착할 수 있음을 누구나 알고 있다. 하지만 인지하고 있다고 해서 수십 년을 이어온 그 기업의 정체성을 한순간 바꾼다는 건 결코 쉽지 않은 일이다. 필자도 대기업, 중견기업에 근무를 해본 적이 있다. 제도와 체계, 로직, 그리고 룰 등이 곳곳에 지뢰처럼 묻혀 있어서 어떤 일을 하는 데 답답함을 자주 느낄 수밖에 없었다.

상대적으로 내가 창업한 스타트업은 제도나 규정이 없어 통제받을 일들이 없었다. 일의 속도는, 시비나 태클을 거는 룰이 없다 보니 일사천리이다. 그러나 우리 회사도 사업 초기와는 달리 회사가 커지면서 하나씩 하나씩 우리도 모르게 규정을 만들고 있었다. 만들면서 나는 불만이었다. 뭔가를 통제하는 느낌을 주는 것 같았다. 필자가 이전 큰 조직에 있으면서 느꼈던 제일 큰 불만이 이러한 형식적인 틀에 가두는 일들이었다.

돌이켜 보면 창업 초기엔 비용 지출 품의도 없이, 적절하다고 판단이 들면 코파운드 둘이서 눈도장 찍고 바로 구매하고 또 계약을 하기도 했다. 이제는 많이 바뀌었다. 도서 하나 구입할 때도 품의가 필요하고, 예비군 훈련도 담당자가 휴가원을 올린다. 이런 요식 행위는 늘 시간이 아깝다고 생각해 왔다. 그런데 인력이 늘면서 팀별로 스스로 자율적으로 운용하고 있다. 일이 중요한데, 가끔씩은 일의 본질보다 상대적으로 영양가가 없는 품의나 보고를 더 중히 여기지는 않을까 걱정도 되는 대목이다.

창업 초기 코파운드와 자율출근제 시행에 대하여 대립각을 세운 일이 기억난다. 필자는 그가 말도 꺼내기 전에 반대했었다. 일할 때 같이 하고 끝나고 같이 쉬고 하는 게 조직적으로 효율성이 높다고 믿었기 때문에. 하지만 나의 반대 속에서도 그 제도는 시행이 되었고, 어느 순간 회사의 제도로 자리 잡게 되었다. 되돌아보면 그때 용인한 자율출근제 시행은 잘한 것이라는 생각이 든다. 오늘 아침에 출근해서도, 비어 있는 개발자 자리를 보면서 이전 초기처럼 불안한 마음이 들지 않았다. 이제 각자가 스스로 책임과 의무감을 가지고 자신의 일들을 정해진 기일 내 수행하고 있기 때문에…, 오후에 나오는 친구들은 밤까지 자리를 지키고 그들의 과업을 묵묵히 수행함을 알고 있기 때문이다. 어찌 보면 사람들마다 생활 패턴이 다르고 업무의 집중시간도 천차만별이다. 결국 자유로움 속에서 스스로 최상의 컨디션을 발휘하는 것이 개인이나 회사에도 도움이 될 것 같다.

우리 회사는 자율출근제와 더불어 영어 이름도 사용하고 있다. 필자는 오래전부터 사용한 Jason이다. 수평적 관계 유지를 통해 서로 격의 없이 대화하는 방식으로 영어 이름이 좋겠다고 생각했다. 대표님, 팀장님, 이런 직함이 들어가면 서로 간에 격이 생겨 자유로운 토론과 회의 문화에 방해된다는 생각이었다. 사실 우리 회사뿐만 아니라 직장 내에서 자율성을 확대하는 추세는 세계적인 흐름이다. 리모트워크(Remote work), 즉 자신의 업무 스타일에 맞게 다양한 장소와 공간에서 자유롭게 일하는 방식도 실리콘밸리를 중심으로 선진국에서 빠르게 확산되고 있다. 특히 코로나19 발생 이후 원격근무가 더욱 활성화되고 있는 추세이다. 국내 스타트업 업계에서도 이런 시도는 활발하다. 핑크퐁 〈상어가족〉으로 유명한 스마트스터디 개발팀은 출퇴근 시간과 일하는 장소를 모두 직원들이 정한다고 한다. 회사가 정한 최소한의 규칙은 일정을 온라인 캘린더로 공유하기, 업무 시작은 메신저로 알리기, 오프라인 회의 내용은 기록하기뿐이다.

이런 분위기가 가능한 것은 소셜네트워크나 다양한 협업 소프트웨어의 발전도 큰 역할을 한다. 요즘에는 SNS나 협업 플랫폼 등을 활용해,

구성원들이 언제 어디서 누구와도 손쉽게 협업이 가능해지고 있다. 의사결정도 빨라지고 동료들 간에 업무성과도 실시간으로 공유하고 피드백할 수 있다. 린스타트업으로 성장하려면, 이런 도구들을 활용해서 민첩하게 움직이는 조직 문화를 만들어 갈 필요성이 있다고 생각한다.

하지만 이런 의문도 들 것이다. 과연 자율출근제를 실시하고 영어 이름을 쓴다고 창의성이 하늘을 날까? 물론 그렇지 않을 수도 있다. 하지만 제도와 장치의 사소한 변화가 구성원들의 가슴속에 남아서 자유로운 상상들을 이끌어 낼 수 있는 분위기에 조금이라도 도움이 된다면, 이는 충분히 시도해 볼 만한 게 아닐까. 내가 바라는 미래의 회사는 굳이 회사에 보고하지 않고 스스로 알아서 출근하고 휴가도 본인이 정해진 날에 자유롭게 사용하고…, 회사에 나오는 것 자체가 일하는 즐거움으로 가득한 워라인(Work-Life Integration) 즉, 일과 삶이 자연스레 통합하는 기업 분위기가 되었으면 좋겠다. 통제하지 않아도 스스로 자신을 조절하는 그런 자유로움. 꿈일까?

| 5장 |

생존과
번창을 위한
투자 유치

- 액셀러레이팅 프로그램으로 투자 사다리 타기
- 다양한 액셀러레이팅 프로그램
- 투자는 연애다
- 투자 유치 전략 핵심 5가지
- VC 투자 유치 과정에서 이것은 기억하자
- 정책자금(대출), 빌린 돈도 자산이다

액셀러레이팅 프로그램으로
투자 사다리 타기

　스타트업의 여정은 매 순간순간 돈(자금 확보)과의 사투이자, 숫자와의 씨름이다. 스타트업 트렌드 리포트 2024(1,050명 설문조사)에 따르면 창업자 투자자 10명 중 6명(각각 63.2%, 64%)은 스타트업 투자 시장이 지난해 대비 위축된 것으로 평가했다. 또 다른 조사에서도, 스타트업 성공에 가장 필요한 요소로 '자금'이 거의 항상 1위를 차지한다. 그만큼 돈을 확보하는 것은 기업의 생사가 걸려 있는 문제이자, 스타트업의 흥망 또한 자금에서 결정되는 경우가 많다고 해도 과언이 아닐 것이다.
　물론 창업 초기 단계에서부터 어엿한 매출과 수익을 올릴 수 있다면야 더할 나위 없겠지만 그런 스타트업이 몇이나 되겠는가. 실제 창업에서 3년까지의 기간에, 잠재력 있는 많은 스타트업들이 자금난으로 어려움에 처하고, 좌절하고, 끝내 사라지는 경우가 많다. 일명 데스밸리를 넘지 못한 기업들이 쏟아지게 된다.
　결국 생존을 위한 해답은 투자 유치다. 사업이 시장에 안착하기까지, 최소한 먹고 마실 수 있는 생존자금을 확보하기 위해서는 투자 유치라는 큰 산을 넘어야만 한다. 하지만 투자 유치는 결코 쉬운 일이 아니다. 남의 돈을 가져다 쓰는 것이 얼마나 어려운 일이겠는가. 그럼에도 불구하고 필자가 생존할 수 있었던 것은 시기별로 투자 전략을 짜서, 돈이 투입되어야 할 골든타임을 놓치지 않았기 때문이었다. 투자는 결코 하루아침에 받을 수 있는 게 아니기 때문에 한 수 앞을 미리 보고 필요한 자금을 추정하고 이에 맞춘 추가자금을 조달하는 것이 원칙이다. 내가 달성하고자 하는 목표와 추진을 하기 위해 개발비(개발자 급여, 외부 개발비)와 운영자금을 명확히 예상하고 시기별로 자금을 조달해야 한다.

스타트업의 일반적인 유형별 투자 유치 과정은 아래와 같다.

① **엔젤투자, 크라우드 펀딩**
② **액셀러레이팅**(공공/민간 기업 보육 프로그램)
③ **VC**(시리즈 A, B, C)
　- **마이크로 VC**
　- **VC**(벤처캐피털)
　- **CVC**(기업 출자하여 투자 업무를 관장)
　- **자산운용사**(금융권, 증권사, 캐피털 등)
④ **IPO, M&A**

즉, 창업 초기 단계에 엔젤투자 등을 통해 시드(Seed)머니를 확보한 후, 다양한 액셀러레이터들로부터 멘토링 및 (지분) 투자를 유치하고, 이후 VC(벤처캐피털)들로부터 본격적인 투자를 유치하여 마침내 IPO 단계에 이르는 과정이라고 요약할 수 있다. 통상 창업하고 5~6번의 투자 단계가 그레이드별로 이어지게 된다.

필자의 경우, 앞서 언급한 대로 정부지원 과제 선정으로 첫 스타트를 한 후 이를 토대로 엔젤투자를 유치했고, 이후 다양한 민간 기업 보육 프로그램 즉, 액셀러레이팅을 통해 자금과 멘토링 지원을 받았으며, 다시 이를 발판으로 VC들로부터 시리즈 A까지의 투자 유치 단계를 거치고, 이제 시리즈 B 단계에 돌입했다. 여기서 강조하고 싶은 것은 다양한 민간 액셀러레이팅 프로그램을 통해 투자의 사다리를 타는 것이 정말 중요하다는 점이다. 특히 민간 액셀러레이팅 제도는 투자자를 좀 더 쉽고 편하게 자주 만날 수 있는 공간이기도 하기 때문에 스타트업이라면 반드시 백분 활용해야 한다.

창업 초기 제1기 서울 창조혁신센터(10개 팀)에 선발되어 사무 공간과 교육, 멘토링 지원 등을 받아 첫발을 내디딘 이후, 지금까지 거쳐 온 액셀러레이팅 프로그램이 6개가 넘는다. 서울 창조혁신센터 입주 기간이 끝날 무렵, 우리는 SK텔레콤이 운영하는 당시 최고의 민간 보육 프로그램인 'SK브라보 리스타트'라는 인큐베이팅 프로그램에 약 35:1이라는 높은 경쟁을 뚫고 3기로 선발이 된다. 보유 기술 향상 지원비 1억과 사무 공간 등을 제공받음으로써, 고정 비용을 최소화하고 기술 개발에 몰두할 수 있었던 것은 물론, 전문가들의 멘토링을 통해 부족했던 창업 역량을 키울 수 있었던 건 돈으로 살 수 없는 자산이었다.

SK브라보 리스타트에서 1년 기간을 만료한 후인 2015년에는 삼성동 구글 캠퍼스에 6개월 동안 입주하게 되었고, 또 한 번의 스케일업과 사업을 글로벌화하는 데에 큰 도움을 받게 됐다. 구글 캠퍼스는 글로벌 시장에 진출하고자 하는 스타트업들을 체계적으로 지원하고 사무

공간 제공과, 다양한 인적 네트워크를 확보할 수 있는 프로그램이다. 특히 입주 기간이 끝난 지금도 구글 캠퍼스 출신 업체로서 다양한 사업 지원을 받고 있으니 그 인연이 정말 소중하다.

필자는 이후 창업 3년 차이던 2016년에는, 과학기술정보통신부 산하 기관인 본투글로벌이 운영하는 스타트업 캠퍼스(판교 소재) 입주사와 멤버사로 선발되었다. 사무공간을 무상으로 지원받아 고정 비용을 아낄 수 있었던 건 물론, 사업화 지원자금과 체계적이고 심도 있는 멘토링을 통해 우리 기술의 경쟁력을 한 단계 업그레이드시키는 기회를 가질 수가 있었다. 50여 개 기업이 입주해 있는 본투글로벌 스타트업 캠퍼스는 특히 해외 진출에 필요한 법률, 특허, 마케팅, 투자 유치 등에 대해 원스톱 서비스를 제공받을 수 있다는 것도 큰 장점이다.

이와 더불어 우리는 은행권의 다양한 스타트업 보육 프로그램에도 쉼 없이 지원했고 그중 몇 가지 프로그램에 선발되어 지속적인 성장을 일굴 수 있었다. 특히 2018년에 신한 퓨처스랩 4기에 선발된 것은 필자에겐 '결정적인 순간'이었다고도 할 수 있다. 당시 신한금융그룹 조용병 회장은 따뜻하고 행복한 금융을 표방하고, 그 일환 중 하나의 핵심 사업으로 국내 스타트업 육성에 발 벗고 나섰다. 조용병 회장은 가끔 스타트업 대표들과 함께 자리하면서 늘 대기업(금융그룹)이 사회에 무엇을 기여하고 지원할 것인가를 진심으로 고민하는 모습에 감동을 받은 바가 있다.

필자는 신성장기술을 가진 여러 분야의 스타트업을 육성하는 신한 퓨처스랩을 통해 시리즈 A 투자 유치라는 엄청난 기회를 잡을 수 있었기 때문에 고마움이 더 크다. 신한 퓨처스랩 출신 기업이라는 인연을 바탕으로, 멀고도 어렵게만 느껴졌던 VC 투자의 큰 산을 넘을 수 있었던 것은 물론, 신한은행과의 협업을 통해 우리의 시선추적기술을 적용한 ATM 기기를 개발, 사업 모델을 확장할 수 있었으니 그 가치는 말로 표현할 수 없을 것이다.

알다시피, 스타트업이 투자 유치를 위해 맨땅에 헤딩하는 건 정말 힘들다. 이런 민간 보육 프로그램에 들어가야 VC 투자 유치가 상대적으로 쉬워진다. 필자의 사례 외에도, 실제 상당수 스타트업들이 대기업이나 은행권 액셀러레이팅 프로그램을 통해 해당 계열사로부터 투자 유치를 성공하거나 사업 제휴를 하는 경우가 많다. 민간 보육 프로그램이야말로 VC 투자 유치를 위한 사다리가 되고, 사업 확장을 위한 지렛대가 되는 셈이다.

또 알아둬야 할 점은, 은행권 민간 보육 프로그램은 여러 곳에 중복해서 지원해도 되고, 한 곳에서 선발되었다 해도 또 다른 곳에도 지원, 선발될 수 있다는 점이다. 필자의 경우, 2019년에는 국내 대표 창업 육성 플랫폼으로 자리 잡은 기업은행의 'IBK창공' 프로그램에 지원하여 선발됨으로써, 다양한 컨설팅은 물론 사무 공간 등을 지원받아 왔다. 사실 기업은행 창공 선발 대면 심사 때에 심사위원들의 질문이 딱 1가지였다. "비주얼캠프는 많이 알려진 스타트업이고, 이미 어느 정도 스타트업으로 자리를 잡은 회사인데, 왜 지원하셨는가?" 우리의 답은 간결했다. "여전히 당사는 홀로서기보다는, 보육 프로그램 지원을 통한 체계적인 스케일업을 하고 싶습니다."라고 강조하였다. 그런 목표와 지원 입장을 충분히 공감해 준 것이 선정의 결과라고 생각한다.

결국 초기 스타트업들이 생존의 발판을 마련할 수 있는 액셀러레이팅 프로그램도 단계별로 스케일업이 되어야 한다. 그 외에도 현대자동차 액셀러레이팅인 제로원에 선정되어 전략적 투자와 더불어 자동차와의 협업도 현재 진행 중에 있다. 그 외에도 CJ그룹 '오벤처스' 프로그램을 통해서 유상 POC(Proof Of Concept)를 개발하여 사업화로 이어가고 있고, 온라인 전문 교육 대표기업 교원(딥체인저 스타트업 프라이즈)과의 인연도 우리에게는 소중한 경험이 되었다.

  이처럼 각 기업마다 새로운 혁신과 사업 아이디어를 수많은 스타트업들 중에서 진주를 찾아내고 협업의 기회를 발굴하려는 노력이 대단하다. 이제는 스타트업들에게는 사업의 아이디어와 기술이 인정을 받게 되면 성장을 위한 문호는 늘 열려 있다고 해도 과언이 아니다. 이처럼 회사가 가지고 있는 기술과 사업 방향에 따라 우리가 도전하고 지원해야 할 기회들이 수없이 많다. 작은 스타트업들이 열악한 마케팅 능력과 판로를 개척하는 데 큰 도움과 기회의 창을 열 수가 있다. 사업의 시기별로 정부 과제를 끊임없이 매칭하고 도전해야 하듯이, 수많은 민간 보육 프로그램들 중에 내게 적합한 프로그램들을 골라서 계속 사다리를 타고 연결해야만, 회사의 안정적인 성장과 더불어 VC 투자로도 이어질 확률이 높아진다는 점을 잊지 말기를 바란다.

다양한 액셀러레이팅 프로그램

　현재 우리나라에는 초기 스타트업들을 보듬어 주고 키워주는 민간 인큐베이팅&액셀러레이팅 프로그램이 정말 다양하다. 물론 선발이 되려면 상당한 경쟁을 뚫어야 하지만, 전문적인 멘토링을 통해 부족한 부분을 보완할 수 있는 건 물론, 투자 유치로 이어지는 지렛대 역할을 할 수 있기에, 초기 스타트업들이라면 이를 활용하는 것이 필수다. 말 그대로 스타트업의 성장에 '액셀'을 달아준다고 할 수 있겠다.

　인큐베이팅이나 액셀러레이팅 모두 스타트업(특히 초기 단계)을 지원하는 관점의 프로그램이다. 다만 인큐베이션이 공간이나 설비, 업무 보조 등 하드웨어 중심의 지원이라면 액셀러레이션은 창업의 지식과 경험, 투자 연결, 비즈니스 인사이트를 알려주는 등 소프트웨어 중심의 지원이라는 점에서 약간의 차이는 있다. 액셀러레이션이 조금 더 집중적이고 체계적이라고도 할 수 있겠다.

　일반적으로 액셀러레이팅 프로그램은 모집 공고를 낸 후 스타트업을 선정하고 일정 기간 동안 창업 교육 프로그램 및 멘토링, 인프라 지원 등을 통해 해당 스타트업의 비즈니스를 발전시킨다. 이후 과정이 끝나는 피날레인 데모데이를 통해, 각 스타트업들을 외부 투자사와 엔젤투자자, 업계 전문가들에게 소개한다. 초기 기업들을 위한 액셀러레이팅 프로그램은 크게 금융권(은행권)과 투자사(또는 액셀러레이터), 일반기업의 3가지 형태로 나눌 수 있다. 그중 대표적인 프로그램들을 소개해 보겠다.

금융권 스타트업 육성 프로그램

현재 신한은행, 기업은행, 국민은행, KEB하나은행 농협은행 등 다양한 은행들이 스타트업 창업 지원 프로그램을 운영 중이다. 이들은 사무 공간과 교육, 창업 지원금, 인프라 연계, 투자, 융자까지 연결해 주는 것이 특징이며, 각 은행별로 차별화된 장점이 있다. 특히 은행권 보육 프로그램이라고 해서 핀테크 분야 스타트업만을 선발 육성하는 것이 아니라 AI, IT, 친환경제품 등 기술력과 시장성을 겸비한 다양한 분야의 기업들을 선발 지원하고 있으니, 자신에게 맞는 프로그램을 잘 선별해서 지원하는 것이 좋다.

〈금융권 스타트업 양성 시스템〉

신한 금융그룹	퓨처스랩	신한 금융 직접투자, 데모데이 등 외부 투자, 글로벌 진출 지원
KEB 하나은행	1Q에 자일 랩	초기 직접 투자, 사무공간 제공, 계열사와 협업 모색
IBK 기업은행	창공(創工)	초기 직접 투자, 사무공간 제공, 외부 투자 및 글로벌 진출 지원
NH 농협은행	NH디지털 챌린지 플러스	초기 직접 투자, 사무공간 제공, 경영 컨설팅 등

투자사 주체
액셀러레이터

투자사가 주체인 경우는 '액셀러레이터', '인큐베이터'라는 형태로 일부 지분을 취득하고, 시드레벨 단계의 투자와 멘토링 등을 지원해 준다. 초기 자금 지원은 물론, 심도 있는 컨설팅, 마케팅, 법률, 세무, 글로벌 진출 기회 등 사업 전반적인 역량을 강화할 수 있는 프로그램 운영이 장점이다. 주로 상시 지원을 통해 선발하거나 공모전과 IR을 통해 선발하기도 한다. 국내 대표적인 액셀러레이터로는 프라이머, 더벤처스, 본엔젤스, 매쉬업엔젤스, 스파크랩, 퓨처플레이, 블루포인트파트너스 등이 있다. 투자사 주체 액셀러레이팅은 후속 투자 유치에 보다 쉽게 접근할 수 있다는 장점이 있다.

일반기업이 운영하는
액셀러레이터

일반기업이 주체인 경우는 대기업 또는 상장사들이 만든 창업 지원 프로그램들이다. 삼성, CJ, 롯데, LG, 한화, 현대 등 큰 규모의 기업들이 코워킹 스페이스를 비롯해서 자금, 인프라, 유통, 마케팅을 지원하는 형태이다. 특히 최근 대기업들은 상생협력 차원에서 CSV 부서를 두고, 경쟁하듯 스타트업 육성에 힘을 쏟고 있기 때문에 창업 문화 활성화에도 큰 도움이 되고 있다.

스타트업 입장에서는 멘토링과 자금 지원 외에도, 해당 기업과의 사업 협력, 납품, 유통몰 입점 등의 다양한 제휴 협력이 가능하다는 장점이 있다. 상호 간에 사업을 강화하기 위한 전략적 투자(SI)와 M&A로 연결되는 과정까지 기대할 수도 있다.

〈기업별 주요 액셀러레이팅 프로그램〉

삼성전자	C랩	향후 5년간 사내외 스타트업 500개 육성. 입주 스타트업들에 1년 무상 입주. 개발 지원금 최대 1억원 지원. 멘토링, 해외 IT 전시회 참가 기회 등을 제공.
현대차	제로원	오픈이노베이션센터 제로원 입주기업 지원. 유망 스타트업 및 AI, 자율주행 등 공동연구 개발.
SK텔레콤	트루이노베이션	스타트업 육성, 협력 업무를 총괄하는 오픈콜라보센터를 통해 입주 공간, 전문가 멘토링, 법무 세무 세미나, SKT사업 연계 시 프로젝트 비용 지원.
롯데 액셀러레이터	엘캠프	6개월 단위 지원 프로그램으로, 창업 지원금과 입주 공간, 전문가 자문 지원. 유통, 서비스, 관광, 케미컬 등 롯데 계열사와의 실질적인 사업 연계 가능.
LG CNS	스타트업 몬스터	LG사이언스파크 입주 공간 및 정직원에 준하는 급여, 개발비 지원. 공동 R&D, 사업화, 글로벌 홍보 지원.
한화	드림플러스	드림플러스 63에서 핀테크 스타트업, 강남에서는 모든 분야 스타트업 육성 지원. 입주 공간, 컨설팅, 판로 확보, 사업 연계 기회 제공.
CJ	프로덕트 101 챌린지	101개 작은 기업을 뽑아 사업 역량 강화 교육 후 최종 11개 기업 선발. CJ그룹의 마케팅, 유통 지원 및 입점 기회 제공.
포스코	아이디어 마켓 플레이스	스타트업 인큐베이터와 엔젤투자자 역할 수행.
KT	비즈콜라보레이션	연간 15개 내외 스타트업 사업화 과제 수행 후 시제품 출시.
아모레퍼시픽	린스타트업	뷰티 시장 혁신을 목표로 스타트업 협업을 통한 새로운 브랜드 정식 론칭.
현대중공업 아산나눔재단	마루 180	입주 공간, 컨설팅 등 지원.

투자는 연애다

 액셀러레이팅 프로그램을 거쳐 왔다면, 이제 진짜 필요한 건 VC로부터의 투자 유치다. 필자가 지금까지 투자 유치 과정을 거치면서 느끼는 건, 투자와 연애가 참 닮은 듯하면서도 다르다는 것이다.

 투자는 창업자를 보고 한다. 창업자의 생각과 의지 그리고 태도와 인성을 정말 중요하게 생각한다. 그러나 사업성과 기술의 차별성 등이 우선이다. 사람이 좋다고 그냥 투자하지는 않는다. 내 경험으로 비춰보면, 사실 투자자와의 궁합이 맞아야 한다. 특히 남녀관계처럼 투자도 첫인상이 중요했다. Feel이라고 할 수도 있다. 최종 투자까지 성공하는 상대는 시작부터 느낌이 달랐다. 내가 그들을 좋아하는 것보다 상대가 나를 더 좋아하는 눈빛을 볼 수 있었다. 엔젤투자부터 시리즈 A까지 거의 그랬다.

 아닌 경우에는 서로 대화가 길지도 않고 애프터도 없다. 억지로 다음 날 신중하고 조심스레 콜을 해도, 수화기 너머 들려오는 목소리엔 냉랭함이 묻어 있다. 예를 들어 "조성된 펀드가 다 소진되었습니다. 내년에 봅시다." 이건 정중한 탈락 의견이다. 기대를 접어야 한다. 하나 더

팁을 주자면 "아쉽지만 우리하고 Fit이 맞질 않습니다."라는 이야기도 매너 있는 탈락 선고이다. 기다림은 독이 된다. 결국 명함집에 메모리를 하고 새로운 투자자를 만나야 한다. 반대로 성사가 되는 딜은 그쪽이 먼저 다가온다. 목소리도 확연히 틀리다. 다정다감이라고 하면 좀 오버인지도 모르지만 하여간 온화함을 느낄 수 있다. 나는 한때 코파운드에게 농담처럼 던진 말이 있다. 투자자와 썸 타는 느낌이라고. 그렇다. 밀고 당기면서 밀당하는 건 똑같다.

그러나 연애와는 다르게, 투자는 팩트와 본질이 중요하다. 사람이 아무리 좋아도 사업 아이템과 콘텐츠가 부실하면 오래 만날 수가 없다. 빨리 질리게 된다. 보면 또 보고 싶은 매력덩어리가 되어야 내일 또 그들을 다시 만날 수가 있다. 하지만 굳이 볼 이유가 없고, 우리를 만나서 행복해질 수가 없다고 판단이 들면 판에서 냉정히 떠나 버리고 만다. 뒤도 돌아보지도 않고…. 그들은 또 다른 기업을 헌팅하러 거리를 나선다. 숨어 있는 또 다른 진주들을 찾으러.

내 경험으로는, 한 번 만나 교통정리가 된 투자자는 그다음의 만남이 거의 없었던 것 같다. 우리도 그들을 다시 만나기도 그렇고…, 그들도 이미 자기들의 잣대에서 적정성을 찾을 수 없다고 판단하고 그들의 투자 리스트에서 사라지게 된다는 점이다. 다음에 보자는 말은 그냥 인사일 뿐. 그래서 우리에게 맞는 투자자라고 느낌이 오면 정말 소중히 집중하고 그들이 원하는 것들에 대하여 충실해야 한다. 첫눈에 반하게 해야 하는 속과 겉을 갖추어야 한다.

물론 비굴하게 아첨을 하자는 게 아니다. 당당하면서 신뢰감을 느낄 수 있도록 존중해야 한다. 특히 담당 심사역과 소통을 충실하게 하고 서로 신뢰 관계가 돈독히 형성되어야 한다. 결국 그 심사역이 투심보고서를 작성하고 자체 예비 투자 심사에서 회사를 대신하여 발표하고 허락(투자 승인)을 받아내야 하므로 절대 동상이몽이 되어서는 안 된다. 모든 칼자루를 심사역이 쥐고 있다. 심사역이 당당하게 디펜스를 하고 이겨내야 본투심으로 이어진다. 심사역이 확신을 가지면 거의 8할은 성공에 가까워졌다고 할 수 있다.

그리고 그 심사역이 후속 투자나 또 다른 투자자를 연결시켜 주기도 한다. 투자 세계는 정말 한 다리만 거치면 모두 다 안다고 할 수 있을 정도로 시장이 좁기도 하다. 한 번 좋지 않은 업체로 낙인이 찍히면 투자를 성사시키는 데 엄청난 애로가 존재하게 된다. 그리고 심사역과 투자사별로 선호하는 아이템이 각각 다르다. 그래서 그 투자사의 편향을 미리 알고 접근하는 게 좋다. 어떤 이는 제조나 하드웨어를 좋아하는가 하면, 서비스 플랫폼 사업을 선호하는 투자자, 바이오 업체를 좋아하는 사람, 우리 회사와 같은 혁신 기술을 좋아하는 투자자(사) 등 각양각색이다. 그리고 심사역들도 같은 전문 분야 사람들끼리 친목을 가지고 있기 때문에 이후 투자를 진행하는 데 있어 큰 조력자의 역할을 할 수 있기도 하다.

텀시트(투자조건서)와 계약서를 받고도 투자가 이루어지지 않는 경우도 종종 있다. 정말 허탈해진다. 또다시 다른 투자자를 만나는 것은 새로운 애인을 구하는 것이나 다를 바 없다. 하지만 좌절하면 안 된다. 진정 사랑을 갈구하고 노력하는 자가 인연을 만나듯이, 투자 역시 내 사업의 본질이 탄탄하고 진정성이 있다면 궁합이 맞는 인연은 맺어지기 마련이라고 생각한다. 투자자, 특히 담당 심사역과 인간적으로 친해져라!

투자 유치 전략
핵심 5가지

상대를 파악하고 타기팅하라!

연애가 상대방이 마음에 든다고 무작정 들이대서 이뤄지는 게 아니듯이 투자는 더더욱 그렇다. 나한테 맞지도 않는 상대, 내게 관심도 없는 상대에게 아무리 어필해 봐야 시간 낭비일 뿐이다. 최소한 상대방을 알아본 후 어떤 투자자를 찾아가야 할지 타기팅을 해야 한다는 얘기다. 투자만큼은 열 번 찍어 안 넘어가는 나무 없다는 식의 마인드는 결코 통하지 않는다. 내게 적합하지 않은 투자사를 찾아 헤매느라 진을 빼다가는, 정작 내 사업에 집중하지 못하는 사태가 벌어질 수도 있다.

우선 초기 스타트업들이 컨택할 수 있는 투자자는 다음과 같다.

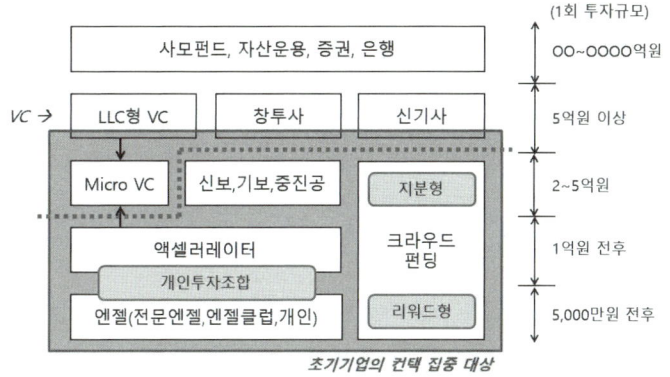

〈투자 규모별 투자사 현황〉

그럼 초기 스타트업들이 관심 가져야 할 수 있는 VC는 우리나라에 몇 개나 있을까? 2024년 3월 기준 통계를 보면 국내에 249개사가 존재하고 운영 중인 펀드 금액이 무려 476,503억 원에 달한다. 신기술사업 금융전문회사(신기사)는 172개(2023년 말 기준), 이중 펀드를 보유한 유한 책임회사(LLC)는 41개가 등록되어 있다. 대충 합해 봐도 400여 곳이 훌쩍 넘는 수치이다.

그렇다면 이 많은 VC들 중에 내가 투자를 받을 수 있는 VC는 과연 어디일까? 이를 위해선 VC가 운영되는 구조를 이해하면 해답이 빠르다. VC는 모태펀드(정부, 민간 기관)에서 투자금을 받아 투자하는 방식이다. 이때 모태펀드가 어떤 기업에 투자해야 할지 가이드라인을 제시하게 되어 있다. 예를 들어 여성 기업가 펀드라면, 여성 창업자가 있는 기업에만 투자를 진행하는 식으로. 따라서 투자 유치의 첫 번째 전략은 주목적 펀드를 보유한 VC를 선별하는 것이다. 즉, 자신이 해당되는 분야와 관련된 펀드, 이와 연계된 VC를 파악해야 한다. 예를 들어 콘텐츠 관련 스타트업이라면 출자 분야가 '콘텐츠기업 육성'에 해당하는 운용사를 중심으로 접촉해 봐야 할 것이다.

물론 주목적 펀드를 보유한 VC를 선별했다고 해서 타기팅이 끝난 건 아니다. VC는 회사별로 각각의 투자 철학과 문화, 투자 심사역의 성향에 따라 투자 결정 포인트가 다르다. 그 때문에 VC의 수가 많아 보여도 실제 초기 스타트업과 매치되는 VC는 그리 많지 않은 것도 사실이다. 따라서 각 VC와 협회 홈페이지, 인터넷 검색 등을 통해 초기 기업에 전문성을 지닌 VC 관련 정보를 미리 찾아보는 게 중요할 것이다. 특히 해당 VC의 투자 포트폴리오를 살펴보는 것은 필수다. 앱이나 콘텐츠 쪽에 주로 투자해 온 투자자가 하드웨어 스타트업과 매칭되기는 상식적으로도 쉽진 않을 것이다. 그 투자사가 그동안 어떤 기업들에게 주로 투자해 왔고 어느 분야를 잘하는지를 미리 알아보면, 투자 유치의 효율성이 높아질 것은 당연하다.

여기서 또 하나의 Tip! 해당 투자자에게 투자받은 스타트업의 대표를 만나볼 수 있다면 금상첨화다. 그 투자자에게 투자를 받으면 어떤 점이 좋은지, 어떤 부분을 주의해야 하는지 등의 이야기를 들으면 그보다 확실한 정보는 없기 때문이다. 가능한 네트워크를 동원해 보길 바란다.

투자자들을 찾을 수 있는 사이트

- 한국벤처투자: 모태펀드 출자 펀드

    http://fundfinder.k-vic.co.kr/rsh/rsh/RshMacFnd

- 엔젤투자지원센터: 전문엔젤, 엔젤클럽, 개인투자조합

    https://www.kban.or.kr/

- TIPS 운영사

    http://www.jointips.or.kr

- 중기부 등록 액셀러레이터

    https://goo.gl/bRPzXB

- 한국벤처캐피탈협회 소속 벤처캐피털

    https://goo.gl/BAc7vL

- 한국 성장 금융 출자 펀드

    https://www.kgrowth.or.kr

- 벤처스퀘어 투자정보 시트

    https://www.venturesquare.net/squarebase

투자 유치
프로세스를 이해하라!

내가 접촉해 볼 만한 투자사를 정했다면 이제부터는 투자자와 만나는 본 게임이다. 필자가 속한 비주얼캠프의 경우는 다음과 같은 4가지 방법을 통해 VC를 만났는데 아마 다른 스타트업들도 크게 다르지 않을 것이다. IR 피칭대회, 언론을 통한 개별 연락, 투자자 소개, 지인 소개….

투자 유치를 위한 IR 피칭대회의 경우 경쟁이 치열하지만 객관적인 검증을 통해 투자가 연계될 수 있는 기회이기 때문에 스타트업들이 가장 중요하게 생각해야 할 자리다. 지인이나 투자자의 소개로 만나는 경우, 일단은 추천해 준 사람에 대한 신뢰가 깔려 있기에 이야기를 풀어가기가 조금 쉽다. 하지만 추천 찬스를 가졌다고 해서 투자가 결코 쉽게 이뤄는 건 아니었다. 또한 언론을 통해 투자사 쪽에서 우리 회사로 연락이 오는 경우도 있고, 반대로 우리가 개별 연락을 하는 방법도 있다. 전혀 알지 못하는 투자사에게 우리가 먼저 개별 연락을 하는 경우, 일명 콜드콜을 할 때는 사전에 예의를 갖추는 게 중요하다. 부동산 스타트업으로 승승장구 중인 알스퀘어가 사업 초기에 당시 블루홀 장병규 대표를 무작정 직접 찾아가 엔젤투자를 유치한 사례가 유명하기는 하지만, 이는 드문 경우다. 무작정 전화를 하고 찾아가기보다는 최대한 예의를 갖춰서 사전에 콜드 메일을 보내서 양해를 구하고, 제안서나 사업요약서 파일을 짧게 2~3페이지로 보내는 것이 적정하다.

그럼 우리 비주얼캠프는 투자 유치를 위해 얼마나 많은 VC를 만났을까? 세어보니 국내 VC 250여 개 중 무려 100개! 투자자 명함만도 300장이 넘는다. 정말 많이도 만났다. 국내에 활동 중인 투자사들은 다 거의 만났다고 볼 수 있다. 하지만 이렇게 많은 투자자를 만났어도 인연이 된 곳은 딱 여섯 곳에 불과하다. 그만큼 수많은 거절을 당하기도 했고, 투자 유치라는 결정체를 맺기까지의 과정은 정말 쉽지 않았다. 이는 투자 과정 프로세스를 보면 이해가 쉬울 것이다.

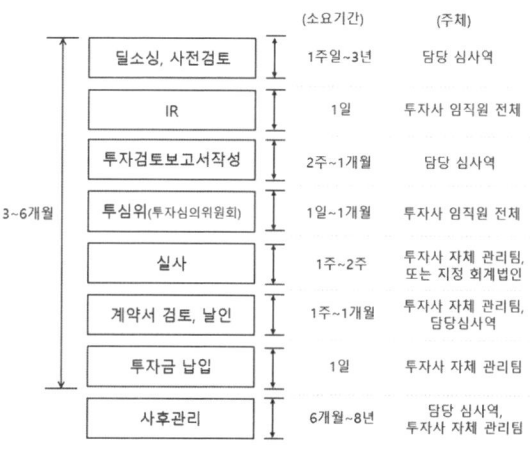

〈투자 과정 프로세스〉

위 표에서 보듯이 VC 소속 투자 심사역들과 접촉을 시작으로 본격적인 투자 프로세스가 진행이 되는데, 개별 기업마다 진행 상황은 다르겠지만 투자 심사역 검토부터 최종 투자금 납입까지는 통상 3~6개월의 시간이 소요된다. 대체적으로는 평균 6개월 이상이 소요되는 길고도 모진 여정이라고 볼 수 있다. 더구나 90% 이상이 관심이 있다 하더라도 실제 예비 투자 심사까지 가는 곳은 50%밖에 되지 않는다. 그중에서도 최종 투자 심사까지 가는 곳이 50%밖에 되지 않고, 이 중에서도 일부는 마지막에 드롭하는 곳들이 있다. 결국 투자 유치는 언제든 뒤틀어질 수 있는 가능성이 도사리고 있는 만큼 멘탈을 강하게 갖고 임해야 한다.

투자자에게 질문할 사항

창업자로선 투자자를 만나는 일은 정말 긴장되는 일이다. 특히 당장의 투자가 급한 상황이다 보니 지나친 을의 입장이 되어 투자자에 대한 판단을 제대로 하지 못하면, 일명 블랙엔젤이라 불리는 나쁜 투자자를 만나게 되는 경우도 생긴다. 투자 대가로 너무 과도한 지분을 요구한다거나, 향후 사업 진행 과정에서 사사건건 간섭을 하는 경우도 생길 수 있다. 이를 막기 위해서는 우리 회사의 성장에 어떤 역할을 해줄 수 있는지를 살펴보는 것도 중요하며, 우리 사업에 필요한 네트워크를 가지고 있는지 등도 파악해야 할 것이다.

그렇다면 투자자를 실제로 만났을 때 꼭 물어봐야 할 핵심 내용은 무엇일까? 크게 다음 4가지로 요약할 수 있다.

① 펀드 규모
② 투자금 규모

③ 투자 분야
④ 프리/포스트 기업가치(마켓밸류)

먼저 펀드 규모와 투자금 규모를 알아보자. 엔젤투자조합이나 벤처캐피털들은 스타트업에 투자하기 위한 투자금 펀드를 조성하게 된다. 보통 펀드는 한정되어 있는 편이고 투자자는 조성된 펀드 내에서 투자할 기업을 정한다. 즉, 우리 기업가치가 투자자들의 펀드 규모를 넘어선다면, 즉 그들이 투자할 수 있는 투자금 기준을 넘어선다면 투자가 이뤄지기 어려운 것이다. 그 때문에 먼저 이렇게 "혹시 고려하는 기업가치의 기준이 있으신가요?"라고 물어보면 내가 생각하는 투자금과 핏이 맞는지 아닌지를 미리 확인할 수 있을 것이다.

투자 분야의 경우, 해당 투자사들이 진행해 왔던 포트폴리오를 통해 내가 이들과 이어질 가능성이 있는지를 확인해 봐야 한다. 더불어 정말 중요한 것은 객관적이고 냉정하게 기업가치를 정해서 말해야 한다는 것이다. 흔히 기업가치 평가를 이야기할 때의 기본 용어와 공식은 다음과 같다.

- *Pre-money value*: 프리머니, 프리밸류, 혹은 프리라고 불리는 투자 전 기업가치는 말 그대로 투자를 받기 전에 기업이 갖는 기업가치를 의미한다.
- *Post-money value*: 포스트머니, 포스트밸류, 혹은 포스트라고 불리는 투자 후 기업가치는 투자 전 기업가치에 투자받은 금액을 더한 금액이다. 프리밸류가 10억인 회사가 2억의 투자를 유치했다면 포스트밸

류는 12억이 된다.

위에서 보듯이 기업가치 측정이 중요한 이유는, 기업가치는 지분율과 밀접한 연관이 있고 지분율은 기업 의사결정권과 소유권에 영향을 미치기 때문이다. 스타트업 입장에서는 사업을 키우기 위해 돈이 필요한 것은 사실이지만, 초기 단계/라운드부터 너무 높은 지분율을 떼어 주면 기업을 이끌어 가는 입장에서 의사결정권이 줄어들게 된다. 더구나 기업가치는 한 번 정하면 바꾸기가 쉽지 않다. 이전 라운드에서 투자받았던 기업가치에 근거해서 다음 라운드의 투자가 이루어지기 때문에 기업가치를 잘 설정하는 게 더욱 중요하다.

따라서 스타트업은 투자자가 받아들이는 선에서 합리적인 기업가치를 제시해야 한다. 이를 위해선 냉정하게 자신의 회사를 평가해 보는 게 필수다. 간혹 데모데이 등에서 스스로를 지나치게 과대평가하는 회사들을 만날 수 있는데, 이럴 경우 투자로 이어지기란 거의 불가능하지 않을까…. 그 때문에 우리와 비슷한 규모의 스타트업이 투자 유치한 사례들을 참고해서 기업가치에 대한 현실적인 기준점을 갖고 임하는 것이 필수다.

IR 자료에
공들여라!

스타트업이 투자자에게 꼭 물어봐야 할 내용이 있다면, 반대로 투자자들이 스타트업에게 반드시 요구하는 핵심 내용이 있을 것이다. 그리고 이를 미리 파악해서 잘 준비하고 어필할 수 있다면 투자 성사율이 높아질 것은 당연하다. 어느 한 미디어에서 스타트업 대표 20인들을 대상으로 한 설문조사 기사를 읽은 적이 있다. IR 때 투자사로부터 받은 공통질문이 무엇이었냐는 조사였는데, 크게 요약하면 바로 이 4가지로 요약된다. 바로 회사의 경쟁력(차별성), 시장 규모 및 성장성, 대표이사 및 핵심 인력 구성, 엑싯(IPO, M&A) 가능성 및 방법이다.

결국 내 사업이 이 4가지 요소를 충족시킬 수 있을 만큼의 튼튼한 본질을 갖추고 있다면, 또 이를 IR 자료에 잘 녹여서 투자자와의 만남에서 표현해 낸다면 투자 유치의 가능성은 높을 것이다. 반대로 이 4가지 요소에 대한 본질이 부실하거나, 이를 잘 표현하지 못했다면 당연히 투자는 가까이하기엔 너무 먼 당신이 될 수밖에 없으리라.

구체적으로 회사의 경쟁력 부분에 있어서는, 다른 경쟁사와 대비해서 시장에서의 문제를 가장 잘 해결할 수 있다는 것을 설득하는 것이 중요하다. 팀 구성의 경우, 창업 이전에 무엇을 하였는지도 항상 물어보는 질문 중 하나이며, 무엇 때문에 실패했고, 사업을 포기한 질문도 빠지지 않고 나오는 편이다. 이때는 쉽게 포기하지 않는 모습과 굳은 의지를 보여주는 것이 중요하겠다. 특히 좋은 투자사일수록 창업자와 팀에 관심이 많은 것 같다. 왜 창업을 했으며, 창업자 인생의 비전과

이 사업이 어떤 연관이 있는지를 미리 고민해서 대답할 수 있게 준비를 하도록 하자. 공동창업자와의 관계에 있어서도, 서로 각자의 영역에서 얼마만큼의 전문성을 갖고 역할이 나뉘어 있는지를 잘 설명하는 것도 필수다. 시장성의 경우, 도달 가능하지 않은 시장을 마켓으로 정의하는 것은 반드시 지양해야 할 것이며, 엑시트(Exit)에 대한 질문의 경우, 인수자에 대한 이해도도 수반되어야 하기 때문에 미리 시간을 갖고 답변을 준비해 가는 것이 좋을 것이다.

더불어, 투자자와의 만남에 있어서 정말 철저하게 준비해야 할 것이 있다. 바로 IR 자료! IR 자료의 중요성은 스타트업 CEO라면 너무도 잘 알고 있으리라 본다. 투자 유치 활동 전반에 걸쳐 창업자는 투자자와 문서로 소통해야 하는 경우가 많기 때문에, IR 자료는 투자자와의 소통의 시작이자 첫인상과도 같다. 더구나 IR 자료는 투자자와의 만남이나 피칭데이에서만 쓰이는 게 아니라, 투자 이후 과정에서도 오래도록 확인 목적으로 쓰이기 때문에 정말 공들여서 작성을 해야 한다. 한마디로, IR 자료와 피칭에서 투자자에게 주는 임팩트가 없으면 후속 투자 과정을 이어가기가 어렵고 결국 투자 유치에 성공하기도 상당히 힘들어지는 셈이다.

IR 자료를 잘 작성하기 위한 방법은 인터넷이나 기사 등으로 많이 나와 있지만, 필자가 생각하기에 최소한 다음 원칙은 꼭 지켜서 작성하는 것이 좋을 것 같다.

IR 자료 작성 시 기억해야 할 원칙

1. 간결하고 명료한 콘셉트가 핵심이다!

아무리 제품과 서비스가 좋다 해도, 이를 간명하게 전달하지 못하면 투자자를 설득하기 어려울 것이다. 즉, 현란하지 않아도, 간결하고 명료한 콘셉트가 핵심이라는 점이다. 예를 들어, 경쟁사 대비 단순히 더 많은 기능을 제공한다는 식의 설명은 피하는 것이 좋겠다. 여전히 많은 기업들의 IR 자료에서 타 제품과 단순히 기능적으로 '우리가 더 많이 한다.'는 점을 내세우는데, 이보다 중요하게 생각해야 할 것은 바로, 우리 제품/서비스의 컨셉과 핵심 가치이다. 컨셉이 간결할수록 투자자들은 물론 나아가 소비자에게도 강력하게 전달될 수 있음을 잊지 말자.

2. 데이터와 근거에 기반해서 설득하라!

기본적으로 IR 자료는 투자자를 설득하기 위함이다. 설득을 하려면 논리적이어야 하고 그러려면 데이터와 근거가 뒷받침이 되어야 할 것이다. 특히, 남들도 흔히 언급하고, 어디에서나 들을 수 있는 보편적인 데이터보다는, 자신만이 제시할 수 있는 데이터가 있다면, 투자자에게 확실한 차별 요소가 된다. 예를 들어 자신이 고객들을 대상으로 한 설문조사라든지, 파일럿 테스트를 진행하면서 얻은 고객 반응, 또한 실패를 했다면 그 실패에서 배운 것 등도 차별적인 데이터가 될 수 있을 것이다.

3. 공격받을 포인트를 미리 준비하라!

투자를 유치하는 스타트업 중에 모든 요소가 완벽히 갖춰져 있는 기업이란 없을 것이다. 투자자들이 집중 공격을 할 만한 약점은 당연히 한두 가지씩 갖고 있기 마련이다. 때문에 이 부분을 잘 설득하는 것이 투자 유치의 관건이라고도 볼 수 있다. IR 자료를 작성할 때는, 이 포인트에 대해서 냉정하고 객관적으로 셀프체크를 하고, 준비를 해야 한다. 예를 들어 기술적인 난제가 있다면, 어설프게 이런저런 기술을 사용해서 해결하겠다고 하기보다는, 빨리 시장에 들어가는 게 더 중요하기 때문에 이에 집중하면서 장기적으로 기술 대안을 찾아보겠다는 식으로 진솔한 전략을 펼치는 게 더 나을 것이다.

IR 자료 작성 좋은 방법

1. 핵심 사항 위주로 간결하게
- 너무 많은 내용을 전달하려 하지 말 것(짧은 시간에 회사의 핵심 기술과 사업을 전달)
- 내가 하고 싶은 이야기를 많이 전달하는 것이 능사가 아니다. 상대방이 소화할 수 있는 정보를 줘야 한다.

2. 중학교 2학년 학생에게 설명한다 생각하고 쉽게 전달되어야 한다(주로 중학교 2학년은 엄청 까칠하다).
- 나는 사업을 다 알지만, 상대방은 아무것도 모른다고 생각하고 설명해

야 함.
- 전문용어는 반드시 쉬운 용어로. 약어도 풀어서 알려주는 것이 상대방에 대한 배려다.
- 전문가에게 피칭하는 경우, 더 전문적인 내용은 질문이 나오면 별첨으로 보완하여 깊이감을 주자.

3. 핵심에 대해서는 도식화, 구조화, 이미지화를 통해서 머리에 각인이 되도록 표현할 것

IR 자료 작성 시 좀 더 세밀한 작성 방법

1. 자료부터 만들지 마라. 내용부터 정리하라(쭈─욱 스토리가 파노라마처럼 머릿속에 그려져야 함).

2. One pager로 글로 적어라(1~2장에 모든 구상들이 들어가야 함).
- 워드로 A4에 한 페이지로 전달할 핵심 내용을 정리한다.
- 빠진 내용이 없도록 스토리텔링이 되도록 매력적으로 작성
- 상대방이 투자하고 싶은 포인트가 있게 작성되었는지 수도 없이 판단해 볼 것

3. 핵심 사항이 담긴 Deck을 10페이지로 만들어라.

    아래 내용 위주로 작성하면 대부분 커버된다.

    ① 회사 개요 및 연혁

    ② 회사 Vision과 목표

    ③ 대표이사 및 팀의 역량

    ④ 시장과 경쟁 현황

    ⑤ 사업 현황

    ⑥ 비즈니스 모델(수익모델)

    ⑦ 핵심경쟁력

    ⑧ 향후 사업 확장 전략

    ⑨ 매출/손익 시뮬레이션

    ⑩ 투자 유치/투자금활용 계획

4. 각각에 대해서 예상되는 Q&A와 상세 보완내용을 Appendix로 만들고 Full Deck을 완성하라.

5. 여러 번 IR을 하면서 가다듬어라(메이킹이다. 자료를 맛깔나게 만들고 수도 없이 발표 연습을 하라).

피칭은 연습이다.
건방 떨지 말라!

투자를 위한 IR피칭은 일대 다수의 커뮤니케이션이다.

피칭이란 투자자 또는 심사위원들 앞에서 짧은 시간(5~10분) 동안 자신의 서비스/제품을 소개하는 시간이다. 그 짧은 시간 안에 투자자의 관심을 끌 수 있어야 하며, 후속 미팅으로 연계돼야 하는 만큼 피칭을 잘하는 것은 투자 유치의 성패를 가늠한다고 해도 과언이 아니다.

사실 나는 그동안 발표를 꽤 잘한다고 자신했었다. 그러나 어느 시점에 그게 착각이었음을 알게 되었다. 대학 강의나 특강 등을 많이 해온 경험들만 믿고, 그런 못난 생각을 하게 된 것 같다.

특강과 일반적인 강의와 투자 유치를 위한 발표는 엄연히 다르다. 발표도 누구를 대상으로 하는 것인지? 어느 장소에서 하는지? 발표의 목적이 무엇인지가 명확하게 정의하고 구분되어야 한다. 일반인에게 회사를 소개하는 행사와 대부분 투자사들이 모이는 투자 유치 설명회와는 발표의 내용이나 표현도 확연히 달라야 한다. 그리고 수백 명이 모이는 대형 강당에서 하는 경우와 소규모 IR의 경우에는 작은 회의실에서 하는 경우에 따라 PPT 자료뿐만 아니라 발표하는 방식도 달라져야 한다.

보통 액셀러레이팅 프로그램이 마무리되고 데모데이를 앞둔 시점에는 성공적인 행사 진행을 위해 연단에 올라가 실전 같은 피칭 교육을 받는 리허설 시간이 있다. 하지만 나는 행사 주관자가 매번 피칭 교육을 받으라고 하면 바쁘다는 핑계로 무시하고 내 방식을 고집했었다. '나는 잘 할 수 있다.'라는 자만감으로. 내가 이 내용을 제일 잘 아니까 문제없을 것이라고 최면을 걸면서, 넘치는 자신감으로 무대에 오르곤 했다.

사실 피칭은, 청중들에게 우리의 기술과 사업을 짧은 시간(통상 데모데이 피칭은 5~7분 내외)에 핵심적으로 이야기하고, 그들에게 관심을 이끌어 내야 한다. 데모데이 때 피칭의 중요 요소는 첫째 회사가 가지고 있는 사업 아이템에 대해 핵심이 확실히 전달되어야 한다. 둘째로 청중들의 관심을 모으기 위해 적절한 스토리텔링이 가미되어야 한다. 창업자들이 왜? 이 사업을 시작하게 되었는지에 대하여 궁금해하고 그 궁금증을 해소시키는 데 일정의 시간을 할애해야 한다. 세 번째, 청중과의 교감이다. 홀로 떠들어대는 단방향 피칭은 나의 생각을 제대로 전달할 수가 없다. 대다수의 청중을 나의 발표에 집중하고 몰입하게 해야 한다. 그들을 내 눈빛 속에 가두어야 한다. 약간만 더듬거리고 흥미나 긴장감이 떨어지면 청중과 투자자는 휴대폰을 본다든지 딴짓을 하게 된다. 그래서 그들과 커뮤니케이션하기 위한 프로다운 퍼포먼스도 중요하다. 이 3가지 요소 중 하나라도 부족하면 그 발표는 0점에 가깝다. 발표평가는 중간 점수가 없다. 100과 0점만 존재할 뿐. 잘못된 발표는 시선이 가지 않는 몹쓸 상품이나 마찬가지다. 나는 이런 피칭의 중요한 요소들을 인지하지 못하고 독불장군 같은 자신감으로 무장하여 무대에 올랐던 적이 여러 번 있었다. 기본기가 갖추어지지 않은 부실한 상태로. 결국 화근이었다.

창업 초기 어느 피칭 데모데이를 앞둔 때였다. 행사를 앞두고 사전 리허설에서 발표 연습을 마친 후, 젊은 여성 코치로부터 쏟아지는 지적질에 얼굴이 귀밑까지 화끈거렸던 기억이 아직까지 생생하다. 그때야 정말 절실히 깨달았다. 왜 피칭 교육이 필요하고, 왜 피칭 강사가 필요한지를 말이다. 역시 나이가 들어도 경청하고 끊임없이 부족한 부분을 배워야 함을 절감한 순간이었다.

피칭 강사가 내게 지적한 내용들은 다음과 같다.

① 발표자는 허공을 자주 보십니다. 땅도 보지 마세요. 벽도 보지 말고 오로지 청중의 눈을 보세요. 그리고 시선도 Z 자로 뒤쪽 왼쪽부터 오른쪽으로 서서히 이동하면서 청중을 압도해 나가야 해요.
② 손가락으로 발표 자료 화면을 지적해서는 안 됩니다. 손바닥으로 펴서 공손히 던지듯이 지시하세요(일기예보 하는 전문 기상캐스트를 떠올려 보세요).
③ "어, 어."라고 접두사를 쓰기보다는 차라리 침을 삼키세요.
④ 손이 너무 현란하게 움직입니다. 두 손을 정갈하게 모으세요. 그리고 두 손을 배꼽 위에 항상 위치하세요.
⑤ 짝발은 남에게 불쾌함을 줍니다. 발표자는 조폭이 아닙니다. 당신의 말을 듣는 청중은 우리의 기술을 구매하는 바이어입니다.
⑥ 너무 자신감이 강해 자주 무대를 왔다 갔다 움직입니다. 청중들이 집중할 수가 없어요. 발표 페이지마다 딱 2번만 움직이세요.
⑦ 처음 인사할 때 간단한 소개가 끝나고 머리를 숙이세요. 박수를 받고 시작해야 반을 성공합니다. 그래야 청중들이 집중합니다. 근데 당신은 소개와 동시에 인사를 합니다. 그러니 청중들은 박수 칠 타이밍을 놓칩니다. 시작부터 꽝입니다.
⑧ 주어진 시간을 정확히 맞추세요.
⑨ 페이지가 바뀔 때마다 항상 단절이 됩니다. 자연스러운 연결어를 잘

활용하세요(앞 페이지 내용을 다음 페이지와 연결하도록 노력하세요).
⑩ 자신감은 좋은데, 자만감은 지금 이 자리에서 바로 버리시고….

내가 고쳐야 할 부분이 이렇게나 많은지 정말 몰랐었다. IR 피칭은 단순히 문서를 음성으로 읽어 내는 것이 아니다. 문서와는 또 다른 스킬과 노하우가 필요한 전문 영역이라는 것을 간과하면 안 된다. 효과적인 피칭은 설득력 있는 말과 표정, 제스처, 시각 자료 등이 모두 함께 어우러져야 한다. 문서로서는 전달할 수 없는 창업자의 자세와 의지가 피칭을 통해 전달되는 만큼, 임팩트 있는 전달 방법을 고민하고 연습해야 하는 것이다.

또한 항상 청중의 입장에서 진행해야 한다는 것이다. 발표를 완벽하게 준비했는데도 청중들의 주목을 받지 못했다면 순서가 잘못되었을 가능성이 크다. 청중들은 일의 과정이나 배경보다는 결과를 우선적으로 듣고 싶어 한다. 서론이 길어지면 따분해지기에 십상이다. 첫 도입부에 결론을 먼저 제시해서 주의를 집중시키고, 그걸 신뢰할 수 있게끔 근거를 제시하는 방식으로 피칭 스토리를 구성하는 것도 중요하다.

결론은 연습 또 연습, 노력하는 것만이 해답이다. 나는 위에서 전문가가 지적한 10가지 항목을 인지하고 수없이 연습하게 되었다. 한 번의 발표를 위해 타이머를 맞춰 놓고 정말 수십 번의 연습을 한다. 나만의 발표 연습장은 주로 차 안이다. 차를 몰고 가다가 차에 있는 시계를 보면서 무대에 서 있다는 생각으로 수도 없이 큰소리로 외우고 또 외운다. 많이 개선이 되었지만 여전히 무대에 오르는 건 진땀이다. 내일도 또 발표를 해야 하는데….

VC 투자 유치 과정에서 이것은 기억하자

역지사지하라!

투자자와 스타트업은 서로를 찾아다니는 관계이지만 기본적으로 투자 유치가 쉽지 않은 이유는, 일단 수요가 공급을 초과하는 불균형한 시장이기 때문일 것이다. 그리고 진짜 중요한 원인은 바로 서로의 기대치가 맞지 않다는 점이 크다. 투자사 입장에서는 자신들이 돈을 투자하는 만큼 그에 상응하는 가치를 원할 것이고, 스타트업 입장에서는 기술력이나 성장 가능성을 제대로 알아주지 못한다는 야속한 마음을 갖기 마련이다.

결국은 역지사지. 입장을 바꿔 생각해 보는 자세가 가장 중요하지 않을까. 과연 내가 투자자라면 우리 회사에 투자를 할 것인가? 이 돈을 투자할 만큼 내 사업이 성장 가능성이 있는지를 객관적으로 되돌아봐야 한다는 것이다. 만약 내 사업의 본질이 튼튼하고 충분한 경쟁력이 있다는 판단이 든다면 자신감을 갖고 협상테이블에 나서 투자자를 만나야 한다. 하지만 냉정하게 판단해 봤을 때 내 사업의 미진한 부분이 도드라져 보인다면, 또 많은 투자자들에게 'NO'라는 대답을 듣고 있다면, 과감히 투자 유치 시기를 미루고 내실을 더 다지는 쪽으로 전략을 바꿔야 할 것이다. 계속 거절을 당하면서도 투자자를 전전하기보다는 다음 라운드에 이르기까지 버티고 버텨서 다음 기회를 노리는 게 현명하다.

좋은 리스너가 되라!

많은 투자자들이 거의 공통적으로 하는 이야기가 있다. 함께 마주 앉아 코칭과 조언을 받아들일 자세가 없는 창업자와는 더 이상 만남이 이어지기 어렵다고 말이다. 사실 스타트업 입장에서는 투자자들이 내 사업의 문제점을 지적하거나, 자신의 생각과 다른 의견을 낼 때 마음속에서 적잖이 반발이 생길 수밖에 없을 것이다. 내 사업은 누구보다 나 자신이 더 잘 아는데, 투자자들이 이해하지 못한다는 생각이 들 수도 있다.

하지만 기억해야 할 점은 '들을 수 있는 자세(경청)'가 되어 있어야 한다는 점이다. 이 말은 자신의 주관 없이 투자자들의 조언을 무조건 받아들이라는 뜻이 아니다. 반론을 제기하는 것은 괜찮다. 하지만 마음을 꾹 닫아 버린 채 투자자가 제기하는 의문에 방어적으로 행동하는 것은 결코 투자 유치에 도움이 되지 않는다. 기본적으로 투자자는 단순히 돈을 대는 존재가 아니라, 함께 성장해 나가는 파트너 관계라는 인식도 필요하지 않을까. 자신의 한계를 이해하고 코칭을 받을 자세가 되어 있는 창업자들에게 투자자들은 조금이라도 더 나은 조언을 하기 마련이다.

그리고 기억하자. 투자자를 만나는 것 자체가 창업자에게는 고마운 기회라는 사실이다. 그들과의 만남 자체가 객관적이고 냉정한 조언을 받을 수 있는 기회이며, 이를 통해 나를 되돌아볼 수 있는 계기가 될 수 있다. 그 때문에 칭찬보다도 내 사업의 문제점이나 충고를 해주는 투자자의 말에 더욱 귀를 기울이는 자세도 필요할 것이다.

발품을 팔고 많이 만나라!

스마트폰 하나면 뭐든지 다 되는 시대지만 여전히 오프라인에서의 소통은 큰 힘을 가진다. 특히 스타트업 CEO라면 인적 교류를 넓힐 수 있는 자리를 찾아 발품을 팔고, 많은 사람들을 만나는 것이 중요하다. 의외의 곳에서 의외의 사람에게서 사업의 아이디어를 얻을 수 있으며, 골머리를 앓던 문제가 의외의 네트워크를 통해 쉽게 풀리기도 한다.

요즘엔 창업 지원기관에서 열리는 피칭행사나 네트워킹 행사가 정말 다양하다. 그곳에는 미디어에서나 봤던 유명한 투자자들도 있고, 연쇄 창업가 출신의 엔젤투자자도 있으며, 같은 문제를 경험했던 선배 창업가들도 있다. 물론 내 사업을 팽개치고 이런 모임만 찾아다니라는 얘기가 아니라, 이런 모임 중 한두 곳에 고정 멤버가 되는 것도 필요하다는 얘기다. 투자자를 만나고 적극적으로 자신을 알리다 보면 협력할 수 있는 파트너가 생기고, 나아가 투자로 이어질 수 있는 기회가 생길 수 있다.

투자자도 사람이기에 여러 번 만나면 그 사람에 대한 관심도가 높아지기 마련이다. 사람과 사람 사이에 답이 있다. 발품을 파는 노력을 병행하자! 더불어 회사의 IR 자료나 소개 멘트 등을 항상 준비해서 언제 어디서든 잘 전달될 수 있도록 한다면, 기회가 행운으로 바뀔 확률도 커질 것이다.

실패의 경험도 굳은살이 된다!

한 방에 투자 유치를 성공한 몇몇 대단한 스타트업을 제외하고는, 아마 대부분의 스타트업들이 투자 유치에 수도 없이 실패한 경험을 갖고 있을 것이다. 나 역시 많은 실패를 거쳤다. 창업 초기 액셀러레이팅 프로그램인 SK브라보리스타트 사업에 지원했을 당시, 우리는 준비 부족과 안이한 대처로 투자 유치로 이어질 수 있는 보육프로그램 선발에 실패한 경험이 있다. 당사 기술인 아이트래킹의 핵심은 눈인데, 이 기술이 눈 건강에 이상이 없느냐는 투자자의 질문에 문제가 있을 수도 있다고 어설픈 대답을 해버린 것이다. 적외선 카메라가 시력에 영향을 미치느냐에 대한 질문에, 제대로 된 사전 조사를 하지 않아서 엉뚱하고 어설픈 답변을 내놓은 것이 탈락의 원인이었다(탈락 후 아이트래킹을 하기 위한 IR카메라가 눈 건강에 어떠한 영향을 끼치는지 수많은 책과 논문을 찾게 되었고, 그중 우리가 찾는 논문을 발견하고 인체에 아무 영향이 없다는 내용을 발췌하여 발표 자료 부록으로 작성해 두기도 했다).

당시엔 속도 많이 상했고, 스스로에 대한 원망도 많이 했다. 하지만 그런 순간에 무너지면 안 된다. 스타트업의 여정은 매 순간 실패와의 동행이며, 관건은 실패 그 자체가 아니라 그 실패를 어떻게 극복해 가는지에 달려 있다. 투자 유치나 지원 사업 선정에 떨어지면 그 실수를 되풀이하지 않겠다는 마음으로 다시 준비해야 한다. 좌절하지 않고, 다시 한번 자신감을 갖고 내실을 다지면 언젠가 또 기회가 온다. 실패의 경험도 굳은살이 된다. 실패를 거울삼아 나의 부족한 점을 채워 다시 뛰다 보면 머지않아 투자 유치의 결실을 맺을 수 있으리라 믿는다.

감사한 마음을 가져라!

현대판 살롱 문화 열풍을 불러오면서 승승장구하고 있는 독서 커뮤니티 플랫폼 '트레바리' 대표의 인터뷰 기사를 읽은 적이 있다. 국내 최초로 독서 모임을 수익 모델로 발굴한 가치를 인정받아 50억 원에 가까운 투자 유치에 성공한 윤수영 대표는 이런 말을 했다. "나는 투자를 받은 일이 결코 축하받기만 할 일이 아니라고 생각한다. 돈을 받았으면 불려서 돌려주는 게 당연한 도의다." 정말 맞는 말이다. 투자란 그 기업의 미래 가능성에 대한 투자이며, 창업자와 팀에 대한 신뢰가 있기에 가능한 일이다. 그 때문에 우리의 가치를 인정해 준 투자자들에게, 그 믿음에 대한 보답을 하겠다는 마음을 갖는 것이 당연할 것이다.

그런데 의외로 그렇지 않은 창업자들도 일부 있다고 한다. 한마디로,

투자받기 전과 투자받은 후의 태도가 현저하게 바뀌는 것은 후속 투자를 이어가는 데 걸림돌이 될 수 있다. 투자자는 공동의 목표를 향해 함께 가는 반려자이고 동지이다. 나의 미래 가능성을 믿어준 투자자들에 대한 고마움을 잊지 말아야 한다. 그리고 창업이라는 드라마에서 성공이라는 해피엔딩을 맞이하기 위해 투자자들도 드라마를 빛내는 나의 조력자이자 조연이라는 생각을 갖고, 함께 나아간다는 생각을 가지는 것이 바람직하다. 서로 함께 동행하는 사람들이다.

* 〈투자자가 바라보는 성공적인 창업가의 특징〉이라는 글을 제가 우연히 페친으로 SNS로 소통하는 디지털헬스케어 파트너스 최윤섭대표의 글을 읽고 난 후, 오프라인에서 마주해서 무한 공감하면서 가져온 글임을 주석을 달고 인용합니다.

나름대로 많은 스타트업들과 일을 하면서 성공적으로 성장하는 스타트업과, 그렇지 못한 스타트업을 접하고 있다. 이 둘을 구분하는 공식 같은 것은 없지만, 그래도 어느 정도의 경향성은 있는 것 같다. 주말 아침에 이런저런 생각을 하다가, 성공적인 창업가는 어떤 조건을 갖추고 있는지 몇 가지 메모해 본다.

- 가설과 실험의 중요성을 안다. 스타트업은 기본적으로 시장과 고객에 대한 문제를 해결하는 조직이다. PMF를 찾기 위해서 '인사이트'나 '감'에 기반한 사업이 아닌, 가설 기반의 반복적인 실험을 통해서 체계적으로 사업을 발전시켜 나간다. 가설-실험-검증의 중요성을 알고 있으며, 실제로 사업계획과 주요 의사결정을 이런 가설-실험-검증 과정을 반복하면서 진행한다.

- 가설과 실험에 있어, 정성적이 아니라 정량적으로, 또한 구조적으로 사고한다. 데이터의 중요성을 안다. 예를 들어, AARRR과 LTV/CAC 와 같은 의미를 정확히 이해하고 있으며, 의사결정에 적극적으로 반영한다. 핵심 지표의 의미와 추이를 정확히 파악하고 있다. 또한, 반대로 그럴 듯하지만 실제로는 의미 없는 허수 지표 역시도 파악하고 있다. 상대방을 설득할 때에도(예를 들어, 투자 유치를 할 때) 정량적인 지표에 기반하여 설득한다.

- 시장과 고객의 중요성을 안다. 중요한 것은 창업가 본인이 원하는 것이 아니라, 시장과 고객이 원하는 것이다. 그 차이를 인지하고, 그 중요성을 알고 있다. 너무 기본적인 내용이어서, 다들 안 그럴 것 같지만, 의외로 고객이 무엇을 원하는지를 파악 안 하는/못 하는 창업자가 적지 않다(즉, 고객은 외면한 채 그냥 창업자 본인이 원하는 것을 하고 있는 것이다). 고객, 고객, 고객!

- 실행이 빠르다. 의심할 여지 없이 중요한 요소이다. 어떤 팀은 시장에서 피드백을 받거나, 자문이 피드백을 주면 그 즉시 반영하지만, 또 어떤 팀은 수개월, 수년이 지나도 실행하지 못하는 경우가 있다. 핑계 없는 무덤은 없다. 하지만 이유, 상황, 문제를 막론하고 빠르게 실행하지 못하면 그 팀은 결국 실패한다.

- 사업가로서 성장하고 진화한다. 특정 분야의 전문가로 사업을 시작했다고 하더라도, 계속 도메인 전문가로 남으면 안 되고, 결국 '사업가'로 진화해야 한다. 사업은 대표가 성장하는 만큼 성장한다. 그냥 전문가로만 머물러 있으면 결국 사업은 성장하지 못한다. 하지만 안타깝게도 많은 '전문가' 출신의 창업

가들이 이 덫에 갇히고 만다.

- 다른 사람의 이야기를 '비판적으로' 귀담아듣는다. 아무리 중요한 이야기를 해줘도 한 귀로 듣고 한 귀로 흘리거나, 자신의 고집에 갇혀서 귀를 닫고 다른 이야기를 듣지 않는 경우가 적지 않다. 여기에 중요한 것은 다른 사람의 조언이 정말 중요한지, 쓸모없는 이야기인지 구분하는 것인데, 역시 이것도 창업자 본인 역량의 일부이다(다른 사람의 이야기에 너무 휘둘리는 '팔랑귀'가 되어서도 안 되지만, 사실 창업을 할 정도의 의지가 있는 사람이라면 팔랑귀는 별로 없다).

- 투자자를 잘 레버리지 한다. 투자자는 같은 배를 탄 주주로서 완전한 우군이다. 특히 우리와 같은 초기 투자사들은 더욱 그러하다. 사업을 잘하는 분들은 투자자를 적극적으로 활용한다. 투자자의 전문성, 네트워크, 자본력 등을 자기 것으로 만든다. 투자자는 숙제를 검사받아야 하는 대상도 아니고, 잘 보여야 하는 갑을관계도 아니다(잊지 말자. 잘 보여야 하는 대상은 고객이다). 사업을 잘하는 창업자들은 투자자를 사업을 함께 만들어 가고, 함께 고민하는 파트너로 인식한다. 사업이 잘 안되면 갈수록 투자자들로부터 거리를 두고 숨으려는 창업가들이 있다. 오히려 반대로 해야 한다. 더 적극적으로 투자사와 소통하고 레버리지를 해야 한다.

- 커뮤니케이션을 잘한다. 커뮤니케이션 대상은 투자자, 공동창업자, 사내 직원들, 그리고 시장을 모두 포함한다. 특히 너무 '늦게' 커뮤니케이션해서 문제 해결의 타이밍을 놓치거나, '솔직한' 커뮤니케이션을 못 하는 경우(자신에게 유리한 정보만 오픈해 놓고 있다가 나중에 가서야, '사실은 이런 문제가 있었습니다.' 이야기한

다든지) 정말 답답해진다. 반대로, 매달(혹은 특정 주기로) 투자자에게 최근 진행 상황과 지표를 시키지 않아도 '자발적으로' 전달하는 소수의 팀이 있다. 이런 팀은 대개 성공적이었다.

- 메타인지. 창업자 본인에 대해서, 그리고 팀에 대해서 정확히 스스로 파악하고 있다. 앞서 언급한 역량, 특징들을 실제로 내가 얼마나 어떻게 갖추고 있는지를 객관적으로 파악하고 있으며, 부족한 부분은 앞으로 어떻게 보완할지도 알고 있다. 잘 풀리지 않는 팀을 보면, 스스로에 대해서 3자가 바라보는 평가와는 전혀 다르게 인식하고 있는 경우가 종종 있다(보통은 스스로를 더 과대평가한다). 모든 발전은 결국 스스로에 대한 정확한 인지와 상황 인식에서 시작한다.

- 성장의 중요성을 안다. 결국 스타트업은 '스타트'해서 '업'해야 한다. 성장하지 않으면 스타트업이 아니다. 그냥 개인사업이나 중소기업의 가장 큰 차이는 결국 스타트업은 성장을 주요 목적으로 하는 조직이라는 것이다. 앞서 말한 정량적 사고, 가설/실험, 실행력, 커뮤니케이션 등 모든 것들이 결국 '성장'을 위한 것이다. 성장 자체는 느릴 수 있고, 시간이 오래 걸릴 수 있다. 하지만 그냥 사업을 '지속 가능하게'만 유지하는 것으로 만족해서는 근본적으로 스타트업이라 할 수 없다.

반대로 투자자로서의 역량은 위에서 언급한 조건을 갖춘, (극초기 투자자로서 더 정확하게는) 이러한 조건을 앞으로 '갖출' 잠재력을 가진 창업가들을 찾아낼 수 있느냐에 달려 있다고 생각한다. 하지만 이는 결국 예술의 영역이고, 투자를 실제로 집행해서 피를 섞고 일을 함께해 보지 않으면 파악하기가 불가능한 영역이 있다. 내부에서는 너무도 명확하게 보이지만, 외부에서는 파악하기가 불가능한 것이 분명 존재한다.

이것이 초기 투자자로서의 근본적인 어려움이자 한계이고, 투자 전략 역시 이런 딜레마를 충분히 반영하여 세워져야 한다. 이것이 요즘 내가 고민하고 있는 지점이다.

(이상 디지털헬스케어 파트너스 최윤섭 대표의 〈투자자가 바라보는 성공적인 창업가의 특징〉에서 가져온 글입니다)

정책자금(대출),
빌린 돈도 자산이다

필자는 남의 돈이나 금융기관 돈을 빌리는 것을 멀리하였다. 부채도 자산이라고 알고는 있지만, 왠지 빚쟁이가 되면서 사업을 한다는 게 꺼림칙했기 때문이다. 그래서 지금껏 은행 대출은 마이너스 통장 외에는 한 번도 없었다. 그러다 어느 순간, 선배 창업자와 창공 공장장의 이야기를 듣고 이 책 제목과 같은 신용보증기금(이하 신보)의 대출 프로그램(퍼스트펭귄)을 검토하게 되었다. 나의 고집스러움을 부수는 계기가 되었다. 신보의 방문을 통해 이런 좋은 제도를 뒤늦게 알게 된 것에 대하여 후회가 되기도 했다. 까딱 잘못했으면 창업 기한(5년 이내 업체 지원 가능)이 지나 지원조차도 못 해보고 기회를 사장시키는 우를 범할 뻔했으니 말이다.

신보의 퍼스트펭귄 제도는 지원과 최종 선정까지는 약 두 달 정도의 시간이 소요된다. 필자는 이 제도 선정 기업이 되면서 총 10~30억 원의 자금 2%(2019년 당시)대 초반의 저리 금리로 대출을 받을 수가 있었다. 물론 대다수의 창업자들이 꺼리는 연대보증도 없고, 단지 기업이 보유하고 있는 특허 심사를 통해 질권을 보증하여 목돈을 지원(대출)해주는 제도이다. 신보의 퍼스트펭귄으로 가기 전의 혁신스타트업 지원 프로그램인 리틀펭귄 제도도 기억하기 바란다.

정부 과제와 VC 투자 유치만이 스타트업의 자금 확보 방법은 아니다. 우리나라에는 스타트업들을 위해 정말 좋은 조건으로 대출을 해주는 두 기관이 있다. 바로 신용보증기금과 기술보증기금이며, 이들이 운영 중인 대출 프로그램은 정말 다양하다. 신보의 창업 5년 차까지 지원 가능한 퍼스트펭귄 프로그램과 그 한 단계 위인 10년 차까지 지원 가능한 '혁신아이콘 프로그램' 등의 정책자금 대출 프로그램은 이전과는 달리 연대보증이나 담보가 필요가 없다. 단 회사가 보유한 기술, 특허를 기술평가를 통해 질권으로 하여 최상의 저리의 자금을 대출해 준다. 퍼스트펭귄의 경우, 3년에 최대 30억까지 연도별 대출을 받을 수 있다. 물론 심사까지는 까다로운 단계를 거쳐야 함은 물론이다. 3년간의 사업계획과 자금 활용 계획 그리고 기술 개발 로드맵 등 정부 과제 제안과 엇비슷한 정도의 사업계획서 작성을 위한 노동을 투입해야 한다. 항상 공짜는 없다. 또한 창업 3년까지 지원 가능한 중소기업진흥공단 창업 대출은 최상의 조건이었다. 최대 3억 정도에 2%대 초반의 금리와 2년 거치 3년 상환…. 지구상에 최고의 지원자금이라 해도 과언이 아니다.

필자는 이미 상기 금액의 혜택을 다 누릴 정도로 행운아였다. 그렇지만 그냥 감나무 아래 누워서 기다려 딴 감은 절대 아니었음을 밝힌다. 자신의 업력과 창업 기간에 따라 이런 대출 프로그램을 잘 알아보고, 이를 잘 활용하는 것도 자금난으로부터 벗어날 수 있는 또 다른 좋은 방법임을 꼭 기억해야 한다.

신보, 퍼스트펭귄형 창업기업보증 구성체계

구분			1차년도	2차년도	3차년도
업력			창업 후 5년내		
대상기업			제조업 또는 신성장동력산업 영위기업, 유망서비스 부문 대상 업종 중 신보의 "퍼스트펭귄기업 창업유형별 평가" 결과 80점 이상		
총한도			총지원 가능한도 30억원		
보증한도	Credit Line	신규설정	3년간 지원한도 → Min(30억원, 3년차 추정매출액×1/2)		
		연차별 한도	Min(20억원, 1년차 추정매출액, 소요자금)	Min(25억원, 2년차 추정매출액)	Min(30억원, 3년차 추정매출액×1/2)
보증료율			0.7% 고정보증료율		
보증비율			100%	95%	90%
비금융자원			- 투자옵션부보증, 보증연계투자 요청시 우선 지원 - 유동화회사보증 취급시 편입·금리 우대 - 전문 경영컨설팅 및 Job-Matching 서비스 제공		

신보 혁신 아이콘 프로그램

지원 대상은 업력 2년 이상 10년 이하의 기업으로 유망 서비스 분야에 속한 기업이다. 유망 서비스 부문은 문화콘텐츠, 보건/의료, 교육, 소프트웨어, 물류, 관광, R&D 등이며 규모 면에서 지원기업은 크게 매출 요건 또는 투자 요건 둘 중에 하나만 맞추면 지원이 가능하다. 최근 1년간(2018년 9월~2019년 8월) 매출액이 5억 원 이상, 최근 2개년 기하평균 매출증가율 10% 이상인 기업 또는 기관투자자 누적투자 금액이 20억 원 이상인 기업이면 지원할 수 있다.

지원기업으로 선정되면 먼저 보증 지원을 받을 수 있다. 운전자금 3년간 최대 70억 원을 받을 수 있는데 3차 년도 예상 매출액의 4분의 3 한도 내에서 지원한다. 금융비용 절감도 가능하다. 보증료는 0.5%, 보증비율은 100%다. 또 협약 은행을 통해 대출 시 금리를 0.7% 추가 인하해 준다.

혁신 아이콘 프로그램은, 대출과 더불어 추가적인 투자 연계 등 회사가 더 높은 단계로 성장하는 데 큰 도움이 되는 제도이다. 다양하고 실속 있는 지원 제도여서 경쟁률은 물론이고 선발 기준도 몹시 까다롭다. 1년에 10개 내외의 기업이 선정될 정도로 밸류와 명성이 높은 제도이기도 하다. 1년에 2번(상반기/하반기) 5개 기업씩 선정해 10개 기업을 선발하고 있다.

| 6장 |

나라에서 지원하는 창업 자금

- 창업의 불을 지필 '화력', 자금 확보
- 나라가 내 손에 쥐어준 종잣돈 3억
- 정부 과제 효율적 접근 방안
- 슬기롭게 접근하자
- 정부 과제 선발 확률을 높이는 7가지 노하우
- 예비/초기 창업자를 위한 각종 사업 및 프로그램
- 심사 평가, 이런 사업계획서에 눈길을 준다
- 이렇게 하면 99.9% 탈락
- 정부 과제 선정이 끝이 아니다

창업의 불을 지필 '화력', 자금 확보

　창업을 결심하고 착실한 스터디와 시장조사를 거쳐 사업 아이템을 결정했다면 이제는 실전에 뛰어들 차례다. 음식으로 치면 열정 넘치는 요리사와 신선한 식재료가 준비되었으니 이제 갖은양념을 섞고 불을 활활 지펴 요리를 완성해 내면 될 일이다. 문제는 날것의 식재료를 맛있게 익혀줄 화끈한 화력! 즉 자금이 필요하다는 점이다.
　사실 창업은, 결심의 순간부터 돈 걱정과 함께 시작된다. 사업 초기의 기술 개발 비용부터 인건비, 마케팅, 시제품 제작비 등 스타트업의 경우 제품 제조 비용까지…. 머릿속으로 예상만 해도 돈 나갈 곳은 수도 없는데, 그때그때 필요한 자금을 어떤 경로로, 얼마나 구할 수 있을까? 는 예비 창업자들의 가장 큰 숙제이자 고민일 수밖에 없다. 물론 타인에게 아쉬운 소리 할 필요 없이 넉넉한 여유자금을 마련해 놓았거나 물려받은 재산이 넉넉히 있다면 더할 나위 없겠지만, 아무리 자기 자본이 있다 해도 사업의 시기별로 투입되는 모든 자금을, 내 돈과 비즈니스 매출에서 나오는 이익금으로 기업을 유지하고, 자금을 충당하려고 생각한다면 위험에 빠질 소지가 다분하다. 사업이란 결코 내가 예상한 시나리오대로 척척 굴러가는 게 아니기 때문이다.

　자금 고민에 맞닥뜨린 창업자라면 아마 이런 유혹도 느끼게 될 것이다. 이 아이템 정말 좋은데…, 잘될 것 같은데…, 은퇴자금으로 한번 해볼까? 집을 담보로 한번 해볼까? 빚(사채)을 좀 얻어서 시작해 볼까? 신중한 고민이 필요한 대목이다. 치밀한 계획 없이 맹목적인 가능성만 믿고 창업을 결심하고 스타트하는 건 정말 어리석은 일이다. 사실 은퇴자금으로, 또는 빚을 내어서 사업을 시작하는 건 창업자 개인은 물론, 가정과 주변인들을 힘들게 하고 나아가 우리 사회를 힘들게 한다. 특히 본인은 물론, 가족의 노후가 걸린 은퇴자금을 담보 삼아 창업을 시작하는 것은 도전이 아닌 도박에 가까운 무리수라고 생각한다.

　그렇다면 과연 내게 필요한 자금은 어떻게 마련해야 할까? 예비/초기 스타트업이 자금을 확보할 수 있는 방법은 크게 4가지다.

① 자기 자본(쌈짓돈)
② 금융기관 융자/대출
③ 민간 투자 유치(엔젤투자, 크라우드 펀딩, 시리즈 A, B 등)
④ 정부지원자금 유치

　자기 자본의 경우에는 자금 운용과 투입이 제한적이다. 사업화가 완성되고 매출과 손익분기점(BEP)에 달성하기까지 무한정 자기 자본을 투입시킬 수 있는 경우는 거의 불가능에 가깝다. 결국 자기 자본에 타인 자본을 적극 활용할 수밖에 없다. 타인 자본을 확보하는 방법으로는 통상 금융권 대출이 있다. 먼저 금융기관 융자의 경우, 일반적으로 은행에 담보(부동산/동산/질권)를 넣고 자금을 빌리는 것을 말한다. 알다시피 일단 돈을 빌리면 매달 이자를 꼬박꼬박 내야 하고, 일정 기간 후에는 상환의 의무가 따른다. 이자를 연체하거나 대출금을 만기에 상환하지 못하는 경우에는 신용불량자 등 여러 가지 부작용이 따른다.

두 번째, 민간 투자 유치는 정기적인 이자 지급이나 상환 의무가 없지만, 초기 기업의 경우 현실적으로 이를 유치하기가 결코 쉬운 일이 아니다. 그들은 투자를 하기 위해 어떻게 투자 수익을 거둘 것인가에 대한 고민을 하고 다양한 사항들을 꼼꼼히 챙겨보고 투자를 결정하게 된다. 그 때문에 이제 막 창업한 초기 사업자의 경우, 이런 철저한 검증을 통과하기가 쉽지 않으며 IR을 하는 데에 많은 시간과 비용을 투자해야 한다. 엔젤투자의 경우는 가능성이 상대적으로 높기는 하다. 하지만 엔젤투자 역시 쉽게 유치할 수 있는 자금은 아니다. 창업 기업들이 수없이 많다 보니 엔젤투자자들의 눈과 판단도 이전보다 냉정하고 견고해졌다. 그리고 엔젤투자자들도 네트워크가 형성되어 있어서, 그들 간에 판단 기준과 정보를 교환하면서 우수한 기업들을 찾는 데 혈안이다. 투자자 입장에선 내 눈에 좋아 보이는 스타트업은 다른 투자자도 당연히 좋은 평가를 할 수밖에 없기에 이 또한 부익부 빈익빈이라고 할 수 있다. 자금 규모도 5,000만 원 미만으로 그렇게 크지 않다는 점도 감안해야 한다.

마지막, 정부지원자금 유치! 이것이야말로 초기 스타트업들에게 가장 추천할 만한 자금 조달 방법이자, 리스크를 해제할 수 있는 가장 좋은 대안이 될 수 있다. 창업을 통한 경제 활성화, 혁신성장에 전력을 쏟고 있는 정부는 예비 창업자들의 자금 부담을 덜어주고, 그들의 꿈에 마중물이 되어주기 위해 수백 가지에 달하는 정부 과제를 시행 중이다. 사실 전 세계에서 우리나라만큼 정부지원 정책이 우수한 나라는 드물다. 외국인들에게 우리나라의 정부지원 제도를 설명하면 입을 다물지 못한다. 부러움을 넘어 존경심을 느끼는 경우도 많이 봤다. 그만큼 정부가 스타트업의 성장을 위해 물심양면 발 벗고 나서고 있다는 이야기다. 스타트업 창업이야말로 취업률과 생산인구를 늘리는 중요한 방안이기 때문이다.

2023년 창업 관련 예산은 총 3조 6,607억 원으로 질과 양 모두 역대 최대 규모이다. 일부에서는 창업 지원자금이 나눠주기식이다, 창업 좀비만 양성시킨다는 부정적 시각도 있긴 하다. 물론 막 퍼주기식의 지원은 사라져야겠지만, 창업 초기에 필요한 지원은 반드시 지속되어야 하며, 정부지원금이야말로 초기 기업의 타는 목마름을 해결해 주는 사막의 오아시스임이 분명하다. 여전히 예비 창업자들 중에는 아이디어와 팀원까지 다 준비되었는데 최소한의 개발자금이 없어 꿈을 실현하지 못하는 경우도 허다하기 때문이다. 무엇보다 정부 과제 지원금의 가장 큰 장점은 상환 의무 없이 무상으로 지원된다는 점이다. 즉 갚지 않아도 되는 순수 기술 개발 사업화를 위한 지원금인 것이다. 그러나 용도 사용의 불성실한 집행이나 불법이 적발(중간 점검 및 과제 완료 후 회계감사 실시)될 경우 과제 도중이나 과제가 마무리가 된 이후 결과 평가에 따라 사용 용도 실사(과제 운영 부처가 선정한 회계사 투입)를 통해 기집행된 자금 회수와 페널티를 받게 된다. 그리고 불성실 기업으로 낙인이 되면 향후 어떠한 과제 제안에 임할 수가 없다는 점을 기억해야 한다.

정부 과제의 주관기관은 정부 기관인 창업진흥원, 지자체 창업 지원 기관, 창업선도대학 등이며 정부 기관 연계자금을 지원받는 경우, 멘토가 지정되어 경험 많은 멘토로부터 스타트업이 직면하고 있는 여러 가지 애로사항 해결하는 데 도움을 받을 수 있다는 것도 장점이다.

2024년 중앙부처 및 지자체 창업지원사업 통합공고를 보면 총 3조 7,211억으로 역대 최대였던 2022년 예산(3조 6,668억) 대비 453억이 더 많은 규모로 증가했으며, 이를 통해 일자리 창출과 기술창업 활성화에 더욱 박차를 가하고 있다. 특히 정부는 비대면, 친환경 등 시대의 수요를 포용하면서도 다양한 부처와 지자체들까지 사업 범위를 확대하는 등 그 어느 때보다도 창업생태계 발전에 대한 의지가 강하다. 가히 창업공화국이라는 칭해도 좋을 정도로 창업을 통한 경제의 선순환 구조를 만들어 가겠다는 의지가 강하다.

그래서 아이디어만 좋다면, 그리고 수많은 정부 과제 중에서 내게 맞는 과제를 찾아내는 노력과 노하우가 더해진다면 누구나 자금 부담 없이 사업을 시작할 수 있는 환경이 마련되어 있는 셈이다. 물론 정부 과제는 누구에게나 열려 있지만, 아무나 선정되는 건 결코 아니다. 준비되지 않은 신청자들에게는 결코 달콤한 꿀을 쥐여주지 않는 것이 정부 과제다. 필자는 운이 좋게도 법인도 설립하기 전에 개인 자격으로 정부 과제에 선정되어 창업을 스타트했고, 이를 통해 초기 기술 개발 비용을 조달받을 수 있었다. 또한 사무실 무상 지원 사업 등을 통해 초기 운영비를 줄이는 등 성장의 발판을 마련할 수 있었고, 이후 고비 고비마다 정부지원금을 통해 데스밸리(죽음의 계곡)의 위기도 넘겨올 수 있었다. 그리고 그 과정에서 체득한 합격과 실패의 인사이트는 선배 창업가들의 노하우에 목말랐던 여러분에게 작지만 소중한 단비가 될 수 있을 것이라고 믿는다. 이제부터 그 노하우를 아낌없이 나눠보고자 한다.

나라가 내 손에 쥐어준 종잣돈 3억

2014년 눈 내린 겨울 어느 날

창업을 위해 무엇부터 시작할지 공동창업자와 얼굴을 마주하였다.

필자: 우리 툭 까놓고 이야기해 보자. 자네는 초기 자금으로 어느 정도나 투입할 수 있을 것 같아?

공동창업자: 지금으로선 아무리 끌어와도 2,000만 원 정도가 최대치일 것 같아요. 여러 번 창업하고 실패를 해서 집의 돈은 아마 불가하고 은행 긴급 대출을 해서…(당시에는 정확히 답을 받지를 못했다).

필자: 나도 무리하게 돈 쏟아부어서 시작하기엔 좀 그렇다. 무슨 대안이 없을까?

그러한 논의를 하면서 우리는 길을 찾게 된다.

나&공동창업자: 그래, 우리 일단 정부 과제를 먼저 따놓고 사업 진행을 하자. 과제 선정되면 법인 설립하고, 그러고 나서 금융권의 자금을 차입하든지 하자. 정부 과제에 되고 나서 해도 늦지 않잖아.

합의 완료. 결국 초기 자금 확보와 리스크를 Hedge하는 대안을 찾게 되었다.

그랬다. 당시 공동창업자는 연이은 사업 실패로 사업자금을 댈 수 있는 여력이 없는 상황이었다. 그에 반해 필자는 그동안의 직장 생활을 통해 저축해 놓은 얼마간의 여유자금과 퇴직금, 또 프리랜서로 활동을 하면서 어느 정도의 수입이 있긴 했지만, 내 퇴직금이나 그동안 모은 은퇴자금을 쏟아부어서 창업을 시작한다는 건 도저히 엄두가 나지 않는 일이었다. 솔직히 가족과 주변인들의 눈치를 보면서 사업을 시작하는 게 큰 부담이 됐다. 무엇보다 법인 설립이 급한 게 아니라 안정적인 자금을 확보한 후 시작해도 늦지 않겠다는 생각이 컸다. 다행히 당시는 박근혜 정부가 추진한 창조경제 바람을 타고, 다양한 창업 지원 제도가 쏟아지고 있었다. 주어진 기회를 우리 것으로 만드는 것도 분명 실력이리라. 그때부터 우리는 온갖 정보를 탐색하기 시작했다.

정부지원 과제를 살펴보니 중소기업청부터 과학기술정보통신부, 산업통상자원부, 문화체육관광부(당시 부처명) 등 각 부처별 지원 사업의 종류도 수없이 많았고, 사업 업력별 지원 가능 사업의 종류도 천차만별이었다. 기왕이면 여기도 넣어보고 저기도 넣어보면 하나라도 걸리지 않을까? 욕심이 나기 시작했다. 사실 필자는 이 당시에 다양한 자금을 확보하고 싶은 마음에 정부 부처의 온갖 공개 설명회에 발품을 팔고 다녔다. 지금 되돌아보면 쓸데없는 짓을 한 셈이다. 모든 일이 그렇다. 미리 내가 필요로 하는 자금과 나의 현재 위치 등을 사전에 명확히 한 후 정보를 선별하고 치밀하고 계획성이 있게 접근했어야 했었다. 한 부처의 정부지원 행사만 검토하는 것도 엄청난 시간 허비다. 구멍가게에서 물건을 하나 구입하더라도 사전 구매 목표와 계획을 가지고 가게에 들어서면 신속하고 스마트하게 쇼핑을 할 수 있고, 쓸데없는 상품을 구입하게 되는 실수를 범하지 않을 것이다.

어쨌든 하지 않았어도 될 수고와 발품을 팔며, 길을 돌고 돌아 정보를 모은 끝에 우리가 선택한 과제 중의 하나는 바로 당시 산업통상자원부의 'BI 연계형 사업' 과제였다. 우리가 제안한 '시선 타이핑' 기술은 기술 자체의 혁신성을 토대로 사회적 가치를 실현할 수 있다는 점에서 충분히 어필이 가능하리라 생각했고, 이를 서면 평가 서류에 꼼꼼히 녹여내기 위해 노력했다. 물론 서면 평가 이후에 이어지는 대면 평가를 위해 예상 질문 등을 작성해서 철저한 준비도 함께 병행했음은 물론이다. 그리고 다행히 결과는 합격이었다! 정말 하늘을 날듯이 기뻤다. 사실 우리 두 창업자는 '준비하고 노력하면 이게 되는구나.' 하고 속으로 놀라기도 했었다. 법인도 설립하기 전에 무려 3억 3,000만 원(민간 부담금 10%인 3,000만 원 포함)이라는 지원금으로 제대로 판을 벌일 수 있는 불씨가 지펴진 것이었으니, 그 기쁨은 정말 말로 형언할 수가 없었다. 무엇보다 자금 확보에 대한 고민을 털어버리는 동시에, 할 수 있다는 자신감을 얻은 것이야말로 가장 큰 수확이었던 것 같다. 주변인들에게도 우리 사업에 대한 믿음을 줄 수 있게 된 건 물론이다.

정부 과제에 선정되고 나서 사업 추진을 위해 법인 설립이 필요했고, 지원금 총액의 10%(3,000만 원)를 민간(기업) 자본을 현금으로 부담해야 하는 규정상, 나와 공동창업자 각각 2,500만 원씩을 출자해서, 2014년 12월에 5,000만 원으로 공식적인 창업을 하게 된다. 법인 설립을 위한 사업장은 대전 국립한밭대학교의 산학협력단 창업선도 공용 공간 2평 정도의 자리를 무상으로 얻어서, 의미 있는 여정의 첫발을 내디딜 수 있었다. 많은 유니콘 기업들이 처음 시작을 허름한 창고나 작은 사무실에서 시작한 것처럼 우리의 시작도 별반 다르지 않았다. 정부지원금이 가상계좌로 들어오자 우리는 가장 먼저 핵심 개발자를 뽑았고, 우리의 아이디어를 실현할 기술 개발에 박차를 가하기 시작했다. 주목할 점은, 정부 과제로 첫 출발을 했던 덕분에 얼마 되지 않아 운 좋게도 엔젤투자까지 유치할 수 있게 되었다.

사실 엔젤투자 당시의 우리를 돌아보면, 참 어설펐다. 투자자들 앞에서 IR을 하고 사업 아이디어와 기술 개발 계획 등을 밝히는 과정에서 진땀을 흘린 적도 여러 번이었다. 당시 우리 발표 자료는 객관성이 다소 결여되어 있었고, 사업화에 대한 확실성도 미흡해서 투자자들의 눈길을 끄는 데 한계가 있었다. 초기 기술 개발 목표가 눈으로 타이핑을 치는 기술이었는데, 그 기술이 개발되고 어디에 누구에게 팔아야 할지에 대한 질문에는 궁색한 답변을 할 수밖에 없었다. 지금 생각하면 웃음이 난다. 뭐 초기 스타트업이 얼마나 Nice하겠느냐마는 투자자들 눈에는 한심했을 수도 있었겠다. 는 생각이 든다. 그나마 투자자들은 나와 공동창업자의 의지와 능력을 믿고 과감히 투자를 결정했었던 것 같다. 사업 아이템보다도 2명의 창업자를 보고 투자를 결정하였다는 후문을 몇 년 뒤에 들을 수 있었다.

그리고 우리가 투자를 받을 수 있었던 가장 큰 요인 중의 하나가 바로 정부 과제에 선정된 아이템이라는 '비교 우위 요소' 때문이었다는 점이다. 사실 엔젤투자를 받으려는 초기 스타트업들의 아이디어나 실력은 대부분 거기서 거기다. 물론 떡잎부터 남다른 몇몇 예외 기업도 있겠지만, 아직 여물지 않은 가능성에 투자를 하는 엔젤투자자 입장에서는 무엇 하나라도 다른 기업과 달라 보이는 차별적 포인트에 시선을 줄 수밖에 없으리라. 그 때문에 정부 과제 선정 아이템이라는 점은 그들에게 어필할 수 있는 큰 메리트일 수밖에 없다. 정부 과제로 선정 받은 아이템은, 엔젤투자자에게 상당한 신뢰를 준다. 국가가 인정한 기술이라는 든든한 보증수표와 시드머니가 있으니, 일단 투자자들에게 점수를 따고 들어갈 수 있는 것이다. 훈장 하나를 목에 걸고 있으면 투자자들을 끌어내고 설득을 하는 데 유리할 수밖에 없다.

　초기 스타트업의 경우, 엔젤투자를 유치할 때 일일이 투자자를 찾아다니며 자신의 회사를 알리고 기술의 우수성 등을 어필하는 IR(기업투자유치 자료)에 많은 시간을 쏟게 된다. 하지만 우리는 그런 노력과 시간을 덜 들이고도 비교적 남들보다 수월하게 5,000만 원이라는 엔젤투자금을 창업한 지 5개월 만에 유치할 수 있었던 것이다. 첫 단추를 잘 끼우는 것이 사업의 성장에 있어 얼마나 중요한가를 다시 한번 깨달은 순간이었다.

정부 과제
효율적 접근 방안

　정부 과제 선정과 엔젤투자까지 유치했으니 돈 걱정은 일단 접어두고 사업 진행에만 100% 올인하는 게 맞을까? 나는 많은 초기 스타트업들의 실수가 여기서 발생한다고 생각한다. 당장 먹을 쌀이 곳간에 쌓여 있다고 해도 결코 안심해서는 안 되는 게 스타트업이다. 곳간에 쌓인 쌀은 언젠가 바닥을 보이게 된다. 투자가 이루어지면 자연스레 식솔이 늘어난다. 직원들이 증가하면서 고정비와 운영비도 함께 증가하다 보니 통장 잔고가 생각보다 빨리 줄게 된다. 의외로 추가적인 자금 투입 시기는 생각보다 빨리 찾아온다. 방심하고 있다가 쌀이 다 떨어져 갈 때가 되어서야 허둥지둥 쌀을 구하러 다니다 보면 일은 일대로 진행이 안 되고, 결국 굶는 상황까지 벌어질 수 있게 된다. 결국 기업의 생존을 위한 자금 확보 노력은, 사업을 진행하면서도 항상 촉수를 예민하게 세워두고 함께 병행해야 하는 것이다. 이미 투자를 받은 총금액의 반 정도가 사라지는 무렵부터 후속 자금을 유치하는 준비를 해야 한다. 쌀독에 쌀이 반 정도 남았을 무렵 쌀을 구해두어야 마음이 안정되듯이.

우리는 지원금을 토대로 기술의 완성도를 높이는 데에 매진하는 동시에, 다음 단계의 지원금을 유치할 수 있는 정부 과제를 쉼 없이 찾아 나갔다. 그때 우리에게 포착된 것이 바로 중소벤처기업부의 '투자 멘토링 연계 과제'였다. 그 당시 투자 멘토링 연계 과제는 엔젤투자나 벤처투자를 5,000만 원 이상 유치한 업체들만이 지원할 수 있는 과제이다. 엔젤투자업체나 VC로부터 투자를 받은 업체들의 수는 한정적이기 때문에, 다른 일반 과제(투자와 상관없이 모두 지원이 가능한 과제)보다는 경쟁률이 낮아 선정 가능성이 훨씬 높다. 그 결과, 우리는 투자 멘토링 연계 과제 자유 공모에 선정되어 2억 2,000만 원을 지원받을 수 있었고, 이는 모든 스타트업이 설립 1~2년 차에 겪게 되는 자금 절벽을 피해 갈 수 있었던 귀한 원동력이 됐다. 산술적으로 보면 엔젤투자 5,000만 원에, 정부 과제 2억 2,000만 원을 추가로 받게 되었으니 총 2억 7,000만 원이라는 자금 집행이 가능해진 것이었다.

필자가 경험한 창업 초기의 자금 확보와 투자 유치 과정을 다시 한번 정리해 보자.

※ 핵심: 투자 유치 이전에 정부지원과제를 획득하는 것이 투자로 이어지게 하는 데 효과적임을 알게 되었다.

법인을 내기 전, 정부 과제 정보부터 파악 → 정부 과제 선정으로 3억 3,000만 원 지원금 확보 → 초기 자금 리스크 해제 → (정부 과제 선정 업체라는 신뢰를 바탕으로) 엔젤투자 5,000만 원 유치 → (기술 완성도를 높이는 동시에) 엔젤투자 유치 자격으로 투자 연계형 과제 2억 2,000만 원 수주

즉, 창업을 하기 전 치밀한 준비로 정부 과제에 선정되어 자금 지원을 받고, 이에 대한 신뢰를 토대로 엔젤투자가 이뤄졌고, 이는 다시 엔젤투자나 벤처투자를 받은 업체들만이 제한적으로 지원할 수 있는 투자 연계형 과제에 지원하게 되는 '선순환 구조'가 만들어진 것이다. 어쩌면 투자 연계형 과제는 일반 과제보다는 투자를 받은 기업들 대상이라는 한정된 조건이라서 그만큼 경쟁률도 타 과제 대비 낮다는 매력이 있었다. 이와 더불어, 사무실 무상 제공과 전문 멘토링 등을 지원받을 수 있는 정부제도와 민간 보육 프로그램에도 병행 지원, 선발되었던 것도 이후 성장의 큰 디딤돌이 되었다.

결국 투자도 스케일업이 핵심이다. 한 번 Win 케이스가 나오면 계속해서 다음 과제를 연결하고 연결해서 사다리를 타고 올라가야 한다. 투자 유치의 사다리를 타기 시작하면, 자금의 허덕임 없이 기술력을 높이면서 계속 성장하는 구조가 만들어질 수 있다. 지금까지 우리 회사는 핵심 기술을 통해 8건의 정부 과제를 수주했다. 이제 창업 7년 차이니, 매년 1건씩 크고 작은 과제를 따온 셈이다.

이렇게 투자가 스케일업이 되려면 첫 단추를 잘 끼우는 것이 무엇보다 중요하다. 스타트업을 준비하고 있는 중년의 예비 창업자라면 부디 첫 단추만큼은 정부 과제로 끼우길 바란다. 조금 힘들더라도 법인 설립에 앞서, 치밀한 정보 확인과 준비를 통해 자금 부담의 리스크를 해제하는 것이야말로 성장을 일굴 수 있는 기반임을 잊지 말았으면 한다.

지난해 모 액셀러레이팅업체가 주관한 조기 창업자 및 예비 창업자 대상 투자 유치 강의 행사에 필자가 '선배 창업자가 들려주는 투자 노하우'라는 주제로 강의 요청을 받았었다. 그날 30명 남짓 창업자들이 초롱초롱한 눈망울로 나의 투자 유치 경험에 귀 기울이며 메모하고 집중하였다. 내가 그날 그들에게 강조한 이야기는 간결했다. "여러분은 내가 했던 것처럼 초기 자금 확보를 위한 고민을 하시라. 당장 엔젤투자자나 VC를 만나기보다는 정부 과제 지원 제도를 공부하고 시도하는 것이 더 현실적이고, 효율적이다."라고 수차례 강조를 하였다.

슬기롭게 접근하자

앞서 설명한 대로 정부 과제로 사업을 스타트하면 투자의 사다리를 타기 쉽다는 것을 알게 되었을 것이다. 그렇다면 관건은 How to이다. 누구에게나 열려 있는 정부 과제를 과연 어떻게 해야 내 것으로 만들 수 있을까? 수백, 수천 가지에 달하는 정부 과제 정보는 어디에서 찾아봐야 할까? 사실 이전 박근혜 정부 때부터 창조경제라는 기치 아래 창업, 스타트업 지원 제도와 자금 지원이 본격화되었다고 볼 수 있다. 정권이 바뀌면서 창조경제의 씨앗이 사라질까 봐 많은 창업자들이 근심이 많았다. 결론은 기우였다. 되려 지원 정책은 훨씬 강화되었고 지원 예산도 계속 늘어나는 추세에 있다.

지원 제도가 늘어난 건 좋은데, 여기서 혼란스러운 건 그만큼 정보도 차고 넘쳐흐를 만큼 많아졌다는 점이다. 얼마 전부터 유행한 'TMI'라는 말이 있다. Too Much Information. 한마디로 과한 정보, 굳이 알지 않아도 될 정보를 뜻한다. 지나친 정보는 오히려 사업 추진의 맥을 끊고, 핵심에 집중하지 못할 수가 있다. 예비 창업자들에겐 정부 과제에 대한 TMI가 더더욱 독이 되는 것 같다. 넘쳐나는 창업 지원 정보를 다 서치해서 수집한 이후에 이를 다시 필터링하는 건 정말 쓸데없는 시간 낭비이기 때문이다. 정말 내게 필요한 정보인지를 미리 리서치하고, 간파해서 선별적으로 정보의 마당에 나가야 한다.

예비 창업자, 초기 창업자에게 필요한 맞춤 정보를 얻을 수 있는 방법은 다음과 같다.

온라인 활용

정부의 지원 과제는 다양한 정부 기관과 그 산하 기관이 주체가 되어 진행하기 때문에 각 부처별 홈페이지에 공고가 된다. 하지만 모든 부처와 기관의 홈페이지를 모니터링한다는 건 불필요한 시간 낭비일 뿐이다. 아래의 대표적인 사이트와 앱을 주기적으로 확인하는 것이 효율적이다.

특히 스타트업으로서 자금 지원에 관심이 있다면 정말 수시로 들어가 보아야 한다. 누구도 친절하게 이런 정보를 입에 떠먹여 주지는 않기 때문이다. 무엇보다 자주 들어가 보면서 확인해야 하는 이유는 공고가 뜬 이후 공고일로부터 일주일 이내에 마감하는 경우도 있기 때문이다. 만약 본인에게 딱 맞는 지원 프로젝트가 있는데, 이를 미리 알지 못해 놓친다면 얼마나 억울한 일일까…. 성공을 바란다면 이런 손품, 눈품은 당연히 팔아야 한다.

창업진흥원 홈페이지(www.kised.or.kr)

창업, 스타트업 관련한 지원은 대부분 중소벤처기업부에서부터 출발한다. 중소벤처기업부에서 세워진 정책과 확보된 자금은 중소기업진흥공단과 기술보증기금, 신용보증기금 등을 통해 실행되고 집행된다. 청년창업사관학교, 창업진흥원, 각 지역 창조경제혁신센터, 지역 테크노파크, 소상공인시장 진흥공단, 창업선도대학 등 많은 집행기관들이 창업 관련한 예산을 배정받고, 관리하고, 지출하는 업무를 수행하게 된다.

단도직입적으로 얘기하면 예비 창업자의 경우에는 다른 부처의 지원 사업은 무시해도 좋겠다. 일부 문화체육관광부 콘텐츠 사업이나 산업통상자원부 아이디어 사업 등도 있긴 하지만 초기 스타트업에게는 Fit이 맞지 않다. 내 몸이나 스타일이 맞지 않는 옷 가게에 가서 옷을 고르는 형국이다. 그럼 예비/초기 창업자에게 어울리는 옷을 파는 최적의 쇼핑몰은 어디일까. 바로 중소벤처기업부 산하 기관인 창업진흥원 홈페이지다. 그야말로 창업자에겐 정보의 보고다. 이곳에서는 예비 창업자와 초기 창업자에게 도움이 되는 수많은 양질의 정보를 얻을 수가 있다. 창업 교육, 시설/공간, 멘토링/컨설팅, 사업화, 정책자금, R&D, 판로/해외 진출, 행사/네트워크 등에 대한 다양한 정보와 프로그램을 제공한다.

애초에 창진원의 공지나 지원 사업을 주시하면서 시작한다면 출발의 기회를 확실히 얻을 수가 있다. 다른 곳은 안 가더라도 여기만큼은 꼭 주기적으로 방문해서 검색하고 신규 공고를 읽어보면서 '손품'을 팔길 권한다.

이노브랜치(https://www.innobranch.com)

한국무역협회의 글로벌 오픈이노베이션 플랫폼 '이노브랜치(Innobranch)' 활용은 해외 진출과 글로벌 스케일업을 목표로 하는 스타트업에겐 필수 옵션이다. 2019년 개설된 이노브랜치는 로레알, 코카콜라, 다임러, 골드만삭스 등 포춘500 수준의 글로벌 대기업과의 오픈이노베이션 협업 프로젝트를 연간 30여 회 규모로 개설해 국내 스타트업의 해외 진출의 게이트웨이 역할을 톡톡히 해오고 있다.

국내 스타트업에게 있어 글로벌 대기업과의 오픈이노베이션 협업은 매우 효과적 스케일업 방법이다. 그 이유는 협업의 결과로서 투자 유치·해외 시장 판로 개척·기술 수출 등의 직접적 비즈니스를 성과를 만들어 내고 그 과정에서 글로벌 스케일업이 이뤄지기 때문이다. 글로벌 기업과의 오픈이노베이션 협업이 가시적 성과에 이르지 않더라도 트랙레코드 확보와 유무형의 실체적 경험이 축적되어 기술적 수준을 높이고 기업의 경쟁력을 강화하는 데 중요하게 활용될 수 있다.

무역협회는 2020년 하반기부터는 오픈이노베이션 밋업에 이어 미국, 스페인 등 해외에서의 글로벌 대기업, 현지 랜드마크 운영사와의 해외 현지 실증 테스트베드(PoC: Proof of Concept) 프로그램을 확대 편성하고 있다. 스타트업에게는 글로벌 스케일업에 있어 깊이와 다양성을 더할 수 있는 좋은 기회이다. 관심 있는 기업들은 이노브랜치 사이트 접속해 간단하게 회원가입과 뉴스레터 구독 신청을 거치면 정기적으로 사업 안내를 받아볼 수 있다.

| K-스타트업 홈페이지(https://www.k-startup.go.kr)

중소벤처기업부가 운영하는 K-스타트업은 창업자라면 누구나 한 번쯤은 들어와 봤을 사이트이다. "대한민국의 모든 창업 정보는 이곳을 거쳐 간다."라는 말이 있을 정도로, 국내 대부분의 창업 지원 사업을 확인하고, 신청할 수 있다. 웬만한 국내 창업 관련 공모전부터 창업 컨설팅, 멘토링, 지원금사업, 창업 공간 대여, 투자, 해외 진출 등 스타트업에 관련된 정말 많은 분야를 다루고 있다. 정부는 창업 지원 효율화 방안의 일환으로 부처별 창업 지원 정보를 'K-startup'으로 일원화하고 있기 때문에, 필수적으로 확인해야 하는 사이트이다.

특히 홈페이지가 더욱 직관적으로 개편되어, 자신의 창업단계와 관심 분야를 선택하면 해당 창업 프로그램만 볼 수 있고, '인기 사업 공고' 탭에서는 실시간 인기 있는 공고를 확인할 수 있다. 또한 사업 소개, 멘토링, 컨설팅 메뉴를 통해 창업과 관련한 멘토링 사업들도 둘러볼 수 있으니 자신에게 필요한 교육 프로그램을 확인해서 참가해 볼 수도 있다. 알림마당 메뉴에서는 트렌드 분석에 참고될 만한 여러 정보가 거의 실시간으로 업데이트되고 있다. 특히 창업 지원 사업설명회 안내, 자료 공유, 공모전 공고 등의 여러 자료가 업로드되고 있기 때문에 자신에게 필요한 지원 사항을 꼼꼼히 챙겨보았으면 한다.

| 기업마당 사이트&앱(http://www.bizinfo.go.kr)

중소벤처기업부가 운영하는 중소기업 지원 정책 알리미 사이트로, 중소기업 및 스타트업을 위한 자금 지원 사업 정보를 한눈에 볼 수 있다. 위의 두 사이트들이 포괄적으로 정보가 쏟아지는 느낌이라면 기업

마당의 경우 좀 더 키워드 분류 등을 통해 세분화해서 정보를 찾을 수 있다. 그뿐만 아니라 기업을 운영할 때 많이 쓰이는 업무용 서식도 다운받을 수 있으며 구인/구직을 위한 기능도 갖고 있다.

스타트업을 꾸리는 창업가나, 스타트업에 관심 있는 구직자에게도 매력 있는 사이트다. 특히 기업마당 앱을 다운로드해 놓으면 정기적으로 공지와 알림이 뜨니 내게 필요한 정보를 손쉽게 받아볼 수 있다. 단, 모바일 앱이나 콘텐츠 분야에 도전하는 초기 스타트업인 경우에는, 관련 부처인 문화체육관광부와 한국콘텐츠진흥원의 사이트를 들어가서 지원 예산을 확인해 볼 필요도 있다.

오프라인 기관 활용

예비 창업자, 특히 정부 과제에 지원해 본 경험이 없는 경우라면 온라인을 통해 정보를 확보했다 해도, 서류 준비부터 어떻게 구체화시킬지 막막한 경우도 많을 것이다. 이럴 때는 주저하지 말고 가까운 오프라인 지원기관을 활용해 보자.

대표적으로 전국 19개 지역에 창조경제혁신센터가 있다. 이곳에서는 다양한 창업 멘토링과 입주 공간 및 장비를 대여해 주는 등의 업무를 진행하고 있다. 또한 많은 4년제 대학교들에서 창업보육센터를 운영하고 있으니, 가까운 지역에 있는 오프라인 기관을 방문해서 도움을 받아보면 좋을 것이다.

정부 과제 선발 확률을 높이는 7가지 노하우

정부 과제 정보를 조금이라도 리서치해 본 창업자라면, 이렇게나 많은 과제 중에 뭐라도 하나 되겠지 하는 생각이 들 수도 있을 것이다. 하지만 천만의 말씀이다. 5,000만 원 미만의 초기 창업 지원 사업의 경우만 해도, 경쟁률이 어마어마하다.

그렇다면 과연 어떻게 해야 선발 확률을 높일 수 있을까? 사실 많은 창업 후배들이 필자에게 가장 많이 묻는 질문이기도 하다. 도대체 어떻게 정부 과제를 수주하게 되었냐고…. 당연히 정답은 없다. 그리고 필자가 그 해답을 모두 꿰고 있다면 돗자리를 펴도 되겠지만, 사실상 불가능한 일이다. 물론 원론적으로 얘기한다면 모든 선발의 핵심은 아이디어, 기술, 사업성이다. 아이디어가 남들보다 참신하고, 기술 경쟁력이 있고, 비즈니스가 될 만큼의 시장과 니즈가 있다면 당연히 선발이 될 것이다. 거기에다 우리의 기술을 잘 설명하고 전달해 낼 수 있는 사업계획서 작성은 필수적이다. 앞뒤가 맞고 논리가 정연해야 한다. 너무 상식적인 이야기겠지만….

하지만 이 3가지(아이디어, 기술, 사업성) 요소를 모두 갖춘 초기 스타트업이 얼마나 되겠는가. 우리 역시 초기 단계에서는 3박자를 갖추기엔 우리의 역량이 턱없이 부족했다. 그럼에도 불구하고 초기에 정부 과제에 선발될 수 있었던 것은 결코 우리가 잘나서가 아니라 그만큼 엄청난 노력을 했기에 가능했다고 말할 수 있다. 우리 회사의 경우, 창업 이후 5년 동안 매년 크고 작은 과제에 선정되었으니 승률이 높은 편이라고 할 수 있다. 하지만 승률이 높다 해도, 야구로 치면 3할 초반대 정도의 타율이다. 매번 득점권에서 타점을 올리는 것도 아니고, 리그 최고를 달리는 4할 타자도 아니다. 여전히 우리도 탈락과 실패를 하면서 배워나가는 입장이고, 내가 경험한 것들이 100% 맞지 않을 수도 있다.

하지만 지난 5년 동안의 경험들 속에서, 적어도 예비 창업자들이 이것만은 기억했으면 좋겠다 싶은 것들이 있다. 지금부터 초기 창업자 스테이지에서 정부지원 사업 선발 확률을 높이는 팁을 공유하고자 한다.

첫술에 배부를
욕심은 금물!

마트에만 가도, 원 플러스 원 상품에 눈길이 가는 게 인지상정이다. 당연히 초기 창업자라면 조금이라도 더 많은 자금을 지원받고 싶은 마음이 들 것이다. 하지만 기억해야 할 점은, 초기부터 과한 욕심은 금물이라는 점이다. 내 몸에 맞는, 내 Fit에 맞는 과제는 따로 있다. 특히 내가 하는 사업 아이템이 어느 부서와 잘 맞는지를 살펴보아야 한다. 과학기술정보통신부인지, 문화체육관광부인지, 산업통상자원부인지 등을 사전에 따져보고 접근해야 헛수고를 줄일 수가 있다.

그리고 첫 스타트부터 금액이 큰 예산이나 사업과제에 욕심을 내다 보면 실패의 확률도 높다. 작은 지원 정책부터 단계적으로 밟고 올라가는 게 정석이다. 물론 초기 스타트업이 받을 수 있는 과제들은 금액이 그리 크지가 않다. 내가 생각하기엔, 초기 스타트업은 아무리 좋은 기술과 아이디어가 있어도 1억이 넘는 예산을 확보하는 데는 솔직히 한계가 있다고 본다. 회사의 내부 역량과 연혁이 받쳐주질 않은 경우, 어지간해서는 심사위원을 설득하기가 어렵다. 또 그들은 실체적 팩트를 보고 평가를 하기 때문에 점수를 후하게 줄 수는 없다.

적은 금액에서 Win 케이스를 내고 또 그다음 한 단계 높은 과제에 도전하는 단계별 접근이 필요하다. 군대 계급이나 회사에서의 승진도 최소한의 기간이 있다. 시도 때도 없이 올라갈 수가 없듯이 회사의 등급이나 스케일도 일정 기간이 필요하다. 회사도 월별, 분기별, 회계 연도별로 단계마다 주어지는 과업(목표)과 성장이 동시에 존재한다.

초기 창업 지원 과제에 눈독을 들여라!

우선 결론적으로 초기 스타트업과 예비 창업자들은, 중소벤처기업부나 과학기술정보통신부 쪽만 집중해서 보고 세심히 검토하는 것이 효과적이다. 매년 1~2월이면 각 부처별로 정부지원 과제에 대한 설명회가 쏟아진다. 앞서도 잠깐 언급했지만 필자는 창업 초기에 동네방네

온갖 부처 설명회를 쫓아다녔다(최근부터는 지역별 한 장소에서 부처별 통합설명회로 진행됨). 창업 초기 필자처럼 여기저기 찾아다니며 시간을 허비하는 실수를 범하지 않았으면 한다.

자물쇠에 딱 맞는 열쇠가 따로 있고, 궁합이 맞는 음식이 따로 있듯이, 내게 맞는 사업만 집중해서 점검하면 된다. 필자는 2년 차부터는 우리와 정말 관계없는 다른 부처의 정부 과제는 거들떠보지도 않았다. 관심조차 주지 않았다. 이제는 어느 부처 예산이 우리에게 적합한지, 어떤 과제 테마로 제안하면 승산이 있는지 완전치는 않지만 어느 정도 감을 잡을 수가 있다.

물론 회사의 기술이 혁신적이고 확장성이 있어야 선정 확률이 높다. 내용과 콘텐츠가 좋아야 하는 건 기본이다. 예비/초기 창업자 입장에서는 내게 맞는 과제를 가장 빠르게 분류하는 방법은 간단하다. 내 사업 단계에 따라 예비, 초기, 도약, 재도전으로 나눠서 접근하는 것이다. 창업을 준비하는 입장이라면 당연히 예비 창업가 과제, 3년 미만의 창업가라면 초기 창업가 과제만을 선별해서 살펴보면 된다.

특히 그중에서도 매년 정기적으로 창업 지원을 해주는 프로그램을 추천하고 싶다. 이유는 단발성 창업 지원의 경우 지속성이 없지만, 이미 역사와 전통이 있는 창업 지원 사업은 후속적인 지원도 빵빵하고, 교육/마케팅/수출/유통/투자 등을 연계해서 지원해 주도록 매년 발전하고 있기 때문이다.

골든타임을 놓치지 않을
단계별 플랜을 짜라!

스타트업에게 자금은 생존을 유지할 수 있는 피와 같다. 그리고 그 피가 수혈되어야 할 골든타임이 있다. 골든타임을 놓쳐서 적당한 시기에 피가 돌지 않으면 당연히 창업 현장에서 생존하기 어렵다. 그 때문에 자신의 사업 단계별로, 지원 과제사업을 레벨업하는 중장기 전략이 필요하다.

필자도 초창기에는 무상 사무실 지원 제도나 창업 초기 지원 아이디어 사업을 통해 2,000만 원의 지원금을 받으면서 조금씩 스케일업을 했고, 3년 차가 넘어가면서 2년에 8억이라는 큰 과제에 도전하고 선정이 되기도 했었다. 단계별로 내가 어떤 과제에 지원할지를 미리 플랜을 짜고 전략적으로 접근하는 것이 현명하다. 초기 1년 차 단계에는 창업을 위한 사무실 지원, 초기 개발비 과제에 집중하고, 기술 개발이 어느 정도 진행된 단계에서는 시제품 제작 지원 사업 등의 과제에 눈길을 주는 것이 현명하다.

사무실 무상 지원은
현금 지원만큼이나 중요하다!

많은 예비, 초기 창업자들의 경우, 당장 실탄으로 쏠 수 있는 자금을 어떻게 마련하느냐에 관심이 집중되어 있을 것이다. 하지만 사업을 진행하려면 당장 일할 수 있는 사무실 공간이 필요하다. 사무실을 마련하고 매달 월세에, 전기세 등의 운영비까지 조달하려고 하면 정말 만만치 않은 비용이 소요된다. 여기에 들어가는 돈만 아껴도 기술 개발에 더 집중할 수 있는 여유가 생긴다.

 돌이켜보면 필자는 정말 운이 좋았다. 그리고 기회도 잘 포착한 것 같다는 생각이 든다. 2014년에는 정부 주도로 각 지역별 창조경제 혁신센터가 만들어졌다. 우리는 수많은 스타트업들과 경쟁 PT(제안발표평가)를 통해 제1기 서울창조혁신센터(광화문 소재) 10팀에 선발되어, 대한민국의 중심 광화문에서 창업의 꿈을 키워나가게 되었다. 당시 광화문 대로변에 소재한 창조혁신센터 1층에서는 매일 창업 이벤트와 IR, 엔젤투자 세미나, 사업 마케팅 전략 심포지엄, 그리고 다양한 네트워킹 등을 통하여 회사가 성장하고 스케일업을 할 수 있는 기회의 장이 되었다.

 그 이후 절감을 위한 노력은 현재까지 이어지고 있다. 2017년부터 3년간 당시 과학기술정보통신부 산하 기관인 본투글로벌(현재 GDIN)이 운영하는 판교 스타트업캠퍼스에서의 생활, 현재는 서울시가 운영하는 서울 AI 허브(양재동 소재) 둥지를 내리고 다양한 지원과 혜택을 받고 있다.

 이러한 지원 공간은 사무실과 내부 책상 설비는 물론, 심지어 음료수 커피까지 완전 무상으로 지원받는 혜택을 누리게 된 건 물론이다. 회사를 창업하고 법인을 설립하기 위해 법인 소재지와 사무실이 존재해야 하는 필수적인 요건을 한 방에 해결한 셈이다. 덕분에 당시에 유치했던 엔젤투자자금은 고정비(사무실 임대비 등)에는 한 푼도 사용하지 않고 오롯이 기술 개발 비용으로만 집중 투입할 수 있는 임팩트도 생겼다.

초기 창업자들은, 새어나가는 돈 한푼 한푼이 아쉽기 마련이다. 다행히 우리나라에는 초기 창업자들을 위해 사무공간을 지원해 주는 프로그램이 넘칠 만큼 많이 있다. 창업진흥원 등의 사이트를 활용해서 초기 운영비용을 아낄 수 있는 방법을 적극적으로 모색하길 바란다. 투자를 받는 것만큼 큰 이득을 누릴 수가 있다.

한발 앞서 움직여라!

일찍 일어나는 새가 벌레를 잡는다고 했다. 기왕이면 남들보다 한 템포라도 먼저 타깃 과제를 정하고 움직이면 합격의 확률이 조금이라도 높아질 것이다. 정부는 9~10월이면 이미 내년도 과제 예산 편성을 마무리하게 된다. 관련 부처의 홈페이지에 가보면, 관련 예산들과 전년도에 이어지는 예산 리스트를 다 볼 수가 있다. 조금만 알뜰하게 파헤치면 내가 궁금해하는 정보를 빠르게 확보할 수 있는 것이다. 실질적으로 공고가 쏟아지는 내년도 1월보다 최소 두 달은 앞서서 준비를 할 수 있는 셈이니, 시간도 벌고 내실도 더 다질 수 있는 건 당연하다.

여기서 또 하나의 팁을 준다면, 창업의 본격적 시작은 여름부터가 좋다고 본다. 정부나 각 단체들 대부분 1분기까지는 창업 지원 공고나 이벤트를 시작하고 2분기, 즉 상반기까지 당해 연도 지원 업체 선발 및 본격 자금 지원을 실행하게 되는 일정 구조를 감안할 때 제반이 안정적인 기반을 상반기 마련하고 단계별로 진도를 나가는 것이 적합하다는 생각이다.

남들이 놓치는
2%의 정보를 확보하라!

경쟁률이 높은 초기 사업자 대상의 정부 과제의 경우, 사소한 차이가 선발의 당락을 좌우할 수도 있다. 내가 주목하고 있는 과제가 있다면 해당 지원 사업의 전년도 합격 사례를 둘러보고 분석하는 것도 성공의 확률을 배로 높일 수 있는 방법이다. 또한 내가 떨어진 과제가 있다면 탈락의 사유가 무엇인지 꼼꼼히 복기해 보는 것이 중요하다. 이런 피드백을 거쳐야 우리의 단점도 보완되고 다음번 도전에 실수를 줄일 수 있기 때문이다.

더불어 또 1가지! 주변에 지원 사업에 합격했던 선배 창업자나, 인맥 네트워크를 통한 지원 사례를 적극 활용하는 것도 작지만 큰 차이를 만들어 낼 수 있다. 온라인이나 책에서 찾지 못한 생생한 노하우를 얻을 수 있을 것이다.

효율적인 내부 인력
시스템을 짜라!

초기 스타트업의 경우 창업 멤버 간의 업무 분장이 확실히 이뤄지기란 쉽지 않다. 보통 한 사람이 두세 가지의 일을 겸해야 하고, 때로는 일당백의 역할을 해야 할 때가 많다. 더구나 사업 진행을 위한 기술 개발 등에 매진하면서도, 동시에 정부지원금 유치 노력을 함께 병행한다는 것이 쉬운 일은 아니다. 하지만 처음에 조금 힘들더라도 내부 시스템을 조금씩 구축해 가면 한결 업무가 수월해질 수 있다. 정부자금 지원 사업의 경우 창업자가 Main이 되어 사업계획서를 작성하고 또 발표에 임하고, 이후 집행 및 개발 마무리 보고까지 주도해야 한다. 사업계획 작성 시에도 책임연구원을 지명하게 되는데 스타트업의 경우 대부분 창업자들이 수행하게 된다. 사업 제안의 주체가 되어 효율적으로 운영하고 이끌어 가기 위해 어쩌면 당연한 일이다.

예비/초기 창업자를 위한 각종 사업 및 프로그램

2024년을 기준으로 예비/초기 창업자들이 자금 지원을 받을 수 있는 대표적인 정부지원 과제들을 소개해 보겠다.

사업화 자금 지원 프로그램

▎예비창업패키지

예비창업패키지는 말 그대로 창업이라는 첫 도전을 준비하고 있는 예비 창업자들이 놓치지 말아야 할 지원 사업이다. 제한을 받는 분야가 딱히 없는 데다 오히려 특화 분야가 점점 늘어나고 있는 추세다. 2020년부터는 '만 39세 이하' 자격 요건도 폐지되었으며, 사업 공고일까지 창업 경험이 없거나 공고일 기준 신청자 명의의 사업체를 보유하고 있지 않다면 누구나 지원할 수 있다. 예비창업패키지는 혁신적인 기술창업 아이디어가 있는 예비 창업자의 사업화를 지원하기 위하여 중소벤처기업부 산하에 창업진흥원에서 지원자를 모집하여 운영하고 있는 창업 지원 사업이다. 예비창업패키지라는 이름에서도 알 수 있듯, 단순히 창업 지원금을 지원해 주는 것 외에도 멘토링, 창업 네트워킹, 역량교육 등을 제공하고 후속 지원 사업도 받을 수 있도록 연결해 주는 예비 창업자들이 성공적으로 창업을 할 수 있도록 패키지로 지원을 해주는 프로그램이다.

아래의 표와 같이 예비창업패키지의 지원 분야는 일반 분야와 특화 분야로 구분된다.

구 분		분야별 설명
일반분야		정보·통신, 전기·전자, 기계·소재(재료), 바이오·의료(생명·식품), 에너지·자원(환경·에너지), 화학(화공·섬유), 공예·디자인 등 全 기술 분야
특화 분야	소셜벤처	사회문제를 해결을 목표로 혁신기술 또는 비즈니스 모델을 통한 수익을 추구하는 분야
	여성	유망 기술창업 소재를 보유한 우수 여성분야
	바이오	생물체 기능과 정보를 활용하여 유용 물질을 생산하는 생물공학 기술 분야
	핀테크	핀테크 기술을 기반으로 새로운 형태의 금융·경제 모델을 구현하는 분야
	무인이동체 (자율주행, 드론)	자율주행 및 드론을 통해 지능화 혁명을 이끌고 산업시장을 주도하는 분야
	그린경제	급격한 기후변화 등으로 대두되고 있는 친환경 저탄소 경쟁력을 추구하는 분야
	D.N.A	안전한 데이터(D) 활용, 초연결 네트워크(N) 구축, AI(A) 확산을 통한 혁신분야

먼저 총 960명 선발 중, 일반 분야는 모든 기술 분야에 해당하며, 지원 규모는 약 770명 내외이며, 창업진흥원에서는 지원 사업을 요건을 갖춘 주관 기관을 지정하여 (지역별 창조경제혁신센터와 대학 등 총 29개) 기관별 10~20명을 선발하여 운영토록 하고 있다. 약 770명의 선발 예정자 중 60% 이상은 만 39세 이하인 자로, 40% 이내는 만 40세 이상인 자로 선발이 계획하는 등 연령별 다양한 지원자를 선발하여 창업에 나이

가 걸림돌이 되는 문제를 불식시키겠다는 의지를 강화했다.

특화 분야의 지원 규모는 190명 내외로 특화 분야별 주관기관을 두고, 기본 선발 규모는 10~20명으로 일반 분야와 비슷하지만, 특별히 소셜벤처 80명, 여성 80명 및 사내벤처 분야에는 30명을 배정하여 여성창업 활성화와 환경 분야에 특화된 창업가를 발굴하려는 구상을 밝히고 있다.

예비창업패키지의 신청은 K-startup(https://www.k-startup.go.kr)에 접속하여 온라인으로 신청할 수 있다. 신청이 완료되면 먼저 서류평가를 통해 주관기관별 선정 규모의 2배수 내외를 발표평가 대상자로 선정하게 된다. 발표평가 대상자로 선정되면 대상자들은 약 10분의 발표 시간과 20분 이상의 질의응답 과정을 거쳐 최종 선발이 된다. 주요 심사평가 항목은 문제 인식(35점), 실현 가능성(35점), 성장 전략(15점), 팀 구성(15점) 4가지 항목으로 구성되어 있다.

창업 기업은 지원 시 어떤 지원기관에서 어떤 보육 프로그램을 받을지 결정해야 하는데, 지원기관에 따라 전혀 다른 내용의 지원을 받을 수 있으니, 주요 기관별 특화 보육 프로그램을 잘 살펴보고 선택하도록 하자. 이후 창업 생애주기별로 초기창업패키지 → 창업도약패키지 사업에 지원할 수도 있다.

□ 지원 내용
- 창업사업화에 소요되는 자금을 최대 1억 원 한도 지원(평균 5,000만 원)
- 전담 멘토를 매칭하여 바우처 관리 및 경영·자문 서비스 제공
- 예비 창업자 창업 교육(40시간 이수/8개월 기간 내) 프로그램 운영

□ 예비 창업자 프로그램 개요

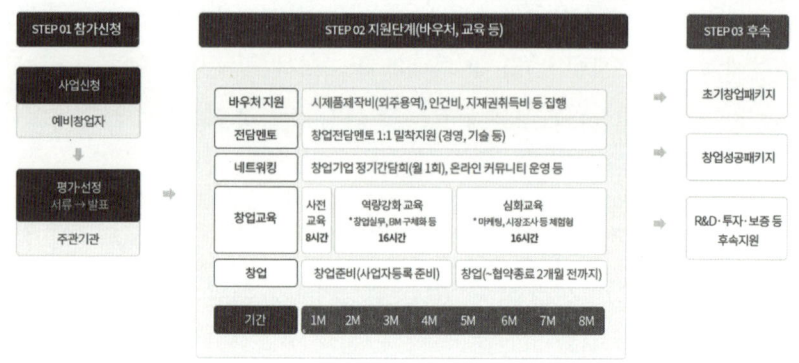

▎초기창업패키지

초기창업패키지는 유망 창업 아이템 및 고급 기술을 보유한 초기 창업 기업을 대상으로 사업 안정화와 성장을 지원하기 위하여 창업 3년 이내 초기 창업 기업을 대상으로 하는 창업 지원 프로그램이다. 2024년도 선발 예정 기업은 590개사 내외를 선발하게 된다.

초기창업패키지는 기업에 시제품 제작, 지적 재산권 취득, 마케팅 등의 사업화 자금을 지원한다. 기업당 평균 지원금은 7,000만 원으로 최대 1억 원까지 지원하는 프로그램이다. 기업 선발은 전국 대학 등 공공, 민간 기업 40여 곳의 주관기관을 통해 이뤄진다. 선정 규모의 70% 이상은 해당 권역 내 소재 창업 기업에서 선발하는데, 권역으로 나눠 선발하는 만큼 권역 내 산업과 연계 지원 프로그램이 다양하게 운영된다는 것이 장점이다.

특히 특화 프로그램은 초기창업패키지의 주관기관별로 운영하며 주관기관별로 가지고 있는 전문성이 다르기 때문에, 주관기관별 특화 분야를 고려하여 아이템 검증, 투자 유치 등 창업 기업 맞춤형 프로그램을 지원해야 한다. 기업 선발은 서류와 발표평가를 거친다. 2023년 주관기관 평균 경쟁률은 10:1 수준이었다. 주요 선발 기준은 '성장 가능성', '기술력', '시장성'이다.

< 초기창업패키지 특화 프로그램 구성 >

프로그램	주요 내용
창업아이템 검증	초기창업기업의 사업화 성공률 제고를 위한 개발 기술·제품의 시장 수용성 검증 지원
초기창업기업 지원	원활한 사업화 지원에 필요한 마케팅, 인증, 재무회계 및 지재권 보호 지원 등
투자유치 프로그램	초기창업 기업의 투자유치 역량을 강화하기 위한 교육 및 IR 지원
지역거점 프로그램	창업기업-전문가(기관) 간 네트워킹 등 지역 창업 활성화를 위한 프로그램 (권역별/업종별 교류회, 콘퍼런스 등)
실전창업교육	스타트업 현장체험(인턴십), 실습형 창업강좌 및 프로젝트 중심 창업동아리 운영 등

□ 추진절차

공고	→	창업기업 신청·접수	→	요건검토 및 선정평가
중소벤처기업부		K-Startup 홈페이지		전담기관, 주관기관

중간·최종보고 및 점검	←	사업수행	←	협약체결
창업기업, 주관기관		창업기업		전담기관-주관기관-창업기업

청년창업사관학교&글로벌창업사관학교

앞서 언급한 예비, 초기, 창업 도약 창업패키지는 창업 기업의 생애주기별 흐름에 따른 지원 프로그램이라면, 창업 성공패키지는, 더 다양한 분야와 목적에 의해 세밀화된 지원을 하는 프로그램이다.

이는 '청년창업사관학교'와 '글로벌창업사관학교'로 크게 2가지로 나뉜다. 청년창업사관학교는, 만 39세 이하 업력 3년 이내 청년 창업자 850명을 대상으로 창업 공간부터 교육 및 코칭, 사업비, 정책사업 연계 등 창업의 전 과정을 '원스톱'으로 지원한다. 지원 한도 금액은 1억 원(총사업비의 70% 이하)이며, 입교자 부담금은 30% 이상 되어야 하며, 현물은 입교자 및 소속 임직원으로 인건비로 처리되어야 한다. 참고로 올해 청년창업사관학교 경쟁률은 4.6:1이었다.

창업패키지 3종이 소프트웨어 등 정보기술(IT) 창업에 좀 더 유리하다면 청년창업사관학교는 제조업 창업에 무게를 둔다. 2020년부터 운영해 온 글로벌창업사관학교의 경우 데이터·네트워크·인공지능(DNA) 분야의 유망 아이템 및 기술을 보유한 창업자를 발굴·육성하는 것으로, 업력 3년 이하(초격차 신산업 분야는 7년까지 지원 가능)의 창업자 60팀을 선발하여 876명이 지원 총 14.6:1의 경쟁률을 보였다. 지원자들이 갈수록 글로벌 진출과 사업화에 대한 갈망이 강하다는 점을 확인하게 한다.

| 신사업창업사관학교

소상공인시장진흥공단에서 진행하는 '신사업창업사관학교'는 혁신적인 아이디어와 자신만의 제조 기술·노하우 등을 보유한 소상공인 예비 창업자를 발굴해 창업 교육, 점포 경영 실습, 사업화 자금을 단계적으로 지원하는 사업이다. 2024년도에는 전국 17개 지역에서 약 500명(지역별 20~60명)의 교육생을 모집하며, 특히 2021년도부터는 기존 오프라인 매장 운영에 중점을 둔 교육·실습 방식을 개선해 코로나19 대비 온라인 창업에 특화된 분야를 신설했다. 온라인 셀러 분야는 전자상거래(e-커머스)형 제품·서비스를 주력으로 창업을 희망하는 교육생을 대상으로 온라인 플랫폼 비즈니스에 특화된 판매 교육·실습, 마케팅, 홍보 등을 집중적으로 지원하는 프로그램이다. 그 외 로컬 크리에이트형, 라이프 스타일 혁신형 분과로 선발을 하게 된다. 교육 수료 시 창업 비용(마케팅, 시제품 제작, 매장 리모델링 등)을 최대 4,000만 원까지 지원하며, 창업 이후에도 지속적인 성장을 할 수 있도록 크라우드 펀딩 및 컨설팅 연계 등 판로 지원도 강화할 예정이다.

재도전성공패키지

'재도전성공패키지'는 폐업 후 재창업을 준비 중인 (예비) 재창업자 또는 재창업 3년 이내 기업의 대표자를 위한 프로그램이다. 선정자에게는 재창업 교육 및 멘토링을 통해 실패 원인 분석 등 문제 해결형 실무 교육과 분야별 전문가 멘토링을 지원하며, 최대 6,000만 원의 사업화 자금을 지원한다. '일반형'과 신용 회복과 재창업을 동시에 지원하는 '채무조정형', IP 기술의 제품화·사업화를 연계 지원하는 'IP 전략형'으로 세분화돼 있다.

팁스(TIPS/Tech Incubator Program for Startup)

중소벤처기업부가 103개(2024년 7월 기준)의 민간 액셀러레이터와 함께 기술 기반 스타트업을 육성하는 프로그램이다. 우수한 기술 아이템을 보유한 스타트업을 선별하여 집중 육성하는 민간 투자 주도형 기술창업 프로그램이다. 신기술 기반 스타트업에 민간 운영사 선투자(1~2억 원)와 연구개발(R&D 5억 원), 사업화(1억 원), 해외 마케팅(1억 원), 정부

앤젤매칭펀드 투자(2억 원) 등 사업에 필요한 사항 전반을 지원해 준다. 팁스에서 지원받을 수 있는 자금만 최대 9억 원에 이른다. 이외에도 액셀러레이터 멘토링/교육, 강남구 팁스타운 입주 기회(월 임대료 15만 원가량) 등의 혜택도 제공받는다. 2년 내 제안한 R&D 과제를 완료해야 하지만 실패해도 성실히 수행했다는 판정을 받으면 상환 의무가 없다는 것도 장점이다. 팁스에 지원하고 싶은 스타트업은 운용사로 등록된 액셀러레이터를 찾아가면 되며, 액셀러레이터가 추천하는 스타트업의 평가는 격월로 진행된다. 사실상 상시 지원이라고 볼 수 있다.

팁스의 특징은 먼저 운영사로 등록된 80여 곳의 엔젤투자사, 벤처캐피털(VC) 등 액셀러레이터가 스타트업에 1~2억 원을 우선 투자한 후 프로그램이 진행된다는 점이다. 그 때문에 민간 액셀러레이터를 설득할 수 있을 정도로 가능성이 높은 사업이어야 선정이 될 수 있다는 점을 기억하자. 또한 팁스를 우수 졸업한 기업에는 5억 원의 추가자금을 지원하는 '포스트 팁스' 등의 기회도 연결되어 제공된다.

2022년 하반기부터 팁스(R&D)는 3년간 최대 15억 원(2023년 120개사 목표)으로 늘리고 글로벌 기업 협업 프로그램도 대폭 확대하고 있다. 그리고 시장 지배력을 갖춘 글로벌 기업과 정부의 협업을 통해 국내 초기 창업 기업의 성장과 해외로 진출을 지원하고, 2027년까지 잠재력이 큰 신산업·신기술 분야 초기 창업 기업(스타트업) 1,000개사를 집중적으로 발굴하여 초격차 초기 창업 기업(스타트업)으로 육성한다. 지원 자격은 업력 7년 미만의 2인 이상 (예비) 창업팀을 조건으로 한다. 특히 올해는 기존 4차 산업 분야 외에 소재/부품/장비/비대면 등 신산업 분야에 새롭게 가산점(1점)을 부여한다. 또한, 지방 창업 활성화를 위해 비수도권

창업 기업 우대를 강화하기로 했다.

팁스는 민간 운용사를 활용해 초기 스타트업을 발굴하고, 정부의 매칭 투자와 연구개발(R&D) 지원을 연계하는 프로그램이다. 중기부는 단계별로 다양한 팁스 프로그램을 운영하고 있다.

단계별로 △프리 팁스(30건 → 40건) △팁스(500건 → 720건) △사업화·해외마케팅(525건 → 756건) △포스트 팁스(50건 → 72건) 등에서 고루 지원 대상을 확대할 계획이다. 팁스 관련 예산도 지속적으로 늘리고, 글로벌 기업은 물론 국내 대기업과 스타트업 협력을 통한 성장 촉진을 위해 예산도 공격적으로 투입한다. 또 청년·대학생 등 창업도전자의 혁신 아이디어 사업화 지원 강화를 위해 창업중심대학을 6개에서 9개로, 민간주도형 청년창업사관학교를 1개에서 3개로 확대한다. 정부는 팁스 확대와 대기업 협업 강화를 통해 정부지원 중심의 창업생태계를 민간 중심으로 전환하겠다는 계획이다. 정부의 양적 투자가 아닌 민간 중심의 성과 투자로 유도하겠다는 것으로 볼 수 있다.

| 비대면 스타트업 육성을 위한 '혁신 분야 창업패키지'

혁신 분야 창업패키지는 코로나19를 계기로 부각 된 비대면 분야 유망 스타트업 발굴을 위해 신설된 특화 프로그램이다. 시제품 제작, 지재권 취득, 마케팅 등에 소요되는 사업화 자금을 최대 1.5억 원 지원하며 각종 인증과 기술평가 등 기업별 맞춤 프로그램을 지원한다.

지원 대상은 7년 이내 비대면 분야 유망 창업 기업이며 7개 분야로 지원할 수 있다. 7개 분야에 포함되지는 않아도 유망 창업 기업의 경우 지원할 수 있다.

- 의료: 체외 진단 의료 기기(진단키트 등), 방역물품, 치료
- 교육: 온라인 교육 콘텐츠, 온라인 교육 시스템
- 소비 물류: 신선식품 온라인 판매, 생활 스마트 물류, 스마트계약 결제 온라인 쇼핑, 생활 중개(돌봄 서비스)
- 액티비티: 홈 트레이닝, 엔터테인먼트, 실내 생활 서비스
- 오피스: 화상회의/원격근무, 온라인 고객 응대
- 지역 콘텐츠: 온라인 융합형 지역 콘텐츠 제공
- 기반기술: 데이터 분석, 통신, 보안 기술, 체험 기술

시설 공간 및 멘토링 지원 프로그램

▌서울창업허브

창업을 준비하거나 창업한 기업에 가장 큰 도움이 되는 것은 사업화 지원이지만 시설·공간을 제공받는 것도 큰 도움이 된다. 초기 사업에서 부담이 큰 사무실 임대료를 줄일 수 있기 때문이다. 이런 공간 지원 사업은 보육도 함께하기 때문에 지원이 많이 필요한 스타트업에 큰 도움이 될 수 있다.

그중 서울산업진흥원은 서울시에서 가장 큰 규모로 창업 공간을 지원한다. 공덕역에 있는 서울창업허브, 성수동에 있는 서울창업허브 성수, 최근에 개관한 서울창업허브 창동 3곳이다.

그중 서울창업허브는 창업 상담과 교육, 시설 대관, 인큐베이팅 등

사업화에 전반적인 지원을 담당하고 있다. 국내외 VC · AC 등 민간파트너와 함께 지원기업의 선발부터 보육까지 공동으로 진행하는 프로세스를 구축하고 있다.

본관 건물 1층은 창업 기업 제품 전시 공간과 시민 누구나 이용할 수 있는 '코워킹 스페이스(협업 공간)'다. 입주 기업이 아니더라도 예비 창업자들은 창업정보 자료실과 개방형 창업 공간을 활용할 수 있다. 입주 사무실 외에도 스타트업 지원을 위한 특화 지원센터를 운영하고 있다. 제품화 지원센터는 글로벌 하드웨어 액셀러레이터와의 연계를 통해 제품 양산을 지원한다. 키친 인큐베이팅 센터는 예비푸드테크 창업자를 위한 인큐베이팅 및 테스트베드 활용 공간이다. 허브 방송국에서는 영상 촬영 등 콘텐츠 제작이 가능해, 기업들의 마케팅 비용 절감을 지원할 수 있다. 무엇보다 보육 기업뿐 아니라 일부 민간 파트너도 이곳에 입주해 있어 입주 기업과의 상시 소통이 가능하다.

입주 기업 선발 시 가장 중점적으로 보는 것은 기업의 성장 가능성과 글로벌 진출 가능성이다. 성장 가능성은 허브 파트너 기관과 함께 기업의 시장성 및 사업성을 집중 검토해 평가한다. 또한 해외 시장 진출 및 확장 가능성 등 글로벌 진출 가능성을 평가한다. 최종 선발된 기업은 최대 2년간 입주할 수 있다. 각 센터별 특화 기능 및 전문 분야에 따른 집중 보육 프로그램에 참여할 수 있게 된다. 이외에도, 다양한 공간 및 멘토링 지원 프로그램이 있으니, 자신에게 맞는 지원을 잘 활용해야 한다.

2021년 창업 공간 지원 프로그램

서울	서울창업허브	공덕·성수·창동	서울산업진흥원
	소셜벤처허브	선릉역	소셜벤처허브
	서울창업디딤터	공릉동	서울창업디딤터
	서울블록체인지원센터	공덕역	서강대 산학협력단
	서울핀테크랩	여의도 오투타워	서울핀테크랩
	서울디자인창업센터	홍대입구역	서울디자인재단
	서울창업센터관악	봉천동	한국능률협회
	서울창업성장센터	KIST 내	한국기술벤처재단
경기	판교 창업존 운영	판교 제2테크노밸리	창업진흥원
	경기벤처창업지원센터	경기도 내 17곳	경기도경제과학진흥원
	경기 스타트업랩	판교, 광교, 고양	경기도경제과학진흥원
	Station-G(안산)	고잔역	경기도경제과학진흥원
	경기패션창작스튜디오	경기도 양주	한국패션디자이너협회
비수도권	대전스타트업파크	유성구 궁동 어은동	대전창조경제혁신센터
	지식기술청년창업지원사업	울산테크노파크	울산테크노파크

심사 평가,
이런 사업계획서에 눈길을 준다

내가 지원하고자 하는 정부 과제가 정해졌다면 이제 본격적인 준비에 나설 차례다. 정부지원 사업은 대부분 서류접수 → 서면 평가 → 대면 평가의 기본 절차를 거쳐 진행된다. 여기서 짚고 넘어가야 할 것은, 신청 기업의 50% 이상이 서면 평가에서 떨어진다는 점이다. 가장 큰 이유는 뭘까? 바로 미흡한 사업계획서다.

사실 정부지원 사업에 있어서 사업계획서의 비중은 아무리 강조를 해도 모자랄 만큼 절대적이다. 어떤 정부 과제이건 간에, 심사위원들은 해당 기업의 사업계획서를 토대로 사업성, 수익성, 기술성 등을 평가해서 지원을 결정하기 때문이다. 심사위원 입장에서는, 비슷비슷한 초기 기업들의 비교 우위를 가늠할 수 있는 가장 객관적인 자료가 바로 사업계획서다. 결국 심사위원들의 마음을 사로잡을 수 있는 사업계획서를 만드는 것이, 서면 평가의 당락을 좌우한다고 해도 과언이 아니다.

하지만 실제 머릿속에 있는 사업계획을 체계적으로 문서화시키는 것이 생각처럼 쉬운 일은 아니다. 실제로 예비, 초기 스타트업들 중에는, 사업계획서 작성의 어려움 때문에 정부지원 과제를 중도 포기하는 경우나 시도조차도 못 하는 창업 기업이 많다고 한다. 필자 역시 정부 과제에 처음 지원할 때 사업계획서 작성에 꽤 애를 먹었다. '아직은 아이디어일 뿐인데, 어떻게 해야 우리의 사업을 제대로 어필할 수 있을까?', '우리는 이만큼의 역량이 있는데, 과연 심사위원들이 이 서류를 보고 그걸 알아봐 줄까? 좀 더 나은 표현은 없을까?' 고민도 참 많이 했고, 처음엔 막막하기도 했다.

하지만 필자의 경험에 비춰보면, 사업 초기 단계에 사업계획서를 제대로 잘 짜놓으면 앞으로의 진행이 정말 쉬워진다. 처음엔 좀 힘들어도 일단 한번 잘 만들어 놓으면 지원 과제별로 조금씩만 내용을 바꾸는 식으로 효율적인 준비가 가능해지기 때문이다. 이제는 부처마다 표준 양식(제안서)을 채택하고 있어, 과제마다 별반 다르지가 않다. 또한 머릿속으로만 생각하던 사업계획을 글로 꼼꼼히 정리하다 보면, 내가 세웠던 전략의 문제점과 오류를 발견할 수 있는 확실한 계기가 된다. 내 눈으로 문제점을 확인해야 이를 보완할 수 있는 구체적인 방법을 고민하고 해답을 찾는 노력도 할 수 있는 법이니 말이다. 다시 말하지만, 사업계획서만큼은 미리미리 시간을 갖고 제대로 준비해야 한다.

그럼 작성에 앞서 사업계획서의 개념부터 정확히 짚어보자. 사업계획서란 BM(비즈니스 모델) 작성 후, 사업에 대한 밑그림으로 성공적인 사업 추진을 위해 사업 전반에 대한 내용을 문서화한 것이다. 사업의 수행 주체, 기업의 활동 범위, 자원의 활용 방법, 경영 전략 등 사업에 관한 제반 사항을 체계적으로 작성한 문서라고 할 수 있다.

일반적으로 사업계획서 작성 절차는 다음과 같다.

사업 아이템 검토 → 시장조사 → 경쟁 현황 분석 → 상품(제품) 분석 → 고객 분석 → 마케팅 전략 수립 → 재무 계획(예산 수립-매출/비용 산출)

사업계획서에 들어가는 구성 요소는 크게 회사의 개요와 시장 분석 내용, 개별 기술 및 제품 소개, 사업 추진 전략, 재무 계획 등으로 이뤄진다.

〈사업계획서 작성 요령〉

1. 회사 개요(1)	1. 회사 개요(2)
1) 회사의 현황과 연혁 - 회사명, 설립일, 대표이사, 매출액, 자본금, 직원 수 등 2) 자본금 및 주주 구성(법인의 경우) - 자본금 변동사항 - 주요 주주 구성 3) 비전 및 경영이념	4) 사업개요 - 핵심 사업 내용 5) 조직 및 인적자원 - 대표이사 및 주요 경영진 학력 및 경력 - 주요 기술진 및 핵심인력 3) 물적자원 - 보유기기, 연구장비, 생산시설 등

1. 회사 개요(3)	2. 시장분석(1)
7) 지식재산권 현황 - 특허, 상표, 인허가 등 8) 주요 경영목표 - 향후 3~5년간의 경영목표 (매출액, 이익) 9) 전략적 제휴 - 수요처, 공급처, 생산/외주업체 등	1) 제품 및 산업의 특징 - 기술 및 제품의 간단한 소개 - 제품의 종류 및 특징 - 해당산업의 특징 2) 시장 분석 - 관련 시장 동향 - 국내외 시장규모, 주요 수요처

2. 시장분석(2)	3. 개발기술 및 제품소개
3) 경쟁사 현황 - 경쟁사 및 경쟁제품 현황 4) 시장 전망 - 향후 시장 전망(기술의 발전 방향) - 최근의 트렌드	1) 기술 및 제품의 핵심역량 - 기술/제품의 특징 및 우위요소 2) 신기술 및 신제품 개발 현황

4.사업추진 전략	5.재무계획
1) 자금소요 계획 2) 생산계획 3) 판매계획 4) 설비투자계획 5) 인원, 조직계획	1) 추정매출액 - 3~5년 정도의 매출액 추정 2) 추정재무제표 - 재무상태표, 손익계산서

즉, 사업계획서에는 내가 무엇으로, 얼마를, 어떻게, 언제 벌 것인지에 대한 설계가 제대로 짜여 있어야 한다. 시장성 있는 제품을 통해, 어떤 소비자에게 어필을 해서, 얼마만큼의 수익을, 언제 올릴지에 대한 현실적인 전략과 목표가 구체적으로 들어 있어야 한다는 얘기다. 무엇보다 이를 표현함에 있어서 객관적이면서도 간결하게, 체계적으로 작성하는 것이 핵심이다. 아무리 괜찮은 아이템과 역량을 갖고 있다고 해도, 문서상의 표현 방식이 효과적이지 못하다면 심사위원들의 마음을 결코 얻을 수 없기 때문이다. "구슬이 서 말이라도 꿰어야 보배."라는 속담처럼, 내 아이디어와 역량을 잘 다듬고 정리해서 값어치 있게 표현하는 것이 중요하다. 칼도 다듬어야 명검이 되고, 원석도 잘 갈고 닦아야 보석이 되듯이 말이다.

그럼, 여러분들이 꼭 기억해야 할 사업계획서 작성의 몇 가지 노하우를 공유해 보겠다.

▌두루뭉술한 표현은 OUT, '팩트 체크'를 명확히 하라!

심사위원들을 고민의 수렁에 빠지게 하지 않아야 승산이 있다. 의심을 하면 질문이 꼬리에 꼬리를 문다. 질문이 많은 게 나쁘다고 단정 지을 수는 없지만 꼬투리가 잡히면 늪에 갇혀버리는 꼴이 된다. 그래서 질문자인 심사위원들의 의혹에는 명료하고 깔끔하게 대처해야 한다.

짧은 시간 안에 많은 지원자(업체)들의 사업계획서를 검토해야 하는 심사위원들은, 대부분 가점제가 아닌 감점제 방식으로 평가를 한다. 그러다 보니 감점 요인이 되는 표현을 쓰면, 바로 탈락의 대상이 되기 마련이다. 그 대표적인 실수 중의 하나가 바로, 고객이나 시장을 두루뭉술하게 작성하는 경우다. 여러분들의 당락을 결정할 심사위원들은 모두 전문가들이자, 도사 중의 도사들이다. 애매모호한 표현이나 겉만 번지르르해서는 결코 이들의 선택을 받을 수 없다. 예를 들어 시장 크기를 설명함에 있어서도 시장의 전체 규모보다는 실제로 진입할 수 있는 시장이 어디인지, 독점했을 경우의 시장 규모가 어느 정도인지, 초기 핵심 타깃의 시장 크기 등을 명확하게 작성해야 한다. 실현 가능하지 않은 과장된 수치나, 잘못된 정보를 나열하는 건 탈락의 지름길이다.

그럼 어떻게 해야 두루뭉술한 표현을 피할 수 있을까? 가장 쉬운 방법은, 숫자로 이야기하는 것이다. '최적의', '합리적인', '신속한'과 같이 추상적인 용어로 뭉뚱그려 표현하는 것보다, 객관적으로 인정할 수 있는 정확하고 공인된 데이터를 제시하는 것이 훨씬 효과적이다. 그리고 이를 표기할 때는 정확한 팩트 체크가 정말 중요하다. 사실 필자는 팩트 체크를 제대로 하지 않아서 지원 과제에 탈락한 경험이 있다. 사업계획서에서 목표 달성 지표는 글로벌 수준이나 그 이상이 되도록 작성해야 하는데, 목표 지표를 글로벌 수준보다 낮게 잡아서 표기해 버린 것이다. 잘못된 숫자 표기는 곧, 창업자의 준비성이 부족했음을 인증하는 것과 같고, 이는 바로 감점 대상이 된다. 숫자 하나를 제대로 확인하지 않아서 공들인 지원 과제에 탈락한다면 얼마나 억울한 일인가. 사업계획서를 작성할 때는 2번이고 3번이고 거듭 팩트 체크를 해야 한다는 것을 잊지 말았으면 한다. 그리고 주관기관이 제시한 작성 요령과 작성 페이지 수 등은 철저하게 지켜야 한다.

더불어 자료의 출처는 반드시 정확히 표기해야 한다. 정부 과제는 자료를 근거로 타당성을 결정하고, 자료 출처가 없는 경우 신빙성을 의심받을 수밖에 없다. 출처를 표기할 때에도, 포털기사의 URL을 붙여 쓰기하는 것보다는, 공인된 논문 자료집 등의 원본 출처를 찾아서 자료에 표기하는 것이 훨씬 효과적이다.

┃ 창업자의 역량과 의지, 스토리를 담아라!

정부 과제 심사위원이나 투자자들이 중요시하는 것은 창업자의 역량과 의지이다. 한마디로, 저 창업자가 될성부른 떡잎인지 아닌지를 눈여겨본다는 것이다. 역량을 본다고 해서 창업자의 학력과 경력만으로 판단하는 건 아닐까 걱정이 될 수도 있겠지만, 가방끈이 길다고, 대기업 출신이라고 해서 가산점을 받는 건 절대 아니다. 심사위원들이 중요시하는 것은 창업 아이템에 대한 전문성과 연관 경력, 창업을 위해 노력한 흔적, 걸어온 발자국이다. 즉, 해당 사업 분야에 얼마만큼의 전문성을 갖추고 있는지, 어떤 경력을 쌓아왔는지를 어필하는 것이 중요하다는 얘기다.

그리고 위기나 악재가 닥쳤을 때 이를 극복해 나갈 의지가 얼마나 강한지, 리스크에 대한 현실적인 대응 방안을 가지고 있는지를 표현하는 것도 핵심이다. 정글과도 같은 창업 현장에서 금세 포기할 사람인지 아닌지, 버티고 앞으로 나갈 자세가 되어 있는지 여부를 주의 깊게 보기 때문이다. 예를 들면 예상치 못한 재무적인 위험이 닥쳤을 때, 금융권에서 추가자금 지원을 받는 등의 방법을 통해 위기를 이겨내겠다는 의지를 피력하는 것이 좋겠다. 또한 실제로 자신이 과거에 역경을 극복한 사례가 있다면, 이 경험에 대한 포트폴리오를 만들어서 진정성 있게 담아내는 것도 좋은 방법 중 하나인 것 같다.

사실 필자의 경우에도, 직장 생활을 하면서 마케팅 분야에서 쌓은 전문 역량과 위기 대처 사례 등을 사업계획서에 녹여내고자 노력했고, 공동창업자의 기술자로서의 역량과 의지를 진솔하게 담아내는 데에 주력했다. 이 지점에서 확실히, 중년 창업자가 쌓아온 경험과 역량은 또 한 번 큰 도움이 된다. 더불어 내가 왜 이 사업을 하려고 하는지 강력한 동기 의식을 어필하는 것도 잊지 말자. 단순히 이 시장이 가능성이 있어 보여서, 돈을 벌 수 있을 것 같아서라는 느낌을 준다면 탈락의 위험이 높다. 나랏돈을 지원하는 것이 정부 과제인데, 단순히 돈을 벌기 위한 창업자에게 선뜻 돈을 내어줄 리는 만무하지 않겠는가. 이 사업을 통해 어떤 문제점을 해결하고 개선하겠다는 창업자의 강력한 의지가 보여야 지원을 결정할 수 있는 법이다. 그 때문에 당장의 돈이 아니라 내가 이 사업을 해야만 하는 이유와 명확한 비전을 갖고 있고, 이를 위해 전력 질주할 각오가 되어 있다는 것을 어필하는 게 좋을 것이다.

마지막으로 내가 이 창업을 위해 해온 노력, 발자국을 녹여내는 것이다. 아이디어 단계의 사업 아이템이라고 해도, 이를 실현하기 위해 실제 타깃 고객들을 몇 명이나 만나봤으며, 그들의 반응이 어땠는지 등을 구체적인 데이터로 작성해서 표기한다면 '아, 이 창업자가 정말 열정을 갖고 열심히 준비를 하고 있구나~' 하는 느낌을 줄 수 있지 않을까? 진심과 열정은 통하기 마련이다.

▌간결함, Simple is best

예비, 초기 창업자들이 정부 과제에 지원을 할 때는 모두가 한결같은 마음일 것이다. 제발 선발이 됐으면 하는 간절함. '서류평가에서부터 떨어지면 안 되는데…. 그러려면 사업계획서도 눈에 튀게 만드는 게 좋지 않을까?', '여기를 빨간 글씨와 밑줄로 강조하고~ 기왕이면 이미지나 도표도 좀 많이 넣으면 좋을 것 같은데….' 간절함이 욕심이 되고, 그러다 보면 '화려한 겉 매무새'에 유혹을 당하기 쉬워진다.

하지만 사업계획서는 팸플릿이나 인스타그램이 아니라는 점을 잊지 말자. 간결함이 생명이자 핵심이다. 조금이라도 더 돋보이고자 하는 마음에, 디자인에 지나치게 신경을 쓰다 보면 오히려 역효과를 불러오기 쉽다. 화려한 겉모습보다는 확실한 메시지가 중요하다. 그러려면 불필요한 미사여구(예를 들어 세계 최고 등의 표현)와 사족 같은 장신구도 과감히 버려야 한다. 모든 서류가 그렇듯이, 가독성이 높아야 이해도가 높아지는 법이다. 핵심 내용 파악에 불필요한 미사여구는 빼고, 확실하고 단순한 콘셉트로 어필하자. 다시 한번 강조하지만 'Simple is best!'

▌사업계획서는 아이디어 구상 단계부터!

옛 속담에 "썰매는 여름에 장만하고 달구지는 겨울에 장만한다."라는 말이 있다. 무엇이든 제철이 되기 전에 미리 준비하면 낭패를 면할 수 있다는 뜻이다. 사업계획서만큼은 정말 이 옛 속담을 실천했으면 하는 바람이다. 아마 예비 창업가들의 상당수가 정부 과제 공고가 난 후에 사업계획서를 만들기 시작할 텐데, 그러다 보면 시간에 쫓기고 작성해 본 경험이 없으니 준비가 미흡하기 마련이다. 마감일에 쫓기며 다급히 준비하다 보면 완성도가 높은 제안서를 만들 수가 없다. 미리 앞서서 준비한다면 조금이나마 실수를 줄일 수 있지 않을까?

많은 전문가들이, 사업계획서는 아이디어 구상 단계 때부터 작성하는 것이 좋다고 조언한다. 일단 아이디어가 떠오르면 대략적이라도 우리의 사업 전략, 수익모델, 시장과 고객 등을 정리해서 작성해 놓고, 이후에 전략이 바뀌거나 새로운 아이디어가 떠오르면 버전업을 해서 다시 보완해 나가는 방식이다. 또한 시간 날 때마다 과거에 작성한 사업계획서와 최근 것을 수시로 비교해서 비즈니스 전략을 세심하게 가다듬어 간다면, 앞으로의 사업 진행 방향을 명확히 하는 데에도 도움이 될 것이 분명하다.

보통, 한글 문서로 20~30장 분량의 사업계획서와 파워포인트(발표용)로 40~50장 분량의 사업계획서 2부를 미리 준비해 두면 향후 업무에 도움이 된다. 대부분의 정부 과제 신청에 필요한 사업계획서는 중복되는 부분이 많기 때문에 이렇게 2부를 세트로 구비해 놓으면, 목적에 맞게 편집해서 사용하기가 쉽다는 점도 기억해 둘 필요가 있다.

Tip!

중소벤처기업부는 'PSST(Problem-Solution-Scale up-Team)' 방식의 표준사업계획서 양식을 요구하고 있으며, 현재 대부분 정부지원 사업도 이 방식을 따르고 있다. 정부 과제에 지원한다면 정부가 운영하는 '경제배움e' 등을 통해 PSST 표준사업계획서 양식을 먼저 참고하면 좋겠다.

이렇게 하면 99.9% 탈락

앞서 나의 경험을 토대로 정부 과제의 선발 확률을 높일 수 있는 전략과 서면 평가를 위한 사업계획서 작성 노하우를 살펴봤다. 하지만 모든 일이 그렇듯이 동전의 양면처럼 성공 사례가 있으면 실패 사례도 있기 마련이다. 필자 역시 그동안 무수한 정부 과제에 지원하면서, 뼈아픈 탈락의 고배를 여러 번 마셔봤다. 돌이켜 보면 떨어질 수밖에 없었던 공통의 실패 요인이 있었다. 그 첫 번째는 바로, 절박함과 간절함이 사라지면 백전백패한다는 것이다. 간절함은 스스로를 채찍질해서 더 철저하고 야무진 준비를 할 수 있게 만든다. 반대로 간절함이 없을 땐 감추려고 해도 그 마음가짐이 드러나기 마련이다.

보통 정부 과제는 공고가 나오고 약 한 달 정도 기간에 서류 지원을 통해 접수를 받고, 약 3~4주간 서류 평가를 진행하고 적격 업체에 한하여 대면 평가를 실시하게 된다. 심사장에 도착해서 서명을 하고 순서를 기다리면서 예상되는 질문에 대해서 미리 유추하고 대비를 한다. 여러 번의 경험에도 역시 긴장되는 순간…. 보통 제안 자료 발표는 20분 발표 20분 질의응답(관할 부처마다 과제 성격에 따라 시간은 약간씩 상이함)을 하고, 7명 정도 심사위원들의 질문 공세에 잘 대응해야 한다. 심사위원들은 크게 기술 파트, 사업화 검증, 재무(사용 예산) 등 각 분야의 전문가들이고, 예리하게 질문을 던지고 허점을 파헤쳐 낸다. 그들의 미션이다. 발표업체의 구멍이 무엇인지, 그들이 나랏돈을 받아 잘 개발해 낼 수 있는 업체인지 옥석을 가려내는 것이 그들의 임무이다.

정부의 지원금도 적게는 3,000만 원에서 10억을 넘어가는 과제들이다. 중견기업들이 지원하는 경우 몇백억짜리 과제도 있다. 당연히 지원자의 응답 한마디에 촉각을 세우고 매의 눈을 뜨고, 허점을 찾아낼 수밖에 없으리라. 그런 그들에게 적당함이 통할 리가 없다. 자료 작성에서부터 준비가 소홀했다면 심사위원들은 귀신같이 파악하고 꼬집어 낸다.

그들은 한 해에도 여러 번의 과제 심사를 통해서 옳고 그름을 판별해 내는 도사 중의 도사들이기 때문이다. 흔히 사람이 절대 숨길 수 없는 것이 재채기와 사랑이라고 한다. 나도 모르게 순식간에 터져 나오는 재채기는 숨기려야 숨길 수 있는 방도가 없고, 사랑에 빠진 사람의 눈빛과 볼은 누가 봐도 티가 난다. 정부 과제에서도 마찬가지인 것 같다. 심사위원들에게 들키지 않으려 아무리 노력해도, 아무리 숨기려고 해도, 허술함은 마치 재채기처럼 다 드러나게 돼 있다. 절박한 마음으로 철저하게 준비하는 것만이 실패를 줄일 수 있는 길임을 깨닫는 순간이었다.

나의 경우, 필패를 가져왔던 두 번째 요인은 바로 '이거 아니면 또 다른 것이 있어.'라고 스스로 대안을 가지고 덤볐을 경우였다. 몇 년 전 중기청 민간 투자 연계형 사업화 과제에 자신만만하게 지원하고 야무지게 고배를 마셨던 적이 있다. 늘 그러하듯 발표는 수준급(?)으로 마친 것 같고, 다음 차례는 질의/응답 차례… 무수한 질문이 쏟아지기 시작했다.

질문: 소요 예산 편성에 하자가 있습니다.
나: 네, 죄송합니다. 저희 실수입니다. 수정하겠습니다.
질문: 이 과제가 사업화 과제인데 사업적 측면이 강조되어야 하는데, 기술적인 사항이 더 강조된 것 같은데요?
나: 네, 조금 핀트를 못 맞춘 것 같습니다. 그러나 우리는 이 기술 개발로 성공적인 사업화 방안을 가지고 있습니다.
질문: 그렇다면 자료에 좀 더 마케팅/사업적 측면을 강조했어야 했는데?
나: 네, 잘 알고 있습니다. 실제 우리는 에이전트 전략을 확실히 가지고 있습니다.
재차 지적!!
질문: 그럼 제안서에 그렇게 쓰셔야 합니다. 알고 있으면서 왜 이렇게 작성하셨죠?
나: 아, 알겠습니다. 선정이 되면 그렇게 실천하겠습니다.
다른 분 지적: 개인화 디바이스 노트북 등은 사용이 불가하다는 건 아시죠(통상 정부지원 과제 예산 비목에 개인화 장비인 휴대폰, 노트북 구매는 불가하다)?
나: 네. 그러나 우리는 개발에 필요한 것이라….
재질문: 그냥 회삿돈으로 구입하시지요?
나: 네, 그렇게 하겠습니다.

심사위원들의 질문에 최종 답은 "그렇게 하겠다."라는 말만 수차례

했었다. 하지만 그렇게 여러 지적을 당했음에도 선정에 대한 기대는 발표일까지 사라지지 않았다. 결과는 평가 점수 60.6 탈락(요즘은 선정과 탈락에 대한 평가 결과서를 점수까지 기재하여 공문으로 총괄책임자에게 메일로 송부해 준다). 늘 평가에서의 탈락은 슬픈 일이다. 그런 일들을 여러 번 겪어보았지만, 그때마다 되돌아보며 반성과 변명의 시간을 갖게 된다. '아, 제안서 작성 때 그게 문제였어.', '수치를 좀 더 고민해 봐야 했는데.', '마지막 제출 자료를 더 봤어야 했어.', '대면 평가 때 너무 공손히 '네, 네, 네.'만 하고 왔네.', '좀 더 정중히 대꾸를 하고 변론을 해야 했었어.' 수많은 아쉬움과 후회가 파도처럼 마구마구 밀려오다가 다시 억지로 나를 위로하게 된다.

 늘 그랬다. 다른 과제 내면 돼! 그때는 두 번 다시 그렇게 아마추어처럼 굴지 않을 거야! '밀림의 왕 호랑이도 토끼를 잡을 때 혼신을 힘을 다한다.'라는 이야기가 떠올랐다. 만만히 봤다가는 결코 선발이 되기 어려운 것이 정부 과제다.

정부 과제 선정이
끝이 아니다

사업자금을 지원해 주는 정부 과제는 스타트업에겐 사막의 오아시스 같은 고마운 존재임이 틀림없다. 하지만 꼭 짚어봐야 할 것이 있다. 과연 나의 목표가 정부지원 사업 선정인가 아니면 궁극적인 창업의 성공인가이다. 정부지원 사업은 창업의 화력을 지필 수 있는 수단이지, 결코 그 자체가 목적이 되어선 안 된다는 얘기다. 정부 과제에 선정이 되었다고 해서 꼭 성공으로 이어지는 것도 아니고, 몇 번 떨어졌다고 해서 패배자가 되는 것도 아니다.

물론 정부지원금을 받아서 시작하면 좋은 점이 많지만, 지원 사업 선정에 너무 목을 매다가 정작 사업 진행 속도가 밀리다 보면 시간 지연으로 인해 사업 타이밍을 놓쳐버리는 경우도 발생할 수 있다. 선정 여부와 관계없이, 추진해야 할 사업 진행은 묵묵히 병행해야 한다. 더불어 지원 사업에서 몇 번 고배를 마시더라도, 내가 이 아이템을 통해 기존의 비효율을 개선하고 새로운 혁신을 만들어 가겠다는 확고한 목표와 의지가 있다면, 좌절하지 말고 내 창업 아이템을 가다듬고 보완하는 기회로 삼는 태도가 중요할 것이다. 본질이 중요하다.

앞으로도 정부의 창업 지원 사업은 계속 늘어날 것이다. 과연 내가 될까 하는 마음을 버리고, 지원 과제 선정을 위한 전략과 노하우를 개선하다 보면 기회는 분명히 올 것이라고 믿는다.

| 7장 |

글로벌 진출, 가자 세계로

- 성장을 위한 또 하나의 해법 '해외 진출'
- 해외에서 잘나가는 스타트업은 무엇이 달랐을까?
- 스타트업의 해외 진출, 이것만은 챙겨라!
- 다양한 해외 진출 지원 제도와 창구를 활용하자!
- 이스라엘 텔라비브, 실리콘밸리 등 스타트업 천국을 다녀왔다
- 어떻게 유니콘이 되는가?

성장을 위한 또 하나의 해법
'해외 진출'

4차 산업혁명 시대. 인터넷의 발달 등으로 국가 간의 경계가 허물어진 요즘, 아마 많은 스타트업들이 글로벌 진출이라는 꿈을 갖고 있을 것이다. 자국을 넘어 더 넓은 시장에서 성공을 거두고 싶다는 바람과 의지가 담겨져 있다. 비단 스타트업뿐만 아니라 모든 기업들의 최종목표가 아닐까. 사실 예전에는 어느 정도 성장한 기업이나 대기업이 해외에 진출해야 한다고 했지만, 이제는 정말 많이 바뀌었다. 세계가 다양한 네트워크로 연결되어 하나의 큰 마켓으로 인식하게 되었다. 그리고 이미 국내 시장을 벗어나 세계로 뻗어나가는 한국 스타트업들이 속속 등장하고 있기 때문이다.

특히 최근의 가장 큰 변화는, 국내에서 안정적 기반을 다진 후에 해외로 시장을 넓혀가는 방식이 아니라, 아예 아이디어 단계나 설립 초기부터 글로벌 시장을 염두에 둔 기업들도 늘어나고 있다는 점이다. 2020년 9월에 나온 코트라의 통계 자료를 보면, 해외에 진출한 스타트업 10곳 중 4곳은 처음부터 세계 시장을 겨냥해 해외에서 창업한 것으로 조사됐다.

국내에 모기업 없이 해외에서 처음 창업한 스타트업이 전체의 37.0%를 차지한 것이다. 진출지역을 보면, 북미가 가장 많았고, 그다음이 아시아, 유럽 순서였다. 이처럼 처음부터 글로벌에서 성장한 스타트업들은, 국내에서 나고 자란 토종 유니콘보다 운신의 폭이 넓고 성장 가능성도 높은 것으로 평가받고 있다.

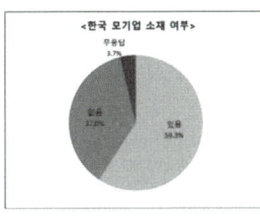 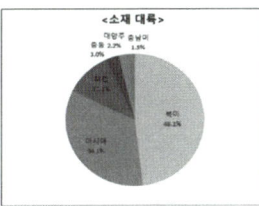 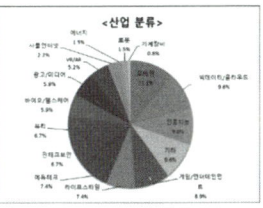

그중 최근 스타트업 업계에 엄청난 화제를 불러온 주인공이 있다. 바로, 미국 기업에게 약 2조 원에 인수되는 잭팟을 터트린 국내 스타트업 하이퍼커넥트다. 2조 원이라는 기업가치(마켓밸류)는, 배달의 민족에 이어 국내 스타트업 매각 규모 역대 2위에 해당한다. 이 어마어마한 성과를 일궈낸 하이퍼커넥트는, 국내에 많이 알려진 회사는 아니다. 이들이 서비스하는 영상 기반 채팅앱 아자르가, 국내보다 글로벌 시장에서 훨씬 더 유명한 앱이기 때문이다. 비디오 커뮤니케이션과 인공지능 기술을 기반으로 전 세계 이용자를 일대일로 연결하는 아자르는, 현재 230개국에서 19개 언어로 서비스되며 글로벌 이용자가 99%에 달한다.

과연 이 회사는 어떻게 글로벌 무대에서 전 세계인을 사로잡으며 성공을 일굴 수 있었을까? 그 가장 큰 이유는 바로, 사업 초기부터 글로벌 시장을 향한 확고한 의지가 있었기 때문이다. 이 회사의 창업자인 안상일 대표는, 이미 2007년에 세계 시장을 겨냥한 검색 서비스를 만들어 미국에 진출한 경험이 바탕이 되었다.

하지만, 글로벌 금융위기로 회사가 무너지면서 8억 원의 빚까지 지게 되었고, 이후 김밥집부터 옷 가게 등 10번의 창업에 도전하며 심기일전한 끝에 하이퍼커넥트를 다시 창업한다. 그런데 이때의 원칙도 확고했다. 바로 글로벌에서 통하는 서비스를 만들겠다는 것.

사실, 낯선 사람과의 만남을 주선해 주는 채팅 기반 데이팅 앱은 국내에서도 비슷비슷한 종류가 많았다. 하지만, 안상일 대표는 데이팅 앱이 국내 시장을 벗어나면 성공하기 어렵다는 편견을 깨고, 사업 초기부터 글로벌 시장을 타깃으로 잡았다.

이 과정에서 중점을 둔 것은 철저한 현지화(Localization) 전략! 설립 초기부터 '손바닥 위의 지구촌'이라는 컨셉하에 직원의 20%를 프랑스와 체코 등 20개국 출신의 외국인으로 채용해서 아시아와 유럽, 중동 등의 지역 문화에 맞춘 서비스를 출시했던 것이 제대로 먹혔던 것이다. 여기에, 해외 모바일 환경이 우리나라만큼 우수하지 않다는 것에 착안해서, 끊김 없이 영상통화를 할 수 있는 기술력을 개발한 것도 빼놓을 수가 없다. 즉 사업 초기부터 글로벌 시장을 겨냥하고 철저한 현지화 전략과 기술력을 얹어 세계 시장에 통하는 서비스로 성공할 수 있었던 것이다.

하이퍼커넥트의 사례가 시사하듯이, 스타트업 창업자들은 이제 글로벌 진출을 막연한 꿈으로만 여길 것이 아니라, 보다 적극적인 마인드로 바라봐야 할 것이다. 우리나라의 장인이 만든 수제 호미가 미국 아마존을 통해 세계적인 히트상품이 되는 시대가 아닌가. 시장을 어떻게 타깃하고, 현지화하고, 개발하는가에 따라 그 무대는 다양화되고 넓어질 수 있는 것이다.

국내에서 큰 반응을 얻지 못한 스타트업의 서비스라도, 오히려 해외 어느 나라에서는 환영받는 아이템이 될 수도 있다. 물론 이게 쉬운 것은 아니다. 사업 아이디어는 기본이며, 기술력, 그 나라에 대한 전반적인 마켓(시장)과 환경, 충분한 조사도 필수적이다. 그래서 세계화를 통한 지속적인 성장을 꿈꾸는 스타트업 창업자라면, 글로벌 시장 진출은 이제 필수적으로 고려해야 할 무대임이 틀림없다. 반드시 한국 내에서만 창업해야 한다는 고정관념도 벗어날 필요가 있다. 국내 시장의 규모나 한계를 벗어나 시야를 넓히면, 아직 알지 못한 무궁무진한 기회가 세계 곳곳에 숨어 있을 것이기 때문이다.

해외에서 성공을 거둔 한 스타트업 대표는 이렇게 이야기한다. "빠르게 변하는 시장 상황에서 망설이다가는 기회를 놓칠 수 있다. 물론 기회를 잡기 위한 사전 준비만큼은 필수적이다. 일단 도전하라!" 가자! 세계로, 더 넓은 바다로.

해외에서 잘나가는 스타트업은 무엇이 달랐을까?

2024년 10월 구글이 발표한 설문조사 결과에 따르면, 〈창구 프로그램에 참여한 스타트업 대표 100인에게 묻다〉에서 현재 해외 진출 사업 진행 중인 업체가 37.9%, 진출 고려 중이라고 답한 비율이 52.4%로 나타났다. 하지만, 이렇게 해외 진출에 대한 열망이 높은데도 불구하고 주저하는 가장 큰 이유는 '해외 진출 성공 여부의 불확실'로 나타났다. 당연히 이해가 되는 부분이다. 글로벌 진출은, 기회인 동시에 그 자체가 엄청난 도전이기도 하기 때문이다.

익숙한 우리 문화와는 이질적인 해외 시장의 문화, 소비자의 습관을 이해해야 하는 큰 숙제가 기다리고 있는 것은 물론, 언어의 장벽과 글로벌 인적 네트워크 부족 등도 도전을 망설이게 하는 요소나 걸림돌이 될 수밖에 없다. 그런데 중요한 것은, 이 모든 불확실성과 장애 요소들을 극복하고 해외 시장을 성공적으로 개척한 스타트업들이 늘어나고 있다는 점이다. 과연 그들에겐 어떤 공통점이 있고, 그들의 전략에서 무엇을 배울 수 있을까.

흔히 스타트업의 해외 진출 성공 요인으로 꼽는 것들이 있다. 비즈니스 확장성, 대상국의 문화 및 정책 파악, 현지 사업파트너 활용 등이다. 즉, 사업 아이템이 얼마나 확장될 가능성이 있는지, 그리고 대상국 시장을 얼마나 깊이 이해하고 현지화된 서비스를 내놓을 것인지, 또 이를 위해 현지 파트너와 어떻게 신뢰 협업 관계를 맺어가느냐가 중요한 핵심 요소이다.

그런데 이에 앞서서 가장 중요한 질문을 먼저 해야 한다. 왜 우리는 해외에 진출해야 하는가? 왜 그 나라인가? 많은 스타트업이 수많은 강점이 있음에도 불구하고 해외에서 실패하는 이유가, 이 질문에 대해 확실하고도 디테일한 답을 내리지 못했기 때문이 아닐까. 즉, 해외 진출에 대한 확고한 목표와 명확한 타깃 국가 설정이 첫 번째 성공 전략이라는 것이다.

2019년 중동에 진출한 스마트팜 스타트업 엔씽의 사례를 보자. 이 회사는 자신들의 사업 모델에 꼭 맞는 해외 시장을 선택, 집중하는 전략을 통해 성공을 써가고 있다. 엔씽은 컨테이너 모듈형 수직 공장, 사물인터넷 기반 자동화 운영 시스템, 식물 생장 Led 등의 자체 기술을 통해 잎채소와 허브류 등을 효율적으로 생산할 수 있는 시스템을 갖추고 있다. 국내에서 검증받은 기술을 적용할 해외 시장을 검토하던 중 그들이 선택한 곳은 바로 중동지역! 중동지역은 열악한 기후 환경으로 식량 자급률이 10%도 안 된다. 신선 채소와 과일을 대부분 유럽산 수입품에 의존한다. 이런 상황에서 코로나19로 국제 물류 길이 막히자 중동 국가들은 '식량 안보'의 필요성을 느끼며, 첨단 농업 부문에 전폭적인 국가재정을 지원하고 있다고 한다. 엔씽은 바로 이 기회에 집중하고 고민했다.

경쟁사인 미국의 스마트팜 모델은 넓은 건설 부지와 수천억 이상의 초기 투자 비용이 필요하지만, 엔씽은 먼저 컨테이너 2동을 보내 사막의 여름을 버텨낼 수 있다는 것을 눈으로 빨리 증명해 보였다. 또한, 컨테이너 수직농장에서 생산된 잎채소를 현지 호텔과 고급 레스토랑에 납품함으로써 중동에서도 자국산 신선 채소가 생산 판매될 수 있다는 확실하고도 획기적인 결과를 직접 증명해 낸 것이다. 이 덕분에 UAE에 모듈형 컨테이너 수직농장 100개 동을 올해 안에 수출할 예정인 것은 물론, 향후 중동 전역 스마트팜 시장의 30% 점유율을 목표로 성장해 가고 있다.

동남아시아 전역을 아우르는 HR(인사관리) 플랫폼으로 성장 중인 한국 스타트업 스윙비의 사례도 있다. 이 회사는 아예 한국이 아니라 동남아시아를 타깃으로 잡고 사업을 시작했다. 그 이유는, 자신들의 제품이 풀고자 하는 문제가 가장 큰 지역이 동남아 시장이었기 때문이다. 동남아 지역은 중소기업이 전체 시장의 95% 이상을 차지해 중소기업의 왕국으로 불린다고 한다. 하지만, 몇 년 전까지만 해도, 낡고 낙후된 HR 소프트웨어를 사용하거나 수기로 일일이 급여를 계산하는 업체가 대부분이었다. 오라클, SAP와 같은 글로벌 업체들의 HR 제품은 비싼 가격 탓에 도입할 엄두를 내지 못하고 있다. 스윙비가 파고든 것이 이 지점이다.

스윙비의 소프트웨어는 직원 정보와 출퇴근 관리, 휴가 신청과 같은 기본 기능이 무료로 제공된다. 이것만으로도 연간 수천 달러의 비용을 아낄 수 있다. 여기에 고급 기능인 급여 계산과 건강보험 추천을 유료로 제공해 동남아 중소기업의 간지러운 곳을 긁어주는 서비스를 선보인 덕분에, 동남아 전역을 아우르는 서비스로 성장해 갈 수 있었다고 한다. 다시 말해 호랑이를 잡으려면 호랑이 굴에 들어가야 한다는 말처럼, 기회의 타이밍을 놓치지 않고, 한국이 아닌 동남아에서 아예 창업을 시작한 과감한 판단이, 현재의 성장을 일군 비결일 것이다.

인공지능 축구 영상 분석 기업 비프로일레븐의 사례도 주목할 만하다. 레알 소시에다드, AS로마 등 유럽 명문구단을 비롯, 전 세계 12개국 700개 팀을 고객으로 확보하며 고속 성장 중인 이 회사는, 축구 본고장에서 승부를 보자는 확고한 목표 아래 독일에 진출한 케이스다. 이 회사가 개발한 축구 영상 분석 서비스는, 4년 전 국내 유소년 리그 등에 먼저 적용해 좋은 평가를 받고 기술력도 인정받았다. 하지만 이 회사는, 국내에서 채 자리 잡기도 전에 돌연 독일로 진출하는 과감한 도전을 감행했다. 이유는 바로, 국내 시장의 규모가 작아서 성장에 한계가 있다고 판단했기 때문! 주변에서는 미쳤다는 반응까지 보였지만, 공동대표 11명과 가족 전원이 독일로 이주해, 독일 하부 리그부터 적극 공략한 끝에, 전 세계가 인정하는 서비스로 성장시킬 수 있었다. 만약 이들이, 축구 시장 규모가 작은 국내를 고집했더라면 현재의 성장이 가능했을까. 비프로일레븐처럼, 우리 회사가 개발한 서비스와 상품이 국내 시장의 규모 등으로 한계가 있다면, 과감히 시선을 넓혀 해외 시장과 타깃 국가를 모색하고 발 빠르게 실행하는 행동력도 분명 필요할 것이다.

확고한 목표에 따른 명확한 대상국 선정, 그다음으로 중요한 두 번째 성공 요인은 바로 철저한 현지화 전략이다. 현지화라는 말에는 무척 다양한 의미가 포함되어 있다. 현지의 문화와 시장을 제대로 이해하고 이를 위해 현지인 인력도 확보하고, 그들의 눈높이로 생각하고 맞춤형 서비스를 내놓는 전 과정이 해당될 것이다. 물론 말처럼 쉽지는 않지만 열정과 끈기를 갖고 부딪혀서 일궈야 할 숙제이기도 하다.

한국에서 설립된 스타트업 샌드버드는, 실리콘밸리에 진출해 현재 채팅 서비스 분야 세계 1위 기업이 됐다. 기업 고객에게 채팅 기능을 넣을 수 있는 API를 제공하는 이 회사는 유니콘 기업 반열에 올라섰다. 샌드버드가 미국에 진출하면서 가장 집중한 것은 바로 현지화! 우선 언어장벽을 없애기 위해 기술 및 제품 인터페이스를 모두 영어로 지원한 것은 기본이고, 한국과 미국의 비즈니스 관습이 다르다는 점에 주목했다. 한국에서는 고객과 관계 형성에 무게를 두지만, 미국 사람들은 더 직접적이고 지체 없이 본론에 들어가는 것을 선호한다는 것을 파악하여, 커뮤니케이션 방식도 바꿨다고 한다. 메일 하나를 보내더라도 미사여구를 많이 쓰는 대신에, 간단명료한 문장으로, 처음 두 줄에 무슨 말을 하고자 하는지 다 담을 수 있게 했다. 이외에도 현지 문화를 제대로 이해하기 위해 직접 미국에 거주하며 그들의 니즈를 파악한 것은 물론이었다.

현재 전 세계 50개국에 달하는 국가에서 해외 송금 서비스를 제공하고 있는 스타트업 센트비 역시, 현지화를 통해 성공을 거두고 있는 사례다. 센트비는 사업 초기부터 해외고객들을 사로잡기 위해, 철저히 고객의 눈높이에 맞춰 생각하는 마케팅 전략을 펼쳤다고 한다. 이주노동자들을 대상으로 서비스를 실시했던 사업 초기, 센트비 임직원들은 모두 함께 필리핀 장터에 매주 출석하며 직접 고객을 만났다. 종교 행사나 축구를 좋아하는 베트남 소비자를 대상으로 축구 대회를 개최하는 등 고객들이 있는 곳을 직접 찾아가며 접점을 늘렸다. 다양한 은행·기업들과 파트너십을 맺을 때도 이러한 전략을 썼다고 한다. 한국과 비슷한 성향의 베트남 은행과는 회식을 통해 관계를 돈독히 다졌고 애국심이 투철한 인도네시아 은행에는 센트비 서비스가 재한 인도네시아인들에게 큰 도움이 된다는 것을 설득하는 식이었다.

또한 국가마다 다른 문화적 특성에 맞게, 고객맞춤으로 수취하는 방법을 다양화해서 고객들의 불편함을 줄였다. 예를 들어 필리핀 고객들은 은행보다 전당포에서 돈을 수취하는 것에 익숙했기에 이들에게 맞는 방법을 제시하는 식으로, 맞춤화한 것. 이렇게 철저히 현지인의 입장에서 현지인의 문제 인식(Pain point)을 해소해 주는 서비스를 낸 것이 이들의 성공 비결이 아닐까.

해외 시장은 분명, 기회의 땅이지만 예상치 못한 난관이 무수히 발생하는 만큼, 확고한 목표 의식과 해당국에 대한 깊이 있는 이해, 현지화 노력이 없다면 결코 성공의 열매를 맺기 어려울 것이다. 앞서 언급한 스윙비의 최서진 대표가 한 말이 인상적이다. "글로벌 비즈니스란 없다. 다양한 로컬비즈니스만이 있을 뿐이다." 결국 스타트업 해외 진출의 성패 여부는, 대표와 핵심 인력이 얼마만큼 해당 현지 시장을 제대로 이해하고, 현지인처럼 생각하느냐가 관건이 아닐까. 그 부분이 부족하다면 현지 조직을 만들어서라도 로컬라이징(현지화)을 해야 한다는 점을 잊어서는 안 된다.

스타트업의 해외 진출, 이것만은 챙겨라!

지금도 수많은 스타트업들이 부푼 꿈을 안고 해외 시장에 발을 내딛지만, 쓰디쓴 실패를 안고 돌아서는 경우가 상당히 많다. 타깃 국가 설정과 사전 조사, 현지화 등 반드시 거쳐야 할 전략을 알고는 있지만, 실제 현지에서는 예상치 못한 또 다른 변수들이 다수 발생하기 때문이리라. 그렇다면 스타트업의 해외 진출에 있어서, 놓치기 쉽지만 꼭 챙겨야 할 또 다른 점검 사항에는 어떤 것들이 있을까.

첫 번째, 해외사업을 진행할 만한 인력의 확보! 즉 글로벌 인적 네트워크다. 실제로, 해외에 진출한 스타트업들 중에는 한국인 공동창업자끼리만 사업을 진행하다가 현지에서 많은 시행착오를 겪은 사례가 상당히 많다고 한다. 현지 사정을 잘 모르다 보니 고객사나 파트너사들과의 커뮤니케이션 등에 난항을 겪고, 시장의 니즈를 파악하기에도 한계가 생기는 것이다. 물론 대표가 현지 사정을 다 꿰뚫고 있다면야 좋겠지만, 그렇지 못할 경우에는 현지 정보를 수집하고 현지 네트워크를 관리할 수 있는 인원을 확충하는 것이 필수일 것이다. 이때 상호 간에 업무 방향성과 사업적 공감대를 확실히 형성해야 함은 물론이다. 앞서 언급한 하이퍼커넥트나 스윙비 등 대부분의 해외 진출 성공 기업들이, 현지 사정을 잘 아는 전문가를 임원으로 영입했거나 현지 팀원들을 영입했다는 점을 상기할 필요가 있다.

두 번째, 해외 인증을 선제적으로 준비하라는 점이다. 만약 제품이나 서비스를 해외 시장에 수출하고 싶다면, 창업 초기부터 이에 대한 해외 인증을 미리 알아보고 준비하는 것이 좋다. 세계 최초의 초소형 초음파 기기를 개발해서 매출의 80% 이상을 해외 수출로 거둬들이고 있는 힐세리온의 경우, 기술 개발 초기 단계부터 해외 인증을 준비하여 초기부터 글로벌 지향했다. 대표가 직접 관할하는 인증 전문팀을 꾸리고 정부지원을 적극 활용해서 유럽 CE 인증, 캐나다 인증, 미국 식품의약처(FDA) 인증을 빠르게 획득했으며, 이어 일본, 중국, 사우디아라비아, 러시아까지 거의 전 세계 주요 국가로부터 인증을 획득한 덕분에 경쟁 우위를 점할 수 있었던 것이다. 제품개발이 완료되고 난 후에 인증 준비를 시작한다면 이미 한 발짝 늦은 타이밍이 될 수밖에 없다. 더불어, 진출하고자 하는 나라에 특허분쟁의 소지가 없는지, 또 해당 서비스와 상품에 대한 그 나라의 규제는 어떠한지도 사전에 미리 꼼꼼히 따져보고 검토해야 한다. 이를 점검하지 않으면 진출 시기에 차질이 생기거나 진출 자체가 어려워지는 경우도 생긴다는 것을 꼭 유의해야 할 사항이다.

세 번째, 목적에 맞는 해외 행사를 골라서 참여하라는 것이다. 의외로 많은 스타트업들이, 규모가 크고 유명한 해외 전시회나 스타트업 행사에 무턱대고 목적을 명확히 하지 않고 참여하는 경우가 많다. 하지만, 많이 참여한다고 능사는 아니다. 스타트업 행사나 전시회 중에는 유명해도 자신에게는 영양가가 없는 경우도 상당하다. 우리 회사가 가지고 있는 기술이나 상품이 그 전시회에 적합한지를 꼼꼼히 따져야 한다. 그래야 귀한 시간과 돈을 낭비하지 않는다. 물론 전시회나 스타트업 행사, 비즈니스 포럼 등은 스타트업의 힘만으로는 만나기 어려운 전 세계 바이어와 파트너, 여러 정보를 얻을 수 있는 소중한 자리이기도 하지만, 자신의 회사와 결이 맞지 않는 행사에 참가했을 때는 크게 도움이 안 될 가능성이 높다. 즉, 행사의 크기나 유명세보다는, 우리의 목표에 맞는 행사가 무엇일지 살펴보는 안목을 갖추어야 하는 것이다.

네 번째, 한국인이어서 더 잘할 수 있는 일을 찾으라는 점이다. 의외로 많은 스타트업들이 현지인들에 의해 쉽게 따라잡힐 수 있는 아이템으로 창업을 하는 경우가 많다고 한다. 특히 동남아시아 등 신흥시장의 경우에는, 기술 장벽이 높으면서도 현지인들보다 한국인이기 때문에 더 잘할 수 있는 아이템을 제대로 찾는 것이 더욱 중요하다. 즉 창업자에게 전문성과 깊은 이해도가 있는 일이어야 좋을 것이다. 이때 한국 정부/기관의 지원이나 국내 스타트업 생태계 육성/지원시스템을 활용하는 것도 유용하겠다. 해외 현지 스타트업들은 이런 기회가 우리에 비해 상대적으로 부족하기 때문에, 우리의 강점을 살리는 것이 효과적인 접근이 아닐까.

다섯 번째, 해외사업 진행에 필요한 금전적인 요소와 시간을 반드시 고려하라는 점이다. 의외로 많은 스타트업들이 현지에서의 생활비나 사업비를 과소평가하거나, 현지 시장에 대한 이해를 넓히고 관계를 구축하는 데 필요한 시간을 과소평가하는 경우가 많다. 하지만, 해외 진출은 적기의 타이밍을 놓치지 않으면서도, 생각보다 오랜 기간과 비용이 소요될 수 있다는 점을 간과해서는 안 된다. 너무 빠른 시간에 투자자를 찾으려고 서두른다거나, 단기간 안에 성과를 내려는 조급한 마음을 갖다 보면 현지 파트너와의 신뢰 관계 형성에도 도움이 안 될뿐더러 스스로 지칠 수밖에 없을 것이다. 빨리 빨리는 우리나라 문화의 장점이기도 하면서, 단점일 수도 있다는 점도 기억할 필요가 있다.

여섯 번째, 끊임없이 공부하고, 실패 사례를 연구하라는 점이다. 많은 전문가들이 해외 진출을 하려면 첫째도 공부, 둘째도 공부가 중요하다고 말한다. 진출하려는 나라에 대한 전반적인 이해는 기본이고, 경제 정책, 지도자가 그동안 해왔던 것과 앞으로 할 일 등을 잘 파악해야 한다는 것이다. 특히 그 나라의 비즈니스 현황이 10년 안에 어떻게 변화되어 왔고 주요 이슈와 당면과제가 뭐였는지, 어떤 아이템이 잘되고 잘 안되었는지 산업군의 지난 온 10년을 공부하라고 조언한다. 더불어 인터넷은 물론 증권사의 리포트 등도 챙겨보고, 실제 그 나라에서 비즈니스를 해본 전문가들의 경험담이나 사례도 잘 찾아보는 것이 중요할 것이다. 무엇보다, 해외 진출의 달콤한 성공 사례에 도취되기보다는, 오히려 실패한 사례를 차근차근 살펴보는 것이 필요하다. 실패 사례들이 더욱 많기 때문에, 과연 어떤 요인 때문에 실패했는지를 찾아보고 이를 통해 해법을 찾는다면, 실패의 위험 요인을 조금이라도 줄일 수 있을 것이다.

다양한 해외 진출 지원 제도와 창구를 활용하자!

해외 시장을 성공적으로 개척한 스타트업들의 또 다른 공통점이 있다. 바로, 우리 정부와 기관의 다양한 지원 제도를 적극 활용했다는 점이다. 사실 스타트업이, 해외 진출의 전 과정을 혼자만의 힘으로 모두 부딪혀 헤쳐나가기는 쉽지 않을 것이다. 이럴 때 도움의 손길을 받을 수 있는 곳들이 있다. 대표적으로 코트라(KOTRA), GDIN(Global Digital Innovation Network), 무역협회(KITA), 세계 주요 도시에 거점을 두고 있는 KIC(Korea Innovation Center) 등이다. 각 기관 단체 사이트에 접속하면 우리가 몰랐던 유익한 정보들이 망라되어 있다. 이들 기관에서 운영하고 있는 스타트업 해외 진출 지원 프로그램과 제도를 잘 활용한다면, 해외 진출의 성공 가능성을 한층 더 높일 수 있으리라 확신한다. 각 기관별 제도를 꼼꼼히 검토해서 자신에게 맞는 프로그램에 도전하기를 권한다.

코트라
(대한무역진흥공사)

코트라는 스타트업의 성장 단계에 맞는 맞춤형 지원 프로그램들을 운영하고 있다. 스타트업의 상품이나 서비스 수출, 해외 투자 유치, 해외전시회 참가와 온라인마케팅 등을 지원하며 특히 현지에서의 통역 문제뿐만 아니라 직원 채용 문제까지도 도움을 얻을 수 있는 곳이다. 대표적인 지원 프로그램은 다음과 같다. 특히 각 나라별 지역 센터마다 현지화 서비스를 통해 작은 기업들이 지사로 활용이 가능한 제도는 눈여겨볼 만하다.

▎'글로벌점프300' 프로그램

해외 진출에 근접한 스타트업을 대상으로 코트라가 기획한 스케일업 및 글로벌 창업 지원 사업이다. 코트라 거점 무역관에서 목표 시장/수요에 맞춘 상담을 비롯해 시장개척, 투자 유치 등 서비스를 일대일 매칭을 통해 1년간 밀착 지원한다.

□ 사업 내용: 무역관*의 맞춤형 해외 시장조사, 해외 투자자/바이어 연결, 수출 컨설팅 및 멘토링, 해외 전문인력 채용 지원

* 20개 스타트업 거점 무역관(진출 희망지역 기재 시 아래에서 1~3지망 선택)

- (북미) 뉴욕, 실리콘밸리, 로스앤젤레스, 달라스, 토론토
- (유럽) 런던, 파리, 마드리드, 함부르크, 헬싱키
- (아시아) 싱가포르, 하노이, 호치민, 자카르타, 뉴델리, 벵갈루, 두바

이, 도쿄, 베이징, 상하이, 선전

□ 지원 내용
- 맞춤형 해외 시장조사: 개별 스타트업 해외 진출 역량 진단 스타트업 수요 맞춤형 시장정보 제공
- 해외 투자자/바이어 연결: 현지 유력 글로벌 기업/VC/CVC 발굴 및 매칭 지원, 네트워킹 기회 제공
- 수출 컨설팅 및 멘토링: KOTRA 수출전문위원 1:1 매칭을 통한 수출 실무 상담 제공, 국내 IR 피칭 교육 등 멘토링 제공
- 해외 전문인력 채용 지원: 국내 및 해외 현지에서 근무할 해외 전문인력(개발인력 등) 채용 지원

□ 신청 자격: 해외 진출을 통한 스케일업을 희망하는 시리즈 A 테크 스타트업 및 소셜벤처

로켓스타트 사업

아마존 글로벌셀링 한국과 함께 미국 전자상거래 시장에서 활약할 국내 스타트업을 육성하기 위한 사업이다. 참가기업은 아마존 입점 집중교육 및 아마존 매니저와의 일대일 컨설팅을 받고, 제품홍보 마케팅비 일부도 지원받을 수 있다. 특히 올해부터는 아마존 입점 실습 교육 시간을 크게 늘렸으며 강의 내용도 △가상계좌 만들기 △전략적 상품 페이지 구성법 △검색광고 형성법 △아마존 FBA 서비스 활용법 등으로 세분화했다.

▎크라우드 펀딩 플랫폼 입점 지원 사업

코로나19로 해외 시장 진출에 어려움을 겪는 스타트업을 위해 크라우드 펀딩 플랫폼 입점을 지원하는 프로그램이다. 코트라에서는 화상상담회를 통해 미국 인디고고, 일본 마쿠아케, 중국 징둥 등 해외 플랫폼 입점 등을 지원한다.

지난 3년 동안 우리 스타트업 27개사가 코트라 크라우드 펀딩 상담회를 통해 13억 8,000만 원가량 리워드형 크라우드 펀딩에 성공했다. 리워드형 크라우드 펀딩은 스타트업이 제품 시장성과 소비자 반응을 확인할 수 있는 주된 방법이다. 해외 유통사들도 크라우드 펀딩에 성공한 제품을 눈여겨보기 때문에 펀딩이 끝난 후 유력한 거래처를 확보하고 본격적인 사업화로 이어지게 할 가능성이 크다.

▎본글로벌 전문 교육과정

초기 스타트업의 해외 시장 진출 역량을 강화하기 위한 전문 교육과정이다. 창업 초기 단계부터 해외 시장을 목표로 하는 스타트업을 대상으로 진행한다. 교육에서는 △비즈니스 모델 고도화 및 수익 창출 방안 △재무제표 작성법 △투자 유치 피칭(발표) 방법 △전자상거래 플랫폼을 활용한 시장개척 전략 △유망시장 진출 전략 등 초기 스타트업에 필요한 내용을 다룬다. 코트라 수출전문위원과의 1:1 맞춤형 멘토링을 지원하며, 해외 잠재 소비자를 휴대전화로 인터뷰할 수 있는 앱(App)을 활용해, 개발 중인 제품·서비스의 시장성과 기술적합성 등을 알아보고 개선점을 발견하는 기회를 제공한다.

이외에도 코트라에서는, 화상 핫라인을 통해 36개 해외무역관과 현지 투자자가 언제든지 화상상담으로 연결될 수 있게 돕고 있다. 또한, 국내 투자 유치 유망기업과 해외투자가를 연결해 주는 '온라인 투자 유치 IR'도 화상 핫라인을 통해 확대될 예정이다. 온라인 IR은 코트라가 선정한 IKMP(Invest KOREA Market Place) 기업을 중심으로 매월 중국, 유럽 등지에서 개최된다. 코트라는 IR 동영상 제작까지 지원하고 있다. 효과적인 IR을 위해 1:1 피칭 교육을 제공하고 제작된 동영상은 해외무역관을 통해 타깃(선별된) 투자가와 공유한다.

GDIN
(Global Digital Innovation Network)

재단법인 글로벌디지털혁신네트워크(GDIN)는 과학기술정보통신부 산하 비영리 재단법인으로 오랜 기간 축적한 글로벌 협력 네트워크와 전문성을 바탕으로 유망 기술을 보유한 혁신 기술기업이 세계 시장으로 진출해 나갈 수 있도록 다양한 지원 프로그램을 제공한다.

GDIN은 혁신 기술기업 대상 해외 진출을 위한 △경영컨설팅(법률·특허·회계·마케팅), △시장검증(Product Market Fit) 프로그램, 다자개발은행·국제기구·글로벌 대기업과의 테크매칭 프로그램, 투자 IR 밋업, 해외진출 집중성장캠프(Boot-X 프로그램), 합작법인(Joint Venture) 설립, 입주 공간 등을 지원한다.

이를 통한 총 3,115개사의 혁신 기술기업이 멤버사로 선정되어 2만

여 건의 컨설팅 지원 및 투자·테크매칭 프로그램 등을 통해 해외 법인 설립 129건, 해외 특허 출원 1,265건, 해외 계약 및 제휴 918건, 누적 투자 유치 4조 원 이상의 성과를 창출했다. 특히 해외 합작법인 설립지원으로 국내 기술기업이 해외 현지 파트너와 함께 총 34개사가 합작법인을 설립하였다.

❚ K-Global 해외 진출 지원 사업

ICT·디지털 기술을 기반으로 해외 시장 진출이 준비된 기업을 대상으로 기업(멤버사)을 선발한다. 해외 진출 지원 사업에 선정된 기업은 △경영 컨설팅 △시장검증(Product Market Fit) 프로그램 △다자개발은행·국제기구·글로벌 대기업과의 테크매칭 프로그램 등의 지원을 받게 된다.

경영 컨설팅의 경우 GDIN 내부 변호사, 변리사, 회계사 등의 전문가들이 해외 진출을 위한 법률, 특허, 회계, 마케팅, 홍보 등의 경영 컨설팅을 1차 내부 컨설팅을 제공한다. 이후 분야별 전문 채널 파트너와 연계하여 맞춤형 컨설팅도 지원받을 수 있다.

테크매칭 프로그램은 다자개발은행, 국제기구, 글로벌 대기업 등 해외 수요처에서 요구하는 기술을 국내 우수기업과 함께 PoC 검증, 신규사업 발굴·협업 등을 위한 1:1 매칭 프로젝트 또는 프로그램을 제공한다.

시장검증(Product Market Fit) 프로그램은 기업의 제품이 현지 시장에 적합하며, 시장과 고객이 원하는 제품을 찾기 위한 프로그램으로서, 목표하고자 하는 지역에서의 시장 분석, 잠재 파트너·고객 인터뷰, 사용자 경험 조사(UX Research) 등을 제공한다.

해외 진출을 처음 시작하는 초기 기업에게는 집중성장캠프(Boot-X 프로그램)를 통해 국내외 전문 강사진의 세션과 IR 피칭 강화 등 단기간 고속 성장할 수 있는 프로그램을 운영하고 있다.

이 밖에도 기업의 투자 유치 기회 확대를 위하여 해외 벤처캐피털과의 글로벌 IR 밋업 등을 수시로 진행하며, 기술 특화 컨퍼런스(전시회), 교육 세미나, 판교지역 입주 공간지원 등을 통해 기업의 해외 진출 역량 강화에 힘쓰고 있다.

지원 내용	
경영 컨설팅	해외 진출 경영 컨설팅 지원(법률, 특허, 회계, 마케팅)
시장검증(PMF) 프로그램	제품에 맞는 시장 또는 시장이 원하는 제품을 찾기 위한 PMF(Product Market Fit: 제품 시장 적합성) 프로그램 지원
해외 IR	해외 주요국 VC, CVC 대상 투자 유치를 위한 IR 기회 제공(유관기관 연계)
테크매칭(Tech-Matching)	글로벌 대기업과의 PoC 등 신규 사업 발굴을 위한 비즈니스 미팅 기회 제공
기술·산업 특화 콘퍼런스 참여	기술·산업 특화 글로벌 콘퍼런스·전시회 등 참가 및 사업화 기회 제공
교육 세미나	글로벌 파트너와의 Meet-up, 전문가 초청 강의 등 교육 목적 세미나
보육 공간	혁신 기술 기업의 해외 시장 진출 사업 기반 마련을 위한 사무 공간, 회의실 등 편의시설 제공

| DNA 융합 제품·서비스 해외 진출 지원 사업

과학기술정보통신부가 추진하는 유망 정보통신기업의 해외 진출 지원을 위한 사업이다. 선정된 기업에게는 개별화 맞춤형으로 추진 단계에 따른 지원 프로그램을 선택적으로 활용할 수 있도록 할 예정이다.

첫째, 합작법인 발굴·연결 단계에서는 해외 유관 기관과 연계 등을 통해 국내 참여 기업과 현지 사업화가 가능한 해외 기업을 발굴하고, 온라인 교류회 등을 통해 합작법인 설립을 위한 상호 연결을 지원한다.

둘째, 합작법인 설립 및 운영 단계에서는 합작법인 설립에 필요한 법률, 특허, 회계, 마케팅, 홍보(PR) 등 경영컨설팅을 제공하며, 해외 주요 거점에 위치한 100여 개 현지 전문가와 맞춤형 컨설팅도 지원받을 수 있다. 또한, 해외 시장의 잠재 고객을 대상으로 제품, 서비스의 시장 적합성을 검증하는 고객 검증 컨설팅 및 해외 현지 합작법인 설립·운영에 필요한 국외 여비 등도 지원한다.

셋째, 설립 합작법인의 안착·성장 단계에서는 합작법인 설립 이후 현지 안착과 성장을 지원하기 위해 해외 투자 유치를 위한 비대면 기업 홍보(IR), 해외 글로벌 기업·기업 주도형 벤처캐피털(CVC) 등 혁신 기술 수요처와의 연결, 국제기구 사업 참여 지원 등의 기회도 제공할 예정이다.

무역협회(KITA)

| 한국무역협회와 스타트업 글로벌 성장사업 개요

한국무역협회(KITA)는 1946년 설립된 대한민국 대표 무역 진흥 기관으로, 약 76,000여 개 회원사를 보유하고 있으며, 대한민국 무역의 중심 역할을 담당하고 있다. 협회의 주요 목표는 한국 기업들이 글로벌 시장에서 경쟁력을 갖추도록 지원하는 데 있으며, 그중에서도 스타트업의 글로벌 성장을 돕는 다양한 사업이 주목받고 있다.

KITA의 스타트업 글로벌 성장지원 사업은 혁신적인 신생 기업들이 국제 시장에서 성공할 수 있도록 체계적인 지원을 제공하는 프로그램이다. 이 사업은 주로 해외 진출을 목표로 하는 스타트업을 발굴하여, 그들의 기술과 제품이 글로벌 시장에서 인정받을 수 있도록 하는 데 중점을 둔다. 한국무역협회는 특히 혁신성장 분야에서 두각을 나타내는 스타트업을 대상으로 우리 전통 산업의 대표 주자인 대기업들과 오픈이노베이션 기회와 맞춤형 지원을 제공하며, 이들이 해외 시장에 성공적으로 진출할 수 있도록 다양한 글로벌 네트워크와 연계하고 있다.

프로그램은 별도로 선정 절차 없이 수요가 있는 스타트업들 전체를 대상으로 글로벌 진출을 위한 교육, 멘토링, 그리고 오픈이노베이션 신청 기회를 제공한다. 특히, 해외 진출 시 필요한 법률적, 경제적 자문뿐만 아니라 현지 시장 동향과 전략적 파트너십 구축을 통해 스타트업이 초기에 겪는 어려움을 효과적으로 해소할 수 있도록 지원한다. 이를 통해 스타트업은 글로벌 무대에서 빠르게 경쟁력을 확보할 수 있는 기초를 다지게 된다.

| 포춘 500 커넥트 사업

'포춘 500 커넥트' 사업은 BMW, 벤츠, LVMH, 에어버스, 아스트라제네카 등 글로벌 시장에서 영향력을 행사하는 포춘 500대 기업과 한국 스타트업 간의 전략적 네트워크 구축을 목표로 하고 있다. 이 사업은 한국무역협회의 주도로 대기업과 혁신적인 한국 스타트업 간의 협력 기회를 제공하여, 서로의 강점을 극대화할 수 있는 협력의 장을 마련한다.

포춘 500대 기업과의 협력은 스타트업에게 글로벌 시장에서 기술과 제품을 검증받을 수 있는 중요한 기회가 될 뿐만 아니라, 기업의 성장을 가속화하는 데 크게 기여한다. 이 사업은 기술 개발, 제품 상용화, 그리고 해외 마케팅 전략 수립 등 다양한 협력 모델을 제공하여 스타트업이 글로벌 시장에서 자리 잡을 수 있도록 지원한다.

사업은 첫째, 국내외 포춘 500대 기업의 수요와 스타트업의 기술적 강점을 분석한 후 매칭하는 방식으로 진행된다. 선정된 스타트업은 대기업과의 공동 프로젝트를 통해 개념 증명(PoC)을 수행하며, 이후 상호 검증과 협력 가능성을 모색한다. 성공적인 PoC 수행 후에는 추가적인 투자나 공동 사업 추진이 이루어질 수 있다. 이 과정은 스타트업에게는 글로벌 시장에서 대기업과 협력할 수 있는 기회를, 대기업에게는 혁신적인 기술과 빠른 시장 적응력을 가진 스타트업과의 협력을 통한 신사업 기회를 제공한다.

▎해외 PoC 및 테스트베드 사업

해외 PoC 및 테스트베드 사업은 한국무역협회가 주도하는 프로그램으로, 해외 시장에서 혁신적인 기술과 제품을 실질적으로 테스트하고 검증할 수 있는 기회를 제공하고 있다. 개념 증명(PoC)은 제품이나 기술이 실질적으로 시장에서 적용 가능한지를 검증하는 중요한 단계이며, 이는 스타트업의 글로벌 성공에 있어 매우 중요한 역할을 한다.

이 사업은 스타트업이 해외 시장에서 제품이나 기술을 직접 테스트하고 피드백을 받을 수 있는 기회를 제공한다. 이를 통해 현지 시장에서 자사의 제품이 어떻게 받아들여지는지, 문제점이 무엇인지 실질적인 데이터를 수집할 수 있으며, 현지 시장에 맞는 개선책을 마련할 수 있다. 테스트베드는 새로운 기술이나 제품을 실제 환경에서 적용하고 검증하는 플랫폼으로, 이를 통해 스타트업은 제품의 완성도를 높이고 현지 시장에서의 성공 가능성을 극대화할 수 있다.

한국무역협회는 미국(뉴욕), 유럽(영국, 스페인), 아시아(말레이시아, 한국의 무역센터) 등 주요 시장에서 다양한 테스트베드를 제공하고, 현지 기업과 협력을 통해 스타트업이 PoC를 수행할 수 있도록 지원한다. 또한, PoC 수행 후에는 현지 시장에 맞는 피드백을 바탕으로 추가적인 전략적 조언을 제공하며, 스타트업이 해외 시장에서 성공적으로 자리 잡을 수 있도록 한다.

| 아시아 최대 혁신성장페어 NextRise, Seoul

NextRise, Seoul은 2019년 최초 개최된 이래 아시아 최대 규모로 성장한 글로벌 스타트업 페어로, 매년 서울에서 개최된다. 한국무역협회와 KDB산업은행 등이 공동 주관하는 이 행사는 전 세계의 스타트업, 대기업, 벤처캐피털, 연구 기관 등이 한자리에 모여 혁신적인 기술과 비즈니스 아이디어를 공유하고 네트워크를 구축하는 중요한 행사이다.

NextRise는 단순한 전시회를 넘어서, 글로벌 기업과 투자자 간의 협력과 네트워킹 기회를 제공한다. 매년 평균 2만 명 이상의 참관객이 방문하며, 스타트업들은 이 행사에서 국내외 대기업·CVC·벤처투자자들과 3,600건이 넘는 아시아 최대 규모의 오픈이노베이션 1:1 밋업 기회를 통해 글로벌 시장 진출을 위한 중요한 계기를 모색할 수 있다. 다양한 세미나, 네트워킹 이벤트, 1:1 비즈니스 미팅을 통해 스타트업은 글로벌 기업과의 협력을 통해 투자 유치 가능성을 높일 수 있으며, 새로운 비즈니스 기회를 창출할 수 있다.

특히, 혁신적인 기술을 보유한 스타트업들은 NextRise를 통해 글로벌 시장에 자사의 제품과 기술을 소개할 수 있으며, 이를 통해 빠르게 글로벌 확장을 도모할 수 있는 중요한 무대가 된다. 또한 참여하는 해외 스타트업들의 규모도 매년 증가하고 있으며 2024년에는 28개국에서 100개가 넘는 해외 스타트업들이 전시 부스로 참여하였다.

▌COEX 스타트업브랜치

COEX 스타트업브랜치는 한국무역협회가 운영하는 스타트업 전용 공간으로, 서울 코엑스에 위치해 있다. 이곳은 스타트업들이 자유롭게 네트워킹하고 협업할 수 있는 공간을 제공하며, 다양한 창업 지원 프로그램이 운영되고 있는 허브로 기능하고 있다.

스타트업브랜치는 글로벌 시장을 목표로 하는 스타트업들을 위한 맞춤형 서비스를 제공하며, 이들이 안정적으로 해외 진출을 준비할 수 있도록 돕는다. 정기적으로 개최되는 '밋업(Meet-up)' 행사는 스타트업들이 벤처캐피털 및 투자자를 직접 만나 협력의 기회를 모색할 수 있는 중요한 행사이다. 또한, 다양한 멘토링 프로그램과 워크숍을 통해 스타트업은 사업 운영 및 글로벌 확장에 필요한 역량을 강화할 수 있다.

▎글로벌 오픈이노베이션 플랫폼 Innobranch

글로벌 오픈이노베이션 플랫폼인 'Innobranch'는 한국무역협회의 디지털 플랫폼으로, 전 세계의 스타트업과 대기업, 투자자들이 네트워크를 구축하고 협력할 수 있는 환경을 제공하고 있다. 이 플랫폼은 해외 진출을 목표로 하는 스타트업들에게 있어 중요한 창구로, 글로벌 기업과의 협력 기회를 확대한다.

Innobranch는 스타트업들이 글로벌 기업과의 공동 프로젝트를 통해 PoC를 진행하고, 이를 통해 기술을 검증받으며, 글로벌 시장에서 성공할 수 있도록 지원한다. 또한, 투자자와의 네트워크 형성을 통해 자금 유치 및 사업 확장의 기회를 제공하며, 스타트업이 보다 효과적으로 글로벌 진출 전략을 수립할 수 있도록 돕는다.

▎스타트업 수출기업화 정책연구 및 포럼

한국무역협회는 스타트업의 수출기업화를 촉진하기 위한 정책 연구와 포럼을 주기적으로 개최하고 있다. 이를 통해 스타트업의 해외 시장 진출에 필요한 정책적 지원 방안을 모색하고, 실질적인 문제 해결책을 제시한다. 특히, 수출기업화 과정에서 발생할 수 있는 법적, 경제적 문제에 대한 연구를 통해 보다 효과적인 해결책을 제안하며, 정부와 민간 기업 간의 협력을 촉진한다.

여러 주제, 업종별 스타트업 글로벌 진출 포럼은 업계 전문가, 정부 관계자, 그리고 스타트업들이 한자리에 모여 글로벌 진출을 위한 전략을 논의하는 중요한 자리로, 매년 다양한 의견과 전략적 통찰이 공유되는 장으로 기능하고 있다. 특히 매년 6월 4일인 스타트업 브랜치 개소 기념일에는 혁신생태계의 명사들을 초청하여 주요 아젠다에 대한 포럼과 네트워킹 기회를 제공한다.

이스라엘 텔라비브, 실리콘밸리 등 스타트업 천국을 다녀왔다

 필자는 창업을 하고 해외 진출을 모색하기 위해 이스라엘 진출이 우리 같은 혁신 기술기업이 글로벌 기업으로 더 크게 성장하고 발전해 나가는 데 적합하고 필수적이라고 생각을 했다. 그래서 해외 진출을 테마로 한 액셀러레이팅 프로그램을 검토하는 와중에 한국 스타트업의 이스라엘 진출을 도모하게 하는 코이스라(코리아&이스라엘 합성어)라는 인큐베이팅 프로그램을 접하게 되었다. 물론 여러 IR 행사에 나가 코이스라 코파운드를 만나게 되었고, 초기 엔젤투자의 형식으로 투자를 받기로 하였다. 정말 소액의 투자였지만 우리가 관심을 가질 수 있는 이스라엘 현지 방문을 통해 현지 스타트업과의 교류 그리고 현지의 투자사들 앞에서 회사의 기술을 소개하는 의미 있는 과정들이 담겨 있어 과감히 결정을 하게 되었다. 그때 만난 두 분의 한국인 투자자와 이스라엘 출신인 2명 총 4명이 설립한 액셀러레이팅 투자사였다. 그중 이스라엘 출신이고 이스라엘은 물론 한국과 실리콘밸리에서 활발히 활동하는 제닉이라는 투자자는 이미 실리콘밸리에서 1,000억대 엑시트를 2번이나 경험한 바 있는 실력자였다. 그와 한번 맺은 인연으로 현재까지 회사에 글로벌 투자와 마케팅에 대한 자문을 해주고 좋은 관계를 맺고 있다.

코이스라의 투자와 연결된 이 인큐베이팅은 한국에서 일정 기간 국내 프로그램(IR 작성 및 영어 발표 등)을 이수하고, 일주일 기간으로 이스라엘 현지로 날아가 투자 유치 및 협업을 위한 일정을 진행하는 과정이었다. 이제 막 창업을 시작하고 글로벌 진출에 대한 막연한 꿈만 가진 나로서는 해외 진출과 글로벌 마인드를 강화할 수 있었고, 현지 스타트업들의 생존과 번영에 대한 스케일업 전략과 투자사 미팅 등 이스라엘 선진 스타트업 생태계를 몸소 체험하게 된 좋은 기회였다.

서울에서 비행기로 약 13시간 장거리 비행한 바로 다음 날부터 현지 우수 성공 스타트업 방문과 현지 투자자 미팅을 하고 저녁 시간 텔아비브 다운타운 전체가 스타트업 친교 모임 장소로 바뀌는 광경을 보고 놀라고 부럽기도 했다. 가슴에 공식 행사 업체가 나누어 준 명찰을 달고 어느 술집(바)이나 커피숍, 식당(물론 공식 스폰이 되어 있는 업체들) 에 가면 무료로 음료와 간단한 식사를 하면서 서로 비즈니스와 투자를 이야기하는 꿀 같은 시간이었다. 전 세계 창업자들이 모여 자기의 사업을 이야기하고 또 검증을 받으면서 비즈니스 모델과 사업화에 대한 객관적 판단을 가감 없이 들을 수 있는 친목을 다지는 네트워킹의 시간이 되었다.

80년 만에 몰아닥친 최악의 사막 모래바람을 마셔가며 야외에서 진행된 이틀 동안 열린 전시회에서 함께 참가한 국내 스타트업들 대표들은 낮 시간에는 40도에 육박하는 고온과 황사에 목숨을 건 행사를 마감하고 저녁 시간에는 현지 투자사와의 개별 미팅들이 촘촘히 이어져 1분 1초도 허투루 보낼 수가 없었다. 밤까지 이어진 미팅을 파하고 텔아비브 해안에 즐비한 바에 앉아 밤바다 야경을 보면서 서로 다독이고 스타트업의 열망을 다지는 즐거움도 누렸다. 전쟁 같은 하루가 끝나고 함께 참가한 업체들 대표들과 밤바다와 해안 풍경이 아름다운 텔아비브 해변에 바닷바람을 맞으며 맥주잔을 기울이는 추억도 싱그럽다. 비록 몸은 피곤하고 고달팠지만 가끔씩 해외를 나가는 호사를 업무와 동시에 즐길 수 있는 즐거움도 있었다.

실리콘밸리는 모든 것이 달랐다. 2016 봄, KIC(Korea Inovation Center)와 본투글로벌 추천으로 페이스북 단기 연수 프로그램에 선정되어 6주간 머물면서 현지의 IT 업체들을 방문하고 그들의 스타트업 문화를 익히는 계기가 되었다. 말로만 들어왔던 구글, 애플, 인텔 등 거대 플랫폼 IT 기업들을 직접 보면서 그들의 기업 문화와 환경 등을 생생하게 체험하는 기회를 가지게 되었다.

미국의 서해안 도시인 샌프란시스코에 인접한 계곡지대로서 세계 소프트웨어산업의 중심지로 1939년 휴렛과 팩커드가 스탠퍼드 대학의 한 허름한 창고에서 사업을 시작한 데서 비롯됐다. 원래는 양질의 포도주 생산 지대였는데, 1953년 스탠퍼드 연구단지를 중심으로 전자산업의 기반이라고 할 수 있는 실리콘으로 된 반도체 칩을 생산하는 기업들이 대거 진출하면서 실리콘밸리로 불리게 되었다. 이곳에서는 애플를 비롯하여 휴렛팩커드·인텔·페어차일드·텐덤 등 4,000여 개의 기업이 운집하고 있는 미국 전자공업의 중심지이다.

여전히 기억에 남는 한 장면은 페이스북 직원 전용 레스토랑에 비치된 각종 식음료는 잊을 수가 없었다. 직원들의 복지와 편익을 제공하겠다는 의지가 확고하게 보여지는 광경이었다. 업무 시간에 구애받지 않고 자유롭게 바(Bar)를 이용하는 모습을 보면서 필자도 기업이 성장하면 벤치마킹을 했으면 하는 바람을 가득 채우고 돌아왔다.

요즘 한국의 스타트업들도 서로 경쟁하듯 직원들의 복리 후생을 위해 대기업 못지않게 차별화되고 독특한 복지제도를 앞다투어 내세우고 있다. 최근 개발자 영입을 위한 연봉 인상 등 복마전이 펼쳐지는 이유도 스타트업이 새로운 각도로 평가되고 있다는 증빙이기도 하다. 그런 스타트업을 향한 분위기는 대졸자와 취업준비생들의 희망과 바람에서도 여실히 입증되고 있다. 이전과는 달리 삼성, LG, SKT 등 대기업으로 취직을 희망하는 관례가 사라졌다. 지난달 모 통계기관에서 조사한 취업 희망 기업으로 기존의 대기업(그룹) 선호에서 스타트업 기업인 당근, 카카오, 네이버 등으로 취업을 희망하는 것으로 나타났다. 이제는 기존의 대기업 못지않은 복지수준과 연봉, 그보다도 스타트업 특유의 독특한 기업 문화와 유니크한 사고방식 등이 요즘 젊은 친구들을 유혹하는 데 모자람이 없는 것 같다. 스타트업 창업자의 열린 생각과 그들만의 유니크한 사고와 기업상이 새롭게 평가를 받는 세상이 되었고, 특히 사람이 중심이 되는 경영 철학을 기반으로 성장하고 성공으로 이끌어 온 것이 알려지면서 더더욱 세간의 관심을 받게 된 것 같다.

이처럼 성공하는 스타트업의 기본은 창업자의 경영 마인드와 인재를 소중히 하는 진정심이 중요하다는 것을 현장에서 여실히 절감하고 있다. 작은 풋내기 스타트업에서 시작되어 빅사이즈 유니콘이 되어가는 스타트업의 성공 사례를 거울삼아 우리 회사에 맞게 단계별 적용하고 활용 방안을 찾아가야 한다.

어떻게 유니콘이 되는가?

유니콘의 반열에 오른 국내 스타트업들에게는 어떤 공통점이 있을까. 모든 유니콘 기업들이 그러하듯이, 평균 7~10년의 시간을 거쳐 유니콘에 올라섰고, 사업 추진과 자금 조달의 힘든 성장 단계를 치열하게 통과하면서 현재의 반열에 올라왔다는 것은 공통적이다. 그 외에도 한국형 성장 모델을 만들어 낸 이들 기업의 특징은 크게 3가지 정도로 요약할 수 있을 것 같다.

첫째, 시대를 관통하는 진짜 흐름에 올라탔다는 점이다. 국내 유니콘 기업들 중 5곳(쿠팡, 야놀자, 위메프, 무신사, 쏘카)은 O2O 플랫폼 기업이다. 오프라인의 불편함을 IT, 스마트폰 등 온라인의 편리함으로 돌파하는 것이 본질인 사업이다. 이는 스마트폰과 인공지능 기술이 본격화하면서 오프라인과 온라인 세상을 융합하는 거대한 트렌드 속에서, 에어비앤비와 우버 같은 유니콘 기업들이 탄생한 것과 맞닿아 있다. 즉, 시대를 관통하는 O2O 융합의 흐름을 제대로 읽고, 우리 삶의 다양한 영역에 걸친 정보의 비대칭 등을 스마트하고 유니크한 기술로 해소한 덕분에 유니콘의 반열에 오를 수 있었던 것이다. O2O 플랫폼 사업은, 서비스의 특성상 시장을 선점한 후 일정 규모를 넘어서면 몸값이 수십 배로 뛰게 되는 만큼, 시대의 흐름을 빨리 캐치하여 시장을 먼저 선점한 것이 가장 큰 성공 비결인 셈이다. 물론, 소비자들의 불편을 파악해서, 이를 가장 효과적으로 해소해 주는 서비스로 승부를 걸었다는 것은 두말할 나위 없다. 상대방 전화번호만 알아도 간편하게 송금할 수 있는 서비스를 선보인 토스, 전단지로 배달을 시켜 먹던 문화를 혁신적으로 바꾼 배달의 민족이 그러했듯이.

둘째, 모방을 넘어 비즈니스 모델을 새롭게 혁신했다는 점이다. '72조 유니콘 신화'를 쓴 쿠팡이 대표적인 예이다. 쿠팡이 미국에서 어마어마한 기업가치를 평가받은 이유는 바로, 쿠팡이 아마존을 벤치마킹했지만, 아마존식 물류 한계를 극복했다는 점이 차별화 포인트이다. 쿠팡은 230만㎡ 규모의 물류 시설을 운영하며 세계에서 유일한 전국 하루 배송망을 구현했다. 이른바 로켓배송. 물류 하드웨어와 소프트웨어를 자체 개발한 곳도 글로벌 기업 중에선 쿠팡 외에 아마존, 오카도(영국)뿐일 정도로 혁신적인 솔루션으로 인정받고 있다. 즉, 시작은 아마존의 모방이었지만 이를 기술력으로 혁신하며 쿠팡만의 비즈니스 모델을 성장시켜 온 것을 인정받은 것이다. 아마존과는 또 다른 Fullfillment(주문 배송 일괄처리 방식)의 성공을 입증해 나가고 있는 점은 주목할 만하다. 금번 미국 나스닥 상장을 통해 유입된 자금의 사용처가 물류센터 확장과 배송에 집중하게 될 것이란 전망을 하고 있다.

기업가치가 4조 원에 육박하는 국내 10호 유니콘, 무신사의 경우도 특별하다. 무신사는, 세계적으로 MZ세대가 온라인 편집숍을 선호하는 트렌드에 주목해, 영국의 '파페치', '네타포르테' 같은 관련 기업의 성공 사례를 벤치마킹했다. 하지만 무신사도, 단순한 모방에서 그치지 않고 자신만의 혁신과 컬러를 더했다. 단순히 옷만 파는 것이 아니라, 자체 룩북과 사진. 영상 등을 선보이는 다양한 콘텐츠를 통해 유행을 주도하는 역할을 한 것이다. "무신사 랭킹=곧 유행"이라는 말이 나온 것도 이 때문이다. 여기에, 신생 브랜드를 발굴하여 홍보 마케팅을 전방위적으로 지원함으로써 입점 브랜드와 함께 성장하는 선순환 구조를 만들어 낸 것도 빼놓을 수 없는 성공 비결이다. 공급자와 수요자의 원활한 연결이 핵심이다.

지금은 세계적인 기업이 된 알리바바도 처음엔 이베이를 모방했고, 바이두는 구글을 롤 모델로 삼았다. 하지만 이 기업들은 단순한 모방을 넘어 이제 기존 일류 기업을 위협하는 위치에까지 올라섰다. 거꾸로 선도기업들이 도리어 따라 하는 기현상도 목격할 수 있게 된 점은 꽤 흥미로운 사실이다. 모방을 넘어 각국의 상황에 맞는 현지화와 혁신을 일구는 것이, 스타트업이 유니콘이 될 수 있는 또 다른 공식임을 알 수 있다.

셋째, 글로벌 확장성의 DNA이다. 야놀자는 국내 숙박 중개에서 시작하여 국내외 최대 온라인 여행 플랫폼으로 진화하고 있다. 레저 액티비티 플랫폼 '레저큐'를 인수하고, 유럽 '호스텔월드', 중국 '씨트립' 등과 제휴, 동남아의 야놀자로 불리는 '젠룸수'에 투자하는 등 숙박 중개업의 한계를 극복하고 글로벌 여행 플랫폼으로 확장 중이다. 물론 코로나19 직격탄의 여파로 여행 숙박 업계가 어려운 시기이기는 하지만, 포스트코로나를 대비한 생존 전략과 성장 플랜을 꼼꼼히 구상하고 있을 것이라는 예견이 든다.

국내 9호 유니콘 기업인 지피클럽의 경쟁력도 유통에서의 글로벌 확장성에서 나왔다. 화장품 제조, 생산에서 더 나아가 2014년부터 국내 화장품 브랜드의 중국 유통을 대행하며 글로벌 비즈니스를 확장한 것이 성장세의 비결이었다. 배틀그라운드 게임 제작사인 크래프톤 역시 매출의 90% 이상이 해외에서 발생한다. '글로벌 출시'의 중요성을 일찌감치 인지하고 글로벌 시장에서 통할 수 있는 다양한 게임들을 개발한 것이 성장의 핵심 비결이었다. 현재 수많은 테크 챌린저들이, 자국에 머무르지 않고 활발히 글로벌 시장에 진출한다. 앞으로도 글로벌 시장에서의 영향력을 높이는 기업들 중에서 유니콘의 탄생 확률이 높을 수밖에 없을 것이다.

이외에, 창업자들의 역량과 리더십에서도 공통점을 찾을 수 있다. 유니콘 기업 CEO들의 면면을 살펴보면, 포기를 모르는 근성, 때론 위험을 감수하는 결단력, 세상의 변화를 주도하겠다는 포부 등으로 요약할 수 있다. 특히, 위메프의 허민 대표가 18번의 실패를 거쳤고, 토스의 이승건 대표 역시 수많은 실패를 거친 7전 8기 창업가라는 점에서 실패를 딛고 일어선 도전 의식이 돋보인다. 유니콘 기업은 하늘에서 뚝 떨어지는 것이 아니다. 유니콘 기업으로의 성장 여부는, 시장의 잠재적 규모, 비즈니스 모델 및 제품의 혁신성에 달려 있다. 즉 스타트업의 혁신적인 아이디어가, 폭발하는 시장과 만날 때에 유니콘이 탄생되는 것이다.

지금은, 코로나19로 인해 전 세계적으로 디지털 전환의 속도가 가속화됐다. 소위 디지털 트랜스포메이션이다. 엄청난 변화가 코로나19와 함께 급진적으로 대두되고 있다. 산업 전반에서 저비용, 비대면의 언택트 솔루션의 필요성이 더욱 확대될 것이며, 이러한 디지털 전환의 거대한 흐름을 캐치하는 스타트업에겐, 성장과 스케일업을 달성하기에 최적의 환경일지도 모른다. 유니콘의 반열에 오른 토종 스타트업들이 그러했듯이, 경쟁업체가 따라 할 수없는 혁신성과 고객 중심의 비즈니스 마인드로 기존에 만들어 내지 못했던 가치를 창출해 낸다면, 유니콘의 꿈은 단지 꿈으로만 끝나지 않을 것이다.

필자가 9년 전 창업한 비주얼캠프는 20년 10월 중기부가 야심 차게 깃발을 올린 K-스타트업 육성 정책의 핵심이기도 한 아기 유니콘 기업(40개사)에 선정됐다. 아기 유니콘은 중기부가 2020년부터 2022년까지 시행하는 스타트업 지원 육성 사업으로, 3억 원의 시장개척자금 지원과 함께, 사업에 필요한 추가정책자금 지원 기회 등을 제공받는 프로그램이다. 쟁쟁한 스타트업들이 대거 지원한 첫해 높은 경쟁률을 뚫고 최종 선정 되었을 때, 정말 감개무량했다. 그동안 숱한 고비를 넘기면서 지금까지 걸어온 여정이 결코 헛되지 않았다는 생각에 가슴이 벅차올랐다. 무엇보다, 혁신적인 사업 모델을 기반으로, 글로벌 경쟁력을 갖춘 유니콘으로서의 성장 가능성을 인정받았다는 것이 가장 의미가 있었던 것 같다.

필자의 회사가 아기 유니콘에 선정될 수 있었던 이유는, 바로 인공지능 시선추적기술이라는 기술적인 유니크함과 독창성에 있었다. 특히, 코로나19로 인한 비대면 원격 교육 서비스의 단점을 해소하고 학습 능력 향상이라는 서비스를 상용화한 점이 높은 점수를 받았다. 시선 모니터링과 시선 집중도 분석 솔루션이 모바일 폰이나 테블릿 기기에서 활용이 가능하고 상용화로 이어진 것이 최종 선정 이유였다. 현재 비주얼캠프는, 비대면 서비스에서 요구하는 시선추적 관련 솔루션 개발에 박차를 가함과 동시에, 국내외 교육은 물론 헬스케어(난독증/치매/ADHD 진단), 영상분석, 이커머스 등 다양한 분야에서 활발한 협업을 진행 중이다.

특히 에듀테크 분야에서 자사의 시선추적기술로 최근 사회적인 이슈가 되고 있는 문해력 저하라는 문제를 해결해 내는 솔루션인 '리드포스쿨'은 전국 초중고 200여 개 학교에 공급이 되어 아이들 문해력 진단은 물론 읽기 능력을 향상시키는 훌륭한 학습 플랫폼으로 인정을 받고 있다. 학교용에 이은 일반 학원용으로 최적화한 '리드AI'도 시중 학원들에게 널리 보급되고 있다. 이처럼 시선추적기술이 원격 교육, 원격 의료 등에 우리 기술이 활용될 수 있는 가능성이 높은 만큼, 비대면 디지털 전환 시대로의 흐름은, 우리가 전 세계에 기술을 수출하는 K-유니콘으로 도약할 수 있는 최적의 기회인 셈이다.

에 필 로 그

라스트펭귄은 없다.
새로운 영웅 탄생을 기대하며

라스트펭귄은 없다!

마지막에 뛰어든 라스트펭귄의 용기도 우리는 기억하고 인정해야 한다. 어쩌면 아무 대책 없이 분위기에 휩쓸려 따라 뛰어든 무모한 도전보다는 사려 깊고 조심스러운 도전이 실패를 줄일 수 있는 현명한 선택일 수가 있다. 비록 마지막 순서에 조심스럽게 눈치를 보고 뒤늦게 투입했지만, 그 물속에서 새로운 용기와 또 다른 도전을 시도하고 직접 체험하면서 자신만의 고유성과 독창성으로 무장하여 또 다른 날에 그들의 무리 중에서 지체 없이 앞장서서 푸른 바닷속을 첨벙하고 뛰어들어 갈지도 모를 일이다. 앞선 헤엄쳐 들어간 자들의 장단점을 몸소 파악하고 이길 수 있는 지혜를 얻게 되면 다음 사냥 때에는 어느 누구보다 더 빠르고 신속하게 물속을 유영하는 즐거움을 만끽하게 될 것이다.

퍼스트펭귄이라는 용어를 세상에 알리게 한 랜디 포시 교수는 47세의 젊은 나이에 췌장암으로 6개월 시한부 선고를 받았다. 그는 생의 마지막 순간에 학생들에게 "당신의 어릴 적 꿈을 실현하라."라고 강조하면서 위험을 감수하며 목표를 향해 돌진하는 학생들에게 '퍼스트펭귄상'을 수여하였다. 불확실하고 위험한 상황이라도 용기를 내 도전하라고 독려한 것이다. 그래야만 다른 누군가도 연이어 도전할 수 있고, 사회에 동기부여가 가속화될 수 있기 때문이다. 내가 펭귄 무리들 중 중간에, 아니면 제일 마지막 순서에 입수를 하더라도 아무 상관이 없다. 순서가 중요치 않다. 앞서 달려나가 성공한 친구들을 굳이 부러워할 필요도 없다. 치열한 창업의 현장에서 불굴의 의지로 도전해 나가는 모든 이가 퍼스트펭귄상을 수여받을 자격이 있다.

몇 년 전 우리나라 대표적인 퍼스트펭귄이라고 해도 과언이 아닌 김범수 카카오 이사회 의장과 김봉진 우아한형제들 의장이 재산의 절반 이상을 기부하기로 했다는 기사를 접하면서, 신선한 충격을 받았다. 알다시피 이들은, 소위 흙수저 출신으로 스타트업 성공 신화를 일군 주인공들이다. 힘들게 자수성가한 이들이기에, 돈을 번다는 것이 얼마나 힘든지 누구보다 잘 알 것이고, 피와 땀으로 일구어 온 그 많은 재산을 흔쾌히 기부하기로 결정한다는 것이 결코 쉬운 일은 아니었을 것이다. 하지만 이들은 자신들의 성공이 혼자만의 능력으로 된 것이 아니기에 우리 사회의 문제들을 해결하는 데 도움이 되고자 통 큰 기부를 결정했다고 한다. 스타트업을 통해 일군 부를 다시 사회에 환원하여 선한 영향력을 끼치는 이들의 모습을 보면서, 아마 많은 스타트업 창업가들이 자신의 미래에 대해 한 번쯤 생각해 보는 계기가 되었을 것이다.

실제 실리콘밸리에는 '페이 잇 포워드(Pay it forward/자신이 받은 선행을 나누는 행동)'라는 문화가 활성화되어 있다고 한다. 성공한 창업자들이 새로운 창업자들을 지원해 주기 위해 자신들의 네트워크를 백분 활용해, 사람, 돈, 기술 등을 포워드해 준다. 그렇게 지원을 받은 스타트업들이 성공하면 또다시 지역사회에 자신들의 노하우와 네트워크를 포워드한다. 이런 선순환은 창업가들에게 힘이 되고 자극이 되어, 더 많은 도전이 피어날 수 있는 실리콘밸리만의 든든한 원동력이 된 것이다. 재산을 기부하는 것을 넘어, 성공한 선배 창업가들이 후배 창업가들을 위해 아낌없는 지원을 나누는 문화가 우리나라에도 더 확산된다면 스타트업 창업가를 꿈꾸는 이들도 더 많아지고, 나아가 우리나라의 창업생태계가 더욱 풍성하고 건강해질 수 있다고 믿는다. 그리고 새로운 퍼스트펭귄의 등장을 맘껏 기대할 수가 있을 것이다.

나 역시도 우리 회사가 현재의 위치에 오르기까지 치열한 창업 현장에서 너무도 많은 도움을 받아왔다. 고비 고비마다 아낌없이 조언을 해주었던 많은 멘토들, 투자자들, 인큐베이팅 프로그램의 관계자들. 그들에게 받았던 고마움을 다시 후배 창업가들에게 되돌려 주고 나눠

줄 수 있는 날들이 있기를 고대한다. 물론 그러기 위해서는 앞으로 우리 회사는 더 내실 있게 성장해야 하고, 또다시 닥쳐올지 모를 위기를 헤쳐나가야 할 것이다. 어쩌면 그런 목표와 꿈이 나를 더 열심히 뛰게 만들어 주는 원동력이 되는 것 같다. 내가, 이렇게 가슴 떨리는 꿈을 꾸고 상상할 수 있게 된 건, 10년 전 20여 년 월급쟁이 생활을 마감하고 퇴직과 동시에 창업이라는 도전을 과감히 실천했기 때문일 것이다.

 퇴직 후의 미래를 치열하게 고민하던 10년 전 그때…, 도전하지 않고 지금까지의 삶에 안주하는 것을 택했더라면 어땠을까? 아마도 직장 생활의 경력을 활용해 최소한의 벌이를 하면서 그럭저럭 노후를 연명할 수 있었을지는 모르겠지만, 지금처럼 매 순간 도전하는 속에서 얻는 짜릿한 희열과 좌절, 그 속에서 하루하루 한 뼘씩 성장하는 지금의 나 자신을 마주하지는 못했을 것이다. 그때의 용기와 결단이 없었더라면 지금의 가슴 설레는 꿈을 가질 수도, 꿀 수도 없었으리라. 도전하는 그 자체만으로도 삶이었고 즐거움이었다.

 꿈을 이루는 사람은 결국 실천하는 사람이다. 그리고 나는 나를 믿는다. 남들에 비해 크게 특별하지 않은 나도, 50대에 창업하고 새로운 꿈과 목표를 가지게 된 것처럼, 여러분도 창업에 대한 열망이 있다면 더 이상 주저하지 말고 당당한 발걸음을 한 발짝 내디뎌 보자. 실수하고 깨지는 것을 두려워하지 말자. 도전은 그 자체만으로 우리를 앞으로 더 나아가게 하는 것이며, 시도조차 하지 못한 사람들은 결코 상상할 수 없는 값진 경험과 깨달음을 채워가는 시간들이기 때문이다.

 지금도 전 세계는 혁신적인 스타트업에 의해 조금씩 진보하고 있으며, 우리의 일상도 바뀌어 가고 있다. 세계 각국의 창업가들이 창업의 푸른 바다에 뛰어들어 도전하고, 새로운 미래를 만들어 가고 있다. 특히, 디지털 전환이라는 거대한 변화 앞에, 아직 누구도 열지 못한 기회는 곳곳에 도사리고 있을지 모른다. 열린 마음으로 주변을 돌아보고, 남들과 조금 다른 시선으로 문제의식을 발현하고 창의적인 해결책을 모색하다 보면 우리의 일상을 바꿀 새로운 서비스를 바로 내가, 당신이 만들어 낼 수도 있지 않을까.

이미 새로운 도전과 창업을 꿈꾸고 실행에 옮기는 당신은 결코 라스트펭귄이 아니다! 처음에 시도하던, 끝에 합류하던 새로운 영웅 탄생은 순서와는 상관이 없다. 주저주저하는 펭귄들의 무리 중에서 자신을 뒤따르는 그들의 눈에는 당신도 이미 퍼스트펭귄으로 불리어야 한다.

용감하고 두려움이 없이 당당하게 자신의 길을 가는 퍼스트펭귄을 위하여!

퍼스트펭귄

초판 1쇄 발행 2024. 12. 20.

지은이 박재승
펴낸이 김병호
펴낸곳 주식회사 바른북스

편집진행 김재영
디자인 양헌경

등록 2019년 4월 3일 제2019-000040호
주소 서울시 성동구 연무장5길 9-16, 301호 (성수동2가, 블루스톤타워)
대표전화 070-7857-9719 | **경영지원** 02-3409-9719 | **팩스** 070-7610-9820

•바른북스는 여러분의 다양한 아이디어와 원고 투고를 설레는 마음으로 기다리고 있습니다.
이메일 barunbooks21@naver.com | **원고투고** barunbooks21@naver.com
홈페이지 www.barunbooks.com | **공식 블로그** blog.naver.com/barunbooks7
공식 포스트 post.naver.com/barunbooks7 | **페이스북** facebook.com/barunbooks7

ⓒ 박재승, 2024
ISBN 979-11-7263-203-8 03190

•파본이나 잘못된 책은 구입하신 곳에서 교환해드립니다.
•이 책은 저작권법에 따라 보호를 받는 저작물이므로 무단전재 및 복제를 금지하며,
이 책 내용의 전부 및 일부를 이용하려면 반드시 저작권자와 도서출판 바른북스의 서면동의를 받아야 합니다.